U0476885

走进阅读的深处

小学整本书阅读课程实施策略

刘亚雄 ⊙ 著

湖南人民出版社·长沙

重视整本书阅读指导，
让语文教学摆脱高耗低效的困境
——代序

著名学者钱理群说，"什么是教育？就是爱读书的校长和爱读书的老师，带领着学生一起读书"。自古以来学生上学时，家长再三嘱咐的一句话就是"到学校要好好读书"。语文统编教材总主编温儒敏教授提出"要把培养学生的读书兴趣与习惯当作语文课的头等大事"。自20世纪90年代以来，我们一直强调素质教育，现在语文课程标准又提出培养学生的语文核心素养。其实无论是素质教育也好，培养学生的核心素养也好，评价语文课程是否成功的一项重要指标，就是看能否将培养学生的读书习惯落到实处。学生经过九年义务教育，如果喜欢读书了，养成读书习惯了，那么素质教育就成功了，学生核心素养的培养也有望落到实处。反之，哪怕语文课程改革的理念再先进，改革的方法措施再多，也无济于事。

如果以"培养读书习惯"这项关键指标来评价新中国成立以来的语文课程改革，其实答案并不乐观。当下有的国民读书少或不喜欢读书，其实和基础教育阶段的语文课没有重视培养学生读书习惯有着直接的因果关系。

据研究，养成读书习惯的最佳年龄是 12 至 15 岁，小学到初中阶段没有养成读书习惯，那么这个人后来喜欢读书的概率就很低。读书习惯只有通过大量的读书实践才可能形成。现代语文教材采用选文方式编写，一个学期教师讲读分析不到 30 篇课文，从教学时间看已经非常紧张。但从学生的阅读量看，每学期阅读量少则不满 1 万字，多的也不会超过 3 万字。凭这些可怜的阅读量，要让学生养成读书习惯几乎是不可想象的。2022 年版《义务教育语文课程标准》将"整本书阅读任务群"作为六大学习任务群之一，要求学生"多读书，读好书，读整本书，养成良好的读书习惯，积累整本书阅读的经验"，极大提高了"读书"在语文课程中的重要地位。特别是 2017 年以后的统编语文教材，专门编写了《与大人一起读》和《快乐读书吧》栏目，每册教材都明确给出必读和选读篇目，将整本书阅读正式纳入语文课教学内容，实现了整本书阅读由"课外"到"课内"的蜕变。这是我国语文课程改革的一大进步，标志着语文课程改革在"课外阅读课程化"的道路上迈出了坚实的一步。

尽管课程标准和语文教材有规定的读书篇目，可是对广大语文教师而言，这毕竟是一个全新的领域。"语文课上究竟如何开展读书指导？教学目标怎么定？教学指导过程如何设计？课文阅读与整本书阅读如何结合？学生课内读书和课外读书如何处理？读书课学生评价指标如何确定？用什么方法评价？"等等问题，大多数语文教师都不熟悉。诸如此类的问题如果没有具体的解决方案，那么真正要在语文课堂里将读书落到实处难度极大。

刘亚雄老师这些年来一直致力于整本书阅读教学的研究，先后主持了两项省规划重点课题：《统编教材背景下课外阅读课程化实践研究》和《任务群视域下小学整本书阅读课程实施策略研究》。她牵头成立省级名师工作室，带领团队老师协同攻关，并通过这些骨干教师带领一大批一线语文教师深入开展整本书阅读教学研究，为语文读书课程建设，为整本书阅读在语文课中落地，提供了丰富的理论指导与实践经验，为推进小学语文整本书阅读课程做出了积极的贡献。这本书在编写过程中努力做到理论与实践相结合，学理阐释与问题探究相结合，模式构建与教学案例相结合。主要有以下一些特色。

一、从历史发展的角度全面认识整本书阅读的重要地位与历史意义，编者纵向梳理了整本书阅读在我国语文教育史上的源流，横向比较了世界各国在母语教育中开展整本书阅读的状况，特别强调了整本书阅读对发展学生核心素养的重要作用。这些内容，可以帮助大家深刻认识读书在语文课程中的重要地位。新版语文课程标准从"文化自信""语言运用""思维提升""审美创造"四个维度构建了语文学科核心素养体系。仅靠以单篇选文为主要形式的语文教材不足以培养学生的读书兴趣与习惯，难以实现语文核心素养的全面提升。而整本书阅读教学采用的是沉浸式阅读方式，加上阅读内容的丰富性，阅读过程的完整性，阅读实践的长期性，对发展和提升学生的语文核心素养具有天然的优势。

二、开展实地调查研究，摸清当下学校内整本书阅读实施的状况，为整本书阅读课程建设奠定基础。刘老师依据课程标准设计了《小学整本书阅读课程实施》调查问卷，在湖南省的城区和农村地区随机抽取学校，发动一年级至六年级的学生及其家长、语文教师共同参与问卷调查，并组织部分师生进行现场访谈。调查活动共收到有效问卷 17414 份，其中学生卷 7560 份，教师卷 1121 份，家长卷 8733 份，具有相当的代表性。统计数据显示，学生每天读书超过半小时的约有 6 成，近 4 成学生每天读书不到半小时或不读书。这部分学生或者是家庭读书环境差，或者是本身缺乏读书动机。这部分读书时间少和不喜欢读书的学生，应该是教师关注的重点。教师要像抓语文考试成绩那样"盯"住他们，督促其每天至少花半个小时时间读书，否则这批学生很容易输在起跑线上。尽管语文教师普遍认同开展整本书阅读的意义，但超八成的教师认为常规教学任务重，不可能投入太多精力或时间进行整本书阅读指导。同时有近八成教师认为开展整本书阅读指导比较困难，其中近一成教师感到非常难。这和语文教师本身日常阅读情况有密切联系，因为有七成教师平时读书状况就不理想，读的主要是教学参考用书或与教育专业相关的书籍，经常阅读经典作品或其他书籍的教师不满三成。书籍选择面过于狭窄必定对指导学生读书产生负面影响。这些数据清楚地呈现出城区和农村学校师生整本书阅读的真实状况，为后续读书课程建设提供了有力的依据。

三、从课程的层面努力建构整本书阅读理论框架。本书第二章从语文课程标准和语文教材的两个视角对整本书阅读的目标要求和教材编排做了比较深入的研究。比如统编教材构建的"教读—自读—课外阅读"三位一体的阅读体系，从三年级开始培养学生的文体意识，通过教读课指导学生掌握一种文体的阅读方法，再通过《快乐读书吧》，将学到的阅读方法迁移运用到整本书阅读过程中。书中以列表的方式具体梳理了"二三学段文体单元语文要素和整本书阅读方法"的一览表，将整套教材各个年段需要掌握哪些文体，每种文体需要掌握哪些阅读方法，梳理得清清楚楚，让人一目了然。第三章《小学整本书阅读教学的实施策略》，从"整本书阅读策略构建""整本书阅读基本课型"和"整本书阅读教学设计"三个方面，对小学阶段整本书阅读在语文课堂的具体实施上提出了很有操作性的主张。整本书阅读与单篇课文阅读或群文阅读有着明显的区别，阅读量大，花费时间长，教师如何进行指导，采用什么方法全程参与，都很重要，既要体现学生个人在读书过程中的主体性，又要有效发挥教师的指导作用，以激发学生读书兴趣，提高学生的读书质量。研究团队通过大量的实践案例，根据不同阶段读书目标和内容，总结出小学整本书阅读的三种基本课型，分别为导读课、推进课和分享课。并且结合具体教学案例呈现了三种指导课型不同的特点和设计方法。这样结合实际的理论研究，对实现整本书阅读在语文课堂中真正落地，有着非常实际的指导意义。

四、对整本书阅读如何评价做了初步研究。学生读书质量到底如何进行评价？评价指标如何确定？谁来评价？用什么方法进行评价？这些都是读书课程建设中难以回避且难度很大的问题。本书第五章《小学整本书阅读教学的评价体系》，通过深入研究总结出"五化一体"整本书阅读评价体系。在评价方法上采用与阅读内容相适应的多元化评价方法，包括观察、谈话、活动、评价量表、表现评定、纸笔测试、等级评价、记录册评价等。既注重过程性评价，又重视总结性评价，在评价对象上既有对个体的评价，是多角度、全方位的，也有对小组的评价。整本书阅读评价实在是读书课程建设中非常难啃的一块硬骨头，刘老师和团队成员不畏艰难，勇于攻关，总结出的这些评价指标、方法和手段为整本书阅读评价体系建设提供了宝贵实例。

刘老师和她的团队致力于读书课程的建设，把握住了语文课程改革的正确方向，这是最有可能让语文课程摆脱困境走上正道的路径。期待刘老师能够带领这个团队以此为起点，披荆斩棘，开拓前行，为我国语文课程改革做出更多的贡献！

上海师范大学　吴忠豪

2024 年 8 月 10 日

目 录

第一章　整本书阅读的历史溯源

第一节　整本书阅读是我国语文教学的优良传统 …………… 003

第二节　整本书阅读是国际母语教育的共同选择 …………… 008

第三节　整本书阅读是语文素养提升的主要途径 …………… 012

第二章　小学整本书阅读教学的课程建构

第一节　整本书阅读的课标要求 ………………………………… 023

第二节　整本书阅读的教材编排 ………………………………… 039

第三节　整本书阅读课程实施的现状问题 ……………………… 053

第二章　小学整本书阅读教学的实施策略

第一节　小学整本书阅读策略构建 ……………………………… 069

第二节　小学整本书阅读基本课型 ……………………………… 103

第三节　小学整本书阅读教学设计 ……………………………… 136

第四章　小学整本书阅读教学的实践模式

第一节　"篇本类"一体化递进式联读教学模式 …………… 177

第二节　"一书三课"整本书阅读基本教学模式 …………… 215

第三节　"互联网+"整本书阅读任务群模式 …………… 257

第四节　"项目式"整本书阅读模式 …………………… 277

第五节　整本书跨学科阅读模式 …………………………… 300

第五章　小学整本书阅读教学的评价体系

第一节　小学整本书阅读评价概述 ………………………… 339

第二节　小学整本书阅读评价问题的审视 ………………… 344

第三节　构建"五化一体"整本书阅读评价体系 ………… 352

后　记 / 370

第一章

整本书阅读的
历史溯源

第一节
整本书阅读是我国语文教学的优良传统

一、"整本书阅读"的古代溯源

自文字出现之后,人类的阅读行为就一直伴随着人类的历史而发展。我国的整本书阅读,从思想到行动,从个体探索到大规模推动,经历了漫长的历程。西周时期,贵族教育体系开始建立,当时设置的主要课程是礼、乐、射、御、书、数,而这些课程教科书的整理得益于孔子。孔子回到鲁国后,晚年整理了"六经",分别是《诗》《书》《礼》《乐》《易》《春秋》,这可能是最早的"整本书"教材了。

中国在私塾、官学、书院等教育模式下的各类书籍,大体上都是整书本的范围。我国古代的蒙学书籍大都是整本的书,如《三字经》《百家姓》《千字文》《弟子规》《幼学琼林》《龙文鞭影》等,当时的教师就以此进行基本的书写教学。科举时期将"四书五经"当作课本,对儒家传统文化,乃至中国现代社会都产生了深远的影响。

在我国古代历史发展进程中,教学所使用的语文教材,主要是"选书型"教材。秦汉时期,《百家姓》《千字文》等书是主要的识字教材,《尚书》《诗经》《周易》等经典是学生学习的主要教材,这些教材都属于"选书型"教材。南宋后,"四书"之名始行,"四书"即《论语》《孟子》《大学》《中庸》,朱熹专门为这四本书做了注解,即《四书章句集注》,后来,朝廷便将他所编定注释的"四书"审定为官书,从此盛行起来,明、清沿袭元制,衍生出"八股文"考试制度,题目也都是出自朱熹注解的"四书"。"四书"不仅是儒学经典,还是每个读书人的必读书。"四书"在当时被视为国家的重要教科书,甚至被用作科举考试的指定参考资料,其中的内容深受人们的喜爱。"选书型"教材也是我国儒家的经典作品,是"整本书"的源头。换句话说,我国传统语文教育对整本书阅读一直很重视。在我国古代历史的长河中,尤其是先秦至两汉时期,以整本书阅读为主的语文课程体系是区别于其他学科的显著标志。[①]中国古代的整本书阅读不仅是一种知识获取的方式,也是一种文化传承和思想交流的方式。通过阅读经典著作,人们可以与更早的文化和思想进行对话,了解先人的智慧和思考方式。

二、整本书阅读的近现代推进

中国近代史也是中华民族的苦难史,自鸦片战争后,清政府签订了一系列不平等的条约,民众生活水平大幅度下降,教育事业更是受到严重打击,战争导致了教育资源的短缺,当时大部分的国人处于"无书读"状态。

清末时期,在西方教育思想的影响下,学制逐渐改革,学堂开始兴办,"读经"等传统科目开始压缩,"文选型"教材逐渐兴起,如1904年版最新国文教材就尝试将识字、民间歌谣等内容引入教材。我们所熟悉的《复兴初级中学教科书国文》《国文百八课》等教材,都是按单元组合编写的。新民主主义革命后,民族危机使部分中国人觉醒,一些国学大家分别对"读整本书"提出了一些看法。胡适先生于1920年开列《中学国故丛书》目录,以备学生阅读,后来又发表《一个最低限度的国学书目》,提出将"看书"

---

① 杨桦."整本书阅读"的课程特质和教学定位刍议[J].教育文汇,2022(08):5.

取而代之，强调应该全面地研究"讲读"。

叶圣陶先生在其起草的《新学制课程标准初级中学国语课程纲要》第二部分"内容与方法"中指出，要"略读整部的名著"。随后，叶圣陶先生提出了中学国文课程教材要选取整本书为主体的观点，他指出："要把整本书当作主要内容，以单篇短章为辅助，来完善初中国文教学规范，以便更好地理解和掌握知识。"至此，整本书阅读的概念逐渐被大众熟知，夏丏尊、朱自清、梁启超等人都十分支持整本书阅读，为新中国成立之后语文课程标准和教学计划提供了理论依据。

三、整本书阅读的当代发展

随着社会的发展，人民的生活水平不断提高，人们越来越意识到整本书阅读的重要性。不论是国家政策层面还是语文课程标准层面，"整本书阅读"逐渐走进中小学课程体系之中，越来越多的学者开始关注到"整本书阅读"的领域，引领一大批一线教师深入开展实践研究。

（一）全民阅读层面

近年来，我国成年国民的阅读量大幅增加，除了纸质书、电子书，音频读书也越来越受到人们的欢迎。随着互联网的发展，社交媒体也成为阅读的一个重要渠道。例如，微信公众号、知乎、豆瓣等平台，都有大量的优质文章供人们阅读。虽然阅读的方式在发生变化，但整本书阅读仍然有其独特的价值。一方面，整本书阅读通常会对一个主题进行深入全面的探讨，这是碎片化阅读无法比拟的。另一方面，整本书阅读可以帮助人们培养专注力，这在信息爆炸的时代尤为重要。

（二）政策层面

2014年《政府工作报告》首次提出"全民阅读"，随后每年《政府工作报告》中都会有"全民阅读"的提及，2022年《政府工作报告》中提及"全民阅读"，表明政府积极推进"全民阅读"的决心。2023年全国教育工作大会中，怀进鹏部长提出："要把开展读书活动作为一件大事来抓，引导学生爱读书、读好书、善读书。"由此可以看出整个社会对阅读的重视，至此，各级各类单位都在不断地开展整本书阅读的活动，大力营造爱读书的良好氛围。

（三）学者层面

继叶圣陶先生提出"整本书阅读"的概念以来，20世纪80年代，顾黄初进一步诠释了"读整本书"的思想，并提出了一些可行性的建议，他认为，阅读是完善自己知识结构的语文行为和心智活动，要把它落到实处；王孝坤指出，尽管"整本书"的阅读技巧有其独特的挑战性，并且在实际操作过程中也存在着诸多不足，但我们仍需努力，将其作为学习的基础，将其纳入"整本书"的教学体系，以期达到更好的效果。

李怀源在研究叶圣陶整本书阅读思想的基础上，概括出"读整本书"的内涵。从阅读过程上看，整本书与单篇短章的阅读相同，是课内和课外相结合，"精读"与"略读"相结合。江苏特级教师高子阳在《整本书阅读教学实验及其推进——谈谈我的主张与求索》一文中详细介绍了他所开展的整本书阅读教学实验，并研究出了"师生共读""创意读写"等阅读策略。朱永新在《我的教育观》中提到阅读应该贯穿于学生的终生，整本书是一种更为丰富的形式。他发起的新教育实验则为推动整书本阅读的规模化，进行了长达十余年的努力，逐渐把整本书阅读科学化、课程化、规范化。

而刘传启、王立、欧运波、吴建英、袁平霞、吴欣歆等学者一直致力于整本书阅读教学的对策研究。

(四)课标层面

1950年小学语文教学大纲中提到"补充读物";1956年颁布的语文教学大纲中强调了"儿童读物";1963年,课标中规定"课外阅读要选择有益的读物",但并未提供参考的书目。这段时期,整本书阅读的概念变得模糊起来,整本书阅读被边缘化,没有受到应有的重视。

2001年颁布的《义务教育语文课程标准》中就强调了整本书阅读的价值,倡议学生读整本书,明确规定各个阶段课外阅读的总量。2011年版《义务教育语文课程标准》进一步强调了阅读的相关要求。在关于阅读教学的板块中说道:"要重视培养学生广泛的阅读兴趣,扩大阅读面,增加阅读量,提高阅读品味。提倡少做题,多读书,好读书,读好书,读整本的书。"2018年,"整本书阅读与探讨"以学习任务群的方式写进高中新课标。4年后,"整本书阅读"以同样的方式写进了2022年版中小学语文课程标准,一时之间,一线教师纷纷进行整本书阅读教学的实践探索,正是在这样的不断引导下,整本书阅读的课程地位愈发凸显出来。2022年版《义务教育语文课程标准》首次将"整本书阅读"写进课程标准中,要求学生多读书,读好书,读整本书,养成良好的读书习惯,积累整本书阅读的经验。整本书阅读在课标中单独列出,纳入拓展型学习任务群,标志着整本书阅读完成了由课外的学习资源向正式的课程内容的转化。

第二节
整本书阅读是国际母语教育的共同选择

进入21世纪，各国都在致力提升自己国家的文化软实力，全民阅读已然成为提升国家文化软实力的突破口，各个国家除了有顶层制度设计，还充分调动相关资源，促进阅读型社会的形成。"国外的母语教育，尤其是发达国家的母语教育，都非常重视经典的阅读，并在课程标准等正式文件中做出了明确规定。""这些国家的语文课程标准等文件所列的作家作品，无不以自己国家或民族历史上的文化经典为主，并注意吸收其他一些国家和民族不同时期的文化精华，作为语文课程的核心内容。"[①]

一、英国

莎士比亚说："生活里没有书籍就好像大地没有阳光，智慧里没有书籍就好像鸟儿没有翅膀。"英国非常重视儿童阅读，从幼儿园开始就培养良好的阅读习惯。幼儿园老师每天会选一两本图画故事书放在孩子的书包里，要求回家和爸爸妈妈一起阅读，老师会检查孩子的阅读情况并且和家长一起做记录。每读完多少本书都会有相应的奖励。英国学校为学生提供丰富的阅读资源、自主的阅读课程、综合的阅读方式。英国中学的语文教材，

---

① 倪文锦.阅读经典：提高学生语文素养的必由之路[J].课程·教材·教法,2004(12)：36.

以"作家"或"文体"为单元模块，将经典原著选入教材，引导学生阅读经典原著。他们的阅读理念是：读完整的作品更有利于培养学生的阅读能力、思辨能力。学生一学期至少阅读四本经典著作，跟着老师深入文本，感受作品的文学魅力，并进行相应的写作训练，提高写作能力。

英国很早就不断地进行阅读推广，"夏季阅读挑战"是英国重要的阅读推广活动。这里汇集英国大批有强大影响力的公共图书馆，开展全方位的阅读活动，重视阅读后的输出环节，旨在培养学生的思维能力，使学生完成有效的阅读。在活动中和活动后，通过网站等对相关数据进行统计，全面收集相关信息，促进阅读推广工作的持续发展。英国是年均阅读率较高的国家。

二、美国

美国语文在"整本书阅读"的课程编制、教材开发和教学实践方面起步较早，其教学理念和操作经验或能为我国相关学习任务群的有效实施提供参考。[1]美国阅读教学更强调教授一些阅读的策略，旨在引导学生运用合适的阅读方法进行阅读，提高阅读的质量。他们往往会成立阅读小组，小组会定期围绕一些话题展开合作探讨，在教师的指点下，在课堂上进行读书交流。美国特别重视阅读评价，其取得的成绩为国际所瞩目，如评价标准保持长期的稳定性，但又注重追踪新的发展；重视学科专家在评价中的作用，同时吸收一线教师的参与。

---

[1] 贡如云,宋运来.美国语文"整本书阅读"教学管窥——以一年级教学设计《比较两本同一主题的书》为例[J].小学语文教师,2023(05):78.

三、法国

法国对整本书阅读的重视和推广可以追溯到19世纪末20世纪初。在这个时期，法国的教育界开始认识到整本书阅读对学生知识的增长、思维和语言能力的培养具有重要意义。1905年，法国政府颁布了一项法律，要求法国的公立学校为学生提供免费的图书馆服务，以鼓励学生借阅图书。这一举措为整本书阅读的发展奠定了基础。20世纪初，法国的教育改革者和教育家开始提倡整本书阅读的实践。他们认为，通过阅读整本书，学生可以获得更丰富的知识，提升批判性思维能力、分析能力和语言表达能力。在法国的学校教育中，整本书阅读被视为重要的教学方法和教育目标之一。学生通常会被要求阅读一些经典文学作品，并通过阅读报告、讨论和写作来深入理解和分析这些作品。

此外，法国的图书馆和文化机构也开展了许多整本书阅读的活动和项目，以促进公众对文学作品的阅读和欣赏。这些活动包括阅读俱乐部、文学讲座、作家访谈等，为读者提供了一个交流和分享阅读体验的平台。

四、日本

日本的文学传统源远流长，从古代就开始流传，特别是在日本的平安（794—1192）、江户（1603—1868）期间。在这些时期，整本书阅读被广泛应用于教育、文化和娱乐领域。

在平安时代，日本的贵族阶层和士人阶层非常重视整本书阅读。他们阅读和传抄了许多重要的文学作品，如《源氏物语》《枕草子》等。这些作品不仅是文学的杰作，也是日本文化和社会生活的重要记录。在江户时代，整本书阅读成为一种流行的娱乐活动。人们会聚集在茶馆、书店和私人居所，共同阅读和讨论各种文学作品。这种活动被称为"讲谈会"，在其中，人们可以分享他们对作品的理解和感受，并从中获得乐趣和启发。

随着现代化进程的加快，日本的整本书阅读逐渐与教育相结合。在20世纪初，日本的教育改革者开始认识到整本书阅读对学生的思维、语言和文学素养的培养具有重要意义。整本书阅读成为学校教育中的重要教学方法和教育目标。学生通常会被要求阅读一些经典文学作品，并通过阅读报告、讨论和写作来深入理解和分析这些作品。

日本对整本书阅读的发展给予了重视，并通过教育实践和文化活动等多种方式推动了整本书阅读的普及和发展。这为日本学生和其他民众提供了更广阔的阅读空间，促进了他们的思维、语言和文学素养的全面发展。

整本书阅读在世界各国都有其独特的发展情况。一些国家和地区通过政府和教育机构的支持，推动整本书阅读的普及和发展；一些国家则通过社会组织和文化活动来鼓励人们参与整本书阅读。无论在哪个国家，整本书阅读都是一种重要的文化活动，有助于人们的思维、语言和文学素养的培养。

第三节

整本书阅读是语文素养提升的主要途径

阅读是一个人认识、改造世界的重要途径,也是人类文明发展的"加速器"。阅读可以提升国民核心素养和国家综合实力,是推动国家精神文明建设的重要途径和手段。

近年来,国家出台了一系列政策文件,推进全民阅读,营造书香社会,以提升国民素养。2012年,党的十八大报告提出"开展全民阅读活动",标志着全民阅读被提到国家战略的高度。2014年起,"倡导全民阅读"连续10年被写入国务院政府工作报告。2016年9月,教育部将"文化基础"作为"中国学生发展核心素养"的重要内容,夯实文化基础的首要要求就是通过大量阅读提升人文底蕴。2017年,国务院颁布《全民阅读促进条例》,并将全民阅读作为八大文化工程之一列入国家"十三五"发展规划纲要。2023年3月,教育部等八部门联合印发《全国青少年学生读书行动实施方案》,明确提出:重视"整本书"阅读、沉浸式阅读。这些举措标志着"全民阅读"这项国家战略正在得到持续的实施和推进。社会的发展、科技的创新,使人们越来越意识到阅读的重要性。在倡导"终身学习"的今天,培养学生成为积极而成熟的独立阅读者,以适应瞬息万变的未来社会发展,是时代的发展需要,也是落实国家战略的必然要求。

语文课程承担着培养学生阅读习惯、发展学生阅读能力的重要任务。2022年版的《义务教育语文课程标准》从"文化自信""语言运用""思维能力""审美创造"四个维度整体构建语文学科核心素养体系。发展学生的核心素养,仅靠以单篇选文为主体的语文教材和时间有限的语文课堂是难以实现的。整本书阅读因其丰富的阅读内容、完整的阅读过程、长期的阅读时间和沉浸式的阅读方式,在发展和提升学生的语文核心素养方面具有天然的优势。

一、在完整丰富的文化场域中培育文化自信

现代以来,语文课程教学主要依托语文教科书,"文选型"教科书以单篇阅读为主体,篇幅短小且易于教学,但阅读内容简短,阅读时间较少,阅读目的单一,导致学生阅读存在功利化、浅表化、零散化等问题。进入信息化时代,随着微信、微博等新媒体的广泛传播,网络阅读成为人们日常阅读的主体,学生阅读大多是蜻蜓点水、浮光掠影、浅尝辄止,陷入碎片化、跳跃式和浅层化的泥淖。无论是以课文为主体的单篇阅读,还是学生日常生活的网络阅读,都难以实现语文课标中提出的"以文化人,树立正确的世界观、人生观、价值观""积淀深厚的文化底蕴,增强文化自信"的要求。

课程领域的整本书阅读大多选择的是古今中外的经典名著,具有较高的文学价值、思想价值和教育价值,能给学生提供相对完整的文化场域,让学生经历完整的阅读历程,使阅读具有完整性和连续性。

如学生在阅读语文课本中节选的课文《祖父的园子》,得到的收获只是了解作者所描绘的童年生活的一个点,一个给她留下美好记忆的片段,一个和祖父共同生活的场景,仅此而已。但如果能经由这篇课文阅读萧红的《呼兰河传》,就像展开一幅乡土人生的巨幅画卷,学生不仅能从书中看到从前东北小城的风土人情、社会风貌、生活百态,还能结合书中反映的中国乡民的生存状态和精神状态,感受当时落后的封建思想对生命的摧

残，从而从作品中体会到作者对当时社会黑暗的批判以及对自己童年生活的留恋。

又如学生阅读教材节选的课文《红楼春趣》，读到的是一群公子小姐在大观园里尽兴游玩的场景，看到的只是红楼文化的一个横截面。但作为中国四大古典名著之首的《红楼梦》，既是一部中国封建社会的百科全书，又是传统文化的集大成者。"贾史王薛"四大家族兴衰没落的历程，以"宝黛"为代表的众多有血有肉、个性分明的人物形象，还有戏剧、绘画、书法、诗词歌赋、园林建筑、服饰、陈设、编织等艺术，以及茶文化、酒文化、食文化等，无不在书中有精妙卓绝的反映。吴欣歆教授认为，阅读这样的整部著作，学生浸润在整本书提供的文化场域中，可以吸纳更为丰富的文化信息，获得更为全面的文化印象，对特定文化场域形成完整的认识。

在日益国际化的现代社会，开放、多元的文化进入学生的视野，整本书阅读像一扇扇窗户，给学生展现丰富多样的世界文化。学生在这些经典名著中徜徉，体会中华文化的博大精深，熟悉不同地域的文化特质，学会尊重、借鉴世界各民族的文化，树立民族自尊心和自豪感，逐步提升文化自信感。

二、在不断完善的认识过程中发展思维品质

整本书阅读中的"整"具有完整的意思，既包括对全书脉络的整体把握，也包括对全书内容的整体思考。相较于传统意义上的单篇短章阅读，整本书阅读更具完整性和连续性，同样需要读者阅读的持续性和稳定性。它强调对整个文本的全面把握和深度解读，需要读者在阅读过程中不断整合信息，同时调动自身的背景知识、阅读经验和语言能力，深入理解作品的内容、主题、思想、语言表达等，从而更好帮助读者养成读书兴趣和习惯，提升阅读鉴赏能力，培养批判性思维和独立思考能力。

整本书阅读信息量大、信息链条完整，内容丰富，前后关联度高，是围绕主题构成的一个完整的系统。学生阅读整本书的过程，就是深入理解这个系统的过程，"需要透过变化的现象发现不变的本质，体验不断建构、解构、再建构、再解构的循环。需要借助联系思维，努力发现事物之间的关系，在对立中看到统一，在分离中看到渗透，形成新的认识和思考，树立事物间普遍存在联系的哲学观点。更为重要的是，随着整本书内容的展开，学生能够体验到自身认识发展变化的过程，这种体验有助于反思性知识的形成和丰富"。[1]

如阅读《红楼梦》，学生需捋清错综复杂的人物关系，思考不同人物命运背后深刻的矛盾冲突，思考"贾史王薛"四大家族的荣衰背后揭露的社会现实。学生在"读深、读透"的过程中，需要运用线性思维梳理人物关系和事件发展的演变历程，需要运用发散性思维关联更多的人和事，需要运用直觉思维感受书中的人物形象和生活场景，需要运用批判性思维形成个人的思考和见解，学生的思维能力就在这样的阅读实践中得以发展提升。

整本书阅读因其内容的丰富多元，还能引发学生的深度思考，使其在问题探究中形成独立的认识和深刻的见解。学生在阅读整本书时，所构建的知识图式，所培养的比较分析、综合概括等思维认知能力，都是单篇短章阅读无法比拟的。下面是双峰县教师发展中心朱慧明老师提供的一个案例：

前些天在教室里看《中国人史纲》时，有些孩子看到了。锦程小同学为此特意买了这套书在家看。今天下课时来到我身边，问我关于道家思想的问题，对于"一个人虽然没做事，但其实已经做了许多事了"这句话他还

---

[1] 吴欣歆. 培养真正的阅读者：整本书阅读之理论基础[M]. 上海教育出版社, 2019.

不太理解，希望我能帮他解答。我觉得小学生要理解这个问题有点难度，便用浅显的语言来表达我的理解。在与他交谈的过程中，我发现他方11岁的小小年纪，理解力与领悟力已然超强。他说儒家思想比较保守，他比较喜欢道家思想和墨家思想，道家是无为而为，而墨家是兼爱，追求和平。儒家与法家的思想他有些不喜欢，他还认为兵家思想的强军富国也有道理。我当时随意说了一句，如果这些思想融合在一起就好了，他却说不行，有些思想是相悖的，如儒家与法家的思想……我非常惊诧于他的见解，禁不住夸赞他比我看得细致，还比我思考得深入。为师之乐，莫过于青出于蓝胜于蓝。

案例中锦程同学关于道家思想的思考非常有深度，在和老师的交流中他自觉运用比较阅读和批判性阅读的方法，不断丰富自己的认知，形成自己独特的见解。他的思考力和认知水平大大超出了同龄的孩子，应该是得益于长期坚持阅读整本书。

整本书的内容较语文教材中的单篇课文内容更丰富，情节更跌宕起伏，人物关系更错综复杂，指向的主题也更加多元，更能加大学生的思维广度和深度，更方便学生在逐渐完善的认知过程中发展思维能力。

三、在语言实践的综合运用中促进语言发展

语文课程是一门学习语言文字运用的综合性、实践性课程。《义务教育语文课程标准（2022年版）》在"课程性质"部分指出，"语文课程应引导学生热爱国家通用语言文字，在真实的语言运用情境中，通过积极的语言实践，积累语言经验，体会语言文字的特点和运用规律，培养语言文字运用能力"。"积累语言经验"既包括汉字、词语、句子等广义的语言知识，语言运用的规则，也包括在语言实践中习得的听、说、读、写的专

门能力。"积累语言经验"是学生学好语文、用好语文、提升语言能力的基础和关键。"积累语言经验"最好的学习方法不是直接教授规则性的语文知识，而是让学生通过听、说、读、写的实践提升语言运用能力，在运用语言的实践中习得语言规则。

语文学习是一个长期积累的过程，只有"厚积"，才能"薄发"。整本书阅读量大，内容丰富，学生在持续性的阅读中能接触到大量的语言材料，从不同作家、不同作品中感受不同的语言风格，积累很多有新鲜感的词句。大量的阅读会使学生在脑海里积累丰富而规范的语言材料及表达方式，促进语言的规范化、个性化表达。学生的语言是从模仿开始的，在阅读过程中，碰到自己喜欢的表达方式，就会不自觉地模仿。这种模仿不是有意识的，而是潜移默化受到的感染。

著名作家唐浩明先生在接受《新课程评论》杂志余孟孟主编访谈时，曾回顾阅读古典名著对自己语言风格的影响。后来读到《三国演义》原著，唐浩明更是为作者文白相杂的语言艺术所倾倒。关于诸葛亮"隆中对""舌战群儒"等著名片段，唐浩明至今都能流利背诵。"《三国演义》的文风从那时起就镌刻在我的骨子里了。"唐浩明说，"没有料到，几十年后我自己在创作历史小说时，会自然而然地选择这种典雅的表述风格。"

整本书阅读能够让学生接触到足够丰富的语言，有利于学生根据自己的喜好与接受程度有选择地吸收，进行生动地习得与进阶。同时，作为一种学习活动，整本书阅读也能帮助学生通过丰富的言语活动，在多样化的情境中学会综合运用语言文字。学生在某一个阶段读某位作家的作品，在他们的日记及作文中往往就能模仿和运用。如果一名学生长期、大量阅读老舍的作品，他的文章必定带有浓厚的京味色彩，而这种模仿连他自己都意识不到，这种不断吸纳和模仿的过程就是学生的语言能力提升发展的过程。

四、在综合能力的进阶发展中培养审美情趣

滕守尧在《审美心理描述》一书中指出："所谓审美，是人类掌握世界的一种特殊形式，指人与世界、社会和自然形成一种无功利的、形象的和情感的关系状态，主要是指美感的产生和体验。"《义务教育语文课程标准（2022年版）》指出：语文核心素养中的审美创造是指学生通过感受、欣赏、评价语言文字及作品，获得较为丰富的审美经验，具有初步的感受美、发现美和运用语言文字表现美、创造美的能力；涵养高雅情趣，具备健康的审美意识和正确的审美观念。语文教学要充分发挥母语的审美价值，注重用美的规律、美的方式引领儿童在学习中发现、感悟母语之美，引发对母语情感美、语言美、意境美和哲理美的认同与赞赏，激发学生的审美情感、审美心理，培养发现美、感受美、鉴赏美、创造美的审美意识，获得高尚的审美情趣，提高思维能力，实现言语生命的成长，培养全面发展的人。

整本书阅读在提高学生审美能力、涵养学生审美情趣方面有着独特的优势。文学的审美鉴赏总是从文字入手，学生从阅读朗朗上口的儿歌、诗词开始，感受语言文字的简洁美、音律美和节奏美。然后通过阅读童话、寓言、小说等故事性文本，借由对文字的感知可以结合生活体验形成自己的理解，感受美好的情感和美妙的哲思，在潜移默化中接受情感的熏陶和洗礼，促进学生知、情、意的全面发展，使其逐步形成自己的审美价值观。

著名文化学者、作家唐浩明也是被在阅读中培养的审美情趣影响了一生。

有三本书是唐浩明非常喜爱的，就是《唐诗一百首》《宋诗一百首》《唐宋词一百首》。"这三本书是中华书局出的，很小的开本，薄薄的。我每

天都放在书包里面,有空就拿出来看一看、背一背。就这样,我喜欢上了文学,喜欢上了诗词,喜欢上了中国文字之美。"唐浩明说,"这三本书的封面设计也很有意思,是中国传统水墨画,很淡雅。这也影响了我的审美观,我一辈子都喜欢这类淡泊、高雅、有意境的东西。"

阅读本质上就是一种"感知",将文学作品中的美感因素内化为阅读者自己的主体感受,从而产生更多的心理认同,在潜移默化中提升审美鉴赏力和创造力,这就是名著阅读的意义与价值。

第二章

小学整本书阅读教学的课程建构

第一节
整本书阅读的课标要求

一、"整本书阅读"作为语文课程内容的发展历程

整本书阅读是我国语文教育的优良传统,但在现代语文教学中,语文教学内容主要是以单篇选文为主的教科书,整本书阅读在较长时期内,都是以课外阅读的形式出现在教学大纲或课程标准中,游离于语文课程内容之外,其正式进入课程内容经历了较长一段时间的历程,有以下三个发展阶段。

(一)课外活动阶段

1956年,《初级中学文学教学大纲(草案)》对教学课时进行了细致的规划,每学期留出4课时做"课外阅读指导"。1963年《全日制小学语文教学大纲(草案)》提出:"提高学生的语文水平,一方面要让学生理解课文,熟读背诵;另一方面要加强课外阅读指导,让学生广泛地阅读。课外阅读指导,主要是选择有益的读物,提示阅读的方法,培养读书的习惯,协助组织一些读书活动。"这段话明确提出提高学生语文水平的两条路径是课文学习和课外阅读,强调了大量阅读对于语文学习的重要性。同时明确了教师进行课外阅读指导的基本要求:选择读物、提示方法、培养习惯、组织读书活动。

1992年颁布的《九年义务教育全日制小学语文教学大纲（试用）》指出："课外阅读是最经常最重要的语文课外活动。学校要为学生创造课外阅读的条件，通过多种渠道增加学生的阅读量。教师要加强对课外阅读的指导，经常向学生推荐合适的读物并指导学生选择读物，引导学生把语文课内学到的方法，运用到课外阅读中去，养成认真读书的习惯。还要组织各种读书活动，采取多种形式，交流读书心得，检查读书效果，不断提高读书能力。"教学大纲虽然强调了阅读的重要性，对学校推进课外阅读和教师指导课外阅读提出了具体明确的要求，但整本书阅读仍然属于"课外活动"，教师的指导仅限于推荐读物、运用方法、培养习惯、组织活动等。1992年的教学大纲与1963年的教学大纲相比，增加了对学校的要求，对阅读评价提出了要求，明确了课外阅读的目标是"提高阅读能力"。

（二）整本书阅读阶段

2001年颁布的《全日制义务教育语文课程标准（实验稿）》第一次提出"整本书阅读"。"培养学生广泛的阅读兴趣，扩大阅读面，增加阅读量，提倡少做题，多读书，好读书，读好书，读整本的书。鼓励学生自主选择阅读材料。"这一版的课程标准特别强调培养学生的阅读兴趣，强调多阅读、读整本的书对于语文学习的重要性。

"要重视培养学生广泛的阅读兴趣，扩大阅读面，增加阅读量，提高阅读品味。提倡少做题，多读书，好读书，读好书，读整本的书。关注学生通过多种媒介的阅读，鼓励学生自主选择优秀的阅读材料。加强对课外阅读的指导，开展各种课外阅读活动，创造展示与交流的机会，营造人人爱读书的良好氛围。"《义务教育语文课程标准（2011年版）》在2001年版的基础上，继续提倡读整本的书，强调课外阅读不仅有"面"和"量"的要求，还应将"提高阅读品味"作为教学目标，引导学生阅读文质兼美的经典作品。同时，对读物的范围有了更宽泛的要求，结合信息化的特点，提出适应时代特点的多媒介阅读。

（三）整本书阅读任务群阶段

从教学大纲到语文课程标准，整本书阅读虽越来越受到重视，地位在不断提升，但一直是以课外活动的方式出现，始终游离在语文课程之外，是语文教学可有可无的"杂牌军"，难登语文课程大雅之堂，未能真正进入语文课堂。

近年来，随着对阅读教育研究的深入，阅读对儿童语言和思维发展的作用日益显现，"海量阅读""主题阅读"等阅读整本书的各种实践层出不穷。《义务教育语文课程标准（2022年版）》提出，"倡导少做题、多读书、好读书、读整本书，注重阅读引导，培养读书兴趣、提高阅读品味"。同时将"整本书阅读"作为"拓展型学习任务群"纳入语文课程，"整本书阅读"也成为语文教学的重要内容。（见下表）

义务教育语文课程内容学习任务群设置

义务教育语文课程内容学习任务群	第一层	基础型学习任务群	语言文字积累与梳理
	第二层	发展型学习任务群	实用性阅读与交流
			文学阅读与创意表达
			思辨性阅读与表达
	第三层	拓展型学习任务群	整本书阅读
			跨学科学习

鉴于整本书阅读是义务教育语文课程的"六大学习任务群"之一，新课标还从学习目标、学习内容、教学提示、教学评价等方面对其提出明确的要求，标志着"整本书阅读"由课外走向课内，正式进入语文课程，是

语文教学的重要组成部分，成为语文教学的正规军。

二、"整本书阅读"学习任务群的课标要求

（一）阅读数量规定

《义务教育语文课程标准（2022年版）》在"课程目标"的"阅读与鉴赏"部分明确了不同年段的阅读数量要求，与2011年版课标基本一致，见下表。

"义教课标"关于阅读量的要求

学段	数量要求
第一学段	课外阅读总量不少于5万字。
第二学段	课外阅读总量不少于40万字。
第三学段	课外阅读总量不少于100万字。
第四学段	课外阅读总量不少于260万字。

课标中关于阅读数量的要求是保底的要求，也是最低要求。第一学段阅读总量不少于5万字，平均每天不到70字，从数量上看是很低的要求，但贵在坚持，每天都要阅读。因此，这一阶段主要是培养阅读的兴趣，让孩子亲近阅读，愿意与书相伴，养成每天阅读的习惯，并逐步成为有一定速度的"阅读者"。

这一时期学生因为识字量较少，独立阅读的能力不强，所以阅读的时候，还需要成人的帮助，如采用亲子伴读、师生共读等形式，扫除阅读过程中的障碍，让孩子的阅读在一种轻松愉悦的氛围中进行。同时，这个时期学生的阅读，还需要一定的外部刺激来激励，如老师家长的星级奖励、打卡记录等，通过各种奖励方式鼓励学生，使其增加持续阅读的动力，养成持之以恒的习惯。

第二学段对学生的阅读量的要求有了跨越式提升，从5万字到40万字，不仅是量的增加，还有质的飞跃。三年级是学生阅读能力发展的关键期，如果学生此前养成了良好的阅读习惯，且初步具备默读的能力，其阅读速度会在这个阶段大大提升，通过阅读获取的信息量也会大大增加，这不仅有利于学业成绩的提升，也有利于丰富知识、开阔视野。"PIRLS认为小学三年级是阅读发展的关键期，在此之前是'学习阅读'，三年级之后则要'通过阅读来学习'。如果在小学三年级之前还没有培养出阅读兴趣和阅读技能，以后将出现'富者愈富，贫者愈贫'的现象，也将影响到其他学科能力的发展"[1]。根据北京师范大学吴欣歆教授研究团队对不同学段学生阅读一般现代文的速度测算标准，第二学段学生的阅读速度基本能达到每分钟250字，有良好阅读习惯的孩子每天坚持阅读15分钟—20分钟，阅读字数就能达到4000字，两年的阅读量可以达到300万字，坚持的力量不可小视。而没有养成良好阅读习惯的孩子可能完成课标要求的40万字的阅读量都有困难。因此，三年级也是学生阅读能力发展的"分水岭"，学校和家庭都应重视这一阶段学生阅读习惯与阅读能力的培养，要求学生不仅要每天坚持阅读，还要有一定的阅读速度。

从第二学段到第三学段，课标再次大跨度提升阅读数量要求，从40万字到100万字。阅读数量的提升依赖于学生阅读速度的变化：第一学段学生阅读大多以字为意义单位，阅读速度慢；第二学段学生阅读大多以词或词组为意义单位，速度逐渐加快；第三学段则是由词组过渡到句子，学生连词成句地读，阅读速度大幅度提升。同时，阅读量的变化还跟学生的注意力水平相关。心理学研究成果表明，第一学段学生连续注意力集中的时

---

[1] 王林.由关注技能到关注素养——从PIRLS看学校中儿童阅读能力的培养[J].人民教育.2008（5）：37.

间为15分钟左右，第二学段学生阅读注意力能保持集中20分钟左右，第三学段学生则能达到30分钟。学生阅读的时候，注意力稳定持久不仅能保证阅读数量达标，还有利于提升阅读的品质。明确各学段学生阅读的特点和阅读量的要求，教师和家长就能关注学生的阅读行为，把握阅读能力发展的关键期，循序渐进地帮助学生提升阅读能力。

课标要求的阅读数量是培养学生阅读能力的基本要求，有条件、有能力的孩子可以读更多。正如吉姆·崔利斯在《朗读手册》一书中所言："你读得越多，理解力越好；理解力越好，就越喜欢读，就读得越多。你读得越多，你知道得越多；你知道得越多，你就越聪明。"在保证基本阅读量的前提下，教师应充分利用好小学阶段这一培养学生阅读能力的"黄金期"，培养学生良好的阅读习惯，使学生掌握基本的阅读方法，发展阅读能力，为终身学习奠定基础。

（二）学习目标界定

整本书阅读篇目众多、内容丰富，进入统编教材的整本书大多是经典名著，具有较高的文学价值、思想价值和教育价值，可教的内容很多，但教学时间有限。如何把握教学目标，是整本书阅读课程化实施的关键。

1. 区别单篇阅读，凸显"整本书"阅读教学价值

新课标指出："本（整本书阅读）学习任务群旨在引导学生在语文实践活动中，根据阅读目的和兴趣选择合适的图书，制订阅读计划，综合运用多种方法阅读整本书；借助多种方式分享阅读心得，交流研讨阅读中的问题，积累整本书阅读经验，养成良好阅读习惯，提高整体认知能力，丰富精神世界。"这段话明确了整本书阅读教学的目标：一是培养阅读兴趣、养成阅读习惯、习得阅读方法、发展阅读能力；二是积累阅读经验、提高认知能力、促进精神成长。

但教师在进行整本书阅读指导时，会受单篇阅读教学的影响，关注语文知识积累和听说读写的单项训练，在字的音形义、词句理解与运用、修辞手法、朗读训练上下功夫，教学过程只见树木，不见森林，不能体现整本书的阅读价值。整本书阅读强调的是以完整的一本书为单位的阅读活动，阅读内容应突出整体，教学指导要贯穿全程，教学目标应突出能力提升和精神成长。因此，教学时要区别单篇阅读的教学，将重点放在激发阅读兴趣、培养阅读习惯、提升阅读速度、优化阅读策略以及思维品质发展、作品意义建构上，以凸显整本书独特的阅读价值。

2. 把握年段目标，实现核心素养整体发展

围绕"能力提高"和"精神成长"这一总体目标，还需要把握不同年段整本书阅读的具体要求，明确每一学段的学习目标。梳理新课标核心素养目标下"阅读鉴赏"部分的学段要求，结合整本书阅读任务群"学习内容"中不同学段阅读的具体要求，可以确定小学三个学段的目标序列：

第一学段：在保证5万字阅读量的前提下，重点培养阅读兴趣，养成良好的阅读习惯，学习讲述书中的故事。

第二学段：从"学习阅读"转向"通过阅读学习"，重在提高阅读速度，积累阅读经验，习得阅读方法，能讲述故事大意、交流分享读书感受。

第三学段：从"海量阅读"走向"品质阅读"，重在梳理主要内容、发展高阶思维，建构阅读策略，能讲述主要内容和阅读感受，围绕感兴趣的话题展开讨论、分享观点。

要特别注意的是，年段目标不是对总目标的分解，而是各有侧重，以实现核心素养呈阶梯式螺旋上升，促进整体发展。

（三）学习内容提示

新课标中对整本书阅读的学习内容是分学段提示的，先明确不同学段整本书阅读的类别，再提示可以开展的学习活动。如下表：

"义教课标"关于整本书阅读"学习内容"的要求

学段	学习内容
第一学段 （1～2年级）	1. 阅读富有童趣的图画书等浅易的读物，体会读书的快乐。 2. 阅读、朗诵优秀的儿歌集，感受儿歌的韵味和童趣。 3. 阅读自己喜欢的童话书，想象故事中的画面，学习讲述书中的故事。
第二学段 （3～4年级）	1. 阅读表现英雄模范事迹的图书，如《小英雄雨来》《雷锋的故事》等，讲述英雄模范的动人故事。 2. 阅读儿童文学名著，如《稻草人》《爱的教育》等，感受作品传达的真善美，用自己喜欢的方式讲述故事大意。 3. 阅读中国古今寓言、中国神话传说等，学习其中蕴含的中华智慧，口头或书面分享自己获得的启示。
第三学段 （5～6年级）	1. 阅读反映革命传统的作品，如《可爱的中国》《小兵张嘎》《闪闪的红星》等，讲述自己感受到的家国情怀和爱国精神。 2. 阅读文学、科普、科幻等方面的优秀作品，如《寄小读者》《十万个为什么》《海底两万里》等，学习梳理作品的基本内容，针对作品中感兴趣的话题展开交流。 3. 梳理、反思小学阶段的阅读生活，运用口头或书面方式，与同学分享自己整本书阅读的经历、体会和阅读方法。

1. 图书类型

从图书类型上看，第一学段主要阅读"图画书""儿歌集""童话书"等，这几类书浅显易懂、图文并茂、富有童趣，符合第一学段学生阅读的心理特点，是帮助学生实现从阅读图画到阅读文字的"过渡书"，也是推进儿童独立阅读的"桥梁书"。"汉语类的桥梁书核心特点如下：其一，文字长短适中，整本书的字数在1万字以内，单篇作品的字数在3000字左右；其二，桥梁书里的文字95%为课标规定的小学一二年级常用汉字；其三，句式以陈述句、一般疑问句等简单句式为主；其四，文图比例为2∶1，每一张跨页包含两张小图或一张大图；其五，版式采用诗歌体排版，每行不超过15个汉字，以便于儿童阅读；其六，以类型化人物形象为主，人物关系简单，故事常采用起因、经过、高潮、圆满结局的传统故事模式进行叙述。"[1]以"图画书""儿歌集"和"童话书"作为儿童阅读的"桥梁书"，能最大限度激发学生阅读的兴趣，让学生充分享受阅读的愉悦感。同时，读物中反复出现的常用汉字，又能帮助学生不断巩固识字成果，通过阅读熟练掌握2500个常用汉字的认读及使用规则，这2500字能覆盖到99%的儿童读物。学生有了一定的识字量和良好的阅读习惯，进入第二学段就能实现独立阅读，并在阅读中持续获得更为强烈的阅读愉悦感和成就感，促进阅读能力的提升和发展。

第二学段学生阅读的整本书主要是"英雄模范事迹的图书""儿童文学名著""中国古今寓言""中国神话传说"等，这几类书籍故事性强、情节曲折生动，非常契合这个年龄阶段学生的心理特点和认知规律。根据加拿大学者基兰·伊根提出的认知工具理论，该年龄段的学生正处于从"神话认知"向"浪漫认知"过渡的阶段。他们最重要的认知工具是故事、比喻及暗喻、二元对立、押韵和建模、笑话和幽默、神秘感、游戏和戏剧等，因此，对那些故事性强、情节紧张、充满神秘感和矛盾冲突的阅读材料，容易产生浓厚的阅读兴趣。同时，在这个年龄阶段，英雄主义联想、惊异感、知识及人文内涵等正逐步成为他们的优势认知工具，读一读"英雄模范事迹的图书"及"儿童文学名著"等，能在一定程度上满足他们的英雄主义情结，提升他们的人文内涵和阅读品味。

第三学段学生阅读的整本书主要是"反映革命传统的作品"及"文学、科普、科幻等方面的优秀作品"等，基于基兰·伊根的认知工具理论，该

---

[1] 王蕾. 桥梁书与儿童独立阅读力提升研究[J]. 出版广角.2018 (18): 34.

年龄段的学生正由"浪漫认知"发展到"哲学认知"阶段。一方面，现实感、好奇心、反叛和理想主义、情境变化和角色扮演等是该阶段的主要认知工具；另一方面，寻求普遍性、过程步骤、追求确定性、基本概念和异常现象、理论的灵活性、对权威和真理的追求等认知工具正逐步成为该学段学生的认知优势。所以，这个时期的阅读，正在由"情节"中心向"思想"中心过渡，第三学段安排的阅读内容，不管是"反映革命传统的作品"，还是"文学、科普、科幻等方面的优秀作品"等，都是由关注情节转到关注思想、由感性阅读转到理性阅读、由单一的文学阅读扩展到科学经典，高度契合该学段学生的认知特点与阅读视野。

小学三个学段阅读类型的区分，解决了教师教学中对书籍选择的困扰，也与统编教材中《快乐读书吧》的书籍推荐大致一致，避免了教师随性或盲目地选择与推荐。三个学段推荐的作品由"短篇选集"到"长篇巨著"，体现了阅读内容由易到难、循序渐进的特点。特别是革命传统教育的作品定位，从离孩子年龄较近的英雄模范故事，到革命传统故事，再到革命文学，从浅显易懂的"简短故事"到内涵丰富的"文学作品"，充分体现了阅读内容的层递性和发展性。

2. 学习任务

新课标对阅读书籍类型的安排符合学生的年龄层次，阅读任务及学习的要求也是随学段的提高呈螺旋式上升的趋势。

第一学段以"阅读"为主要学习任务，重在"体会读书的快乐""感受儿歌的韵味和童趣"，能"想象故事中的画面""讲述书中的故事"。

第二学段的学习任务主要是"阅读"和"分享"，能"感受作品传达的真善美"，讲述故事大意及英雄模范的动人故事，学习故事中的智慧，分享阅读启示。

第三学段从"阅读、分享"走向"梳理、反思",学习任务是能讲述感受到的家国情怀和爱国精神,学习梳理基本内容,就感兴趣的话题展开交流,梳理、反思小学阶段的阅读生活,分享整本书阅读的经历、体会及方法。

新课标三个学段关于整本书阅读学习任务的要求,整体呈现以下几个特点:一是"激趣为先,贯穿始终"。兴趣是最好的老师。吉姆·崔利斯在《朗读手册》中指出:"教育的深远目标是让孩子爱上阅读。孩子一旦喜欢上阅读,就会自然而然地主动学习。"整本书篇幅长,阅读量大,对学生的阅读耐心和意志力都是很大的挑战。从阅读氛围的营造到阅读方法的指导,从导读推荐到交流分享,再到成果展示,都需要教师持续不断地激发学生的阅读兴趣,让学生保持对阅读的热情,充分享受阅读的快乐。二是"任务驱动,自主阅读"。整本书阅读工程较大,任务艰巨,但内容丰富,意蕴深远。做积极主动的阅读者,需要学生实实在在地经历阅读过程,让书中人物、内容走进内心。教学时要通过任务驱动,设计一系列学习活动,引导学生主动阅读、自主实践。如通过"设计人物名片""绘制任务地图""讲述故事内容"等活动,让学生在亲身参与阅读实践中把握人物形象,了解主要内容。三是"梳理反思,交流分享"。学生进行整本书阅读不仅要了解书中的内容,最终还要走向对阅读内容与过程的反思,进而积累经验,发展能力,形成素养。在第三学段的教学中,学生不仅要学会梳理作品的基本内容,如"厘清人物关系""绘制情节地图""概述故事梗概"等,还要能梳理个人的阅读生活,整理自己的阅读经验,并在读书交流活动中主动分享和积极推荐。

(四)教学活动组织

关于整本书阅读任务群的教学,新课标从"阅读时间规划""阅读形式和途径""阅读的资源和平台""阅读过程评价"等方面进行了提示。

1. 整本书阅读时间规划

新课标指出："应统筹安排课内与课外、个人与集体的阅读活动，宜集中使用每学期整本书阅读课时，兼顾教师指导和学生自主阅读，保证学生在课堂上有时间阅读整本书。"整本书阅读不同于单篇阅读，它的阅读量大，阅读难度高，需要有充足的阅读时间，也需要教师的专业指导。集中使用每学期的阅读课时，是为了让学生充分阅读，同时给教师更多设计教学及组织阅读活动的空间，以保证阅读的效果，让整本书阅读真正落到实处。

落实"保证学生在课堂上有时间阅读整本书""兼顾教师指导和学生自主阅读"的课标要求，需要上好"导读课""推进课""交流课"三种课，进行集中阅读和课内指导。

导读课，是学生的读前指导。一是提供多样信息，让学生多角度了解书的内容；二是激发阅读兴趣，让学生明确阅读活动开展的要求；三是引导体验阅读策略，制订阅读计划。教师通过导读课，指导学生结合个人的阅读习惯制订阅读计划，合理分解阅读任务，帮助学生养成每天阅读的良好习惯，同时保证学生在规定的时间内完成阅读。

推进课，是读中指导。在学生阅读的中期，教师进行必要的组织和指导，使学生不放任自流，不半途而废。在上推进课之前，教师可以进行学情调查，了解学生的整体阅读情况，搜集学生阅读过程中的问题和困惑，进行归因分析，有的放矢地解决问题。

交流课，是学生读后的分享课。在学生都阅读完后，教师组织交流与分享，使学生分享个人阅读的收获，通过交流，吸纳集体阅读的智慧，建构新的意义，并适度引导学生进行更丰富、深入的阅读实践，持续激发学生阅读兴趣和热情。

"规划好学生阅读的时间"要注意合理安排课外的阅读时间，一方面采用"化整为零"的方式,"见缝插针"用好"边角余料"的时间。如早读的时候,可以让学生朗读整本书中的精彩语段;午休前的时间,可以让学生自由阅读整本书中自己喜欢的内容;晚上睡觉前的时间,通过亲子共读的方式,让家长一起陪伴孩子阅读。另一方面采用统筹安排、合理规划的方式,用好"整块"时间,如,利用节假日的长时间,给学生推荐整本书阅读,制订好阅读计划,定期在班级开展"每周故事分享""每月班级读书会"等活动推动整本书阅读。

2. 整本书阅读的形式和途径

关于整本书阅读教学活动组织,课标在"教学提示"中特别强调以下三个方面。一是"创设自由阅读、快乐分享的氛围"。学校是学生阅读的主要场所,除了根据学生的需要开放图书馆、阅览室,还应在校园各个区域设置学生阅读的场所,如在走廊布置"小小图书角",在教室布置"班级图书吧",创建处处有书读、时时能读书的良好环境。二是"应以学生自主阅读活动为主。引导学生了解阅读的多种策略,运用浏览、略读、精读等不同阅读方法"。理想的阅读状态是学生自主阅读、自能阅读,充分享受阅读的过程,带着阅读的收获与老师、同学分享,带着阅读中的问题困惑与老师、同学讨论。为了让学生在阅读中收获更大,提出有价值的问题,走向更有深度、更有意义的阅读之路,教师可以在指导阅读的过程中引导学生运用一些阅读的方法和策略,如,运用浏览、略读、精读等不同阅读方法,让学生通读整本书,学会关注序言、封面和目录,把握主要内容;运用"预测""提问""比较""推敲"等阅读策略精读重点内容及自己感兴趣的部分,进入深度阅读。三是"设计、组织多样的语文实践活动"。整本书阅读教学依然要遵循语文课程的基本特点,以学生的自主实践为主。在不同类型的指导课中,教师通过设计多样化的阅读实践活动,组织学生交流读书心得和分享读书经验。活动的主要形式有师生共读、同伴共读等，还可以举办"朗诵会""故事会""戏剧节"等活动展示整本书阅读的成果。

3. 整本书阅读的资源及平台

新课标指出："根据开展读书活动的实际需要，合理推荐和利用适宜的学习资源，如拓展阅读的书目、参考资料，以及相关音频、视频作品等，激发学生的阅读兴趣，丰富阅读体验，拓宽阅读视野。借助信息技术为学生拓展学习空间，提供写作、展示、研讨和交流的平台。"整本书阅读，不仅能让学生获得比单篇阅读更大的信息量，还能将学生带入一个更为丰富的文化场域中，给学生更深刻的体验和更开阔的视野。因此，教学时不能仅限于读通读懂一本书，还要以它为核心，辐射与联结与之相关的多种阅读资源，通过拓展阅读，给学生推荐同主题的书籍或同一作者的其他相关作品，进行比较阅读或延展阅读，让学生读得更开阔些。甚至可以借助相关的影视、戏曲等视频作品及多媒体资源，引导学生与原著进行互文性比照阅读。还可以提供一些参考资料、补充相关的时代背景，或创设"故地重游"的情境，激发学生的阅读兴趣、丰富他们的阅读体验。

整本书阅读也需要顺应信息化时代的特点，借助互联网技术，超越时间、空间、师资及资源的限制，丰富成果展示的形式，扩大分享与交流的范围。学生可以在课堂里交流展示读后感，也可以通过微博、学习社区、微信群等平台发表阅读的所思所感，其他学生还可以参与评论跟帖。学校网站可以开辟阅读专栏，让学生以文字、图片、视频、绘画作品、读书卡片等形式发表个性化的阅读成果。学校可以给予点击量高的"优秀作品"适当奖励，还可以通过网络投票开展"最美读书人"的评选活动，以推动学生阅读向多元化、纵深化发展。

4. 整本书阅读评价

对于整本书阅读的评价，新课标强调："考察阅读整本书的全过程，以学生的阅读态度、阅读方法和读书笔记等为依据进行评价。教师可以围绕读书的主要环节编制评价量表，制作阅读反思单，引导学生从阅读方法、阅读习惯等方面进行自我反思、自我改进。"

整本书阅读是一个长程的学习活动，对整本书阅读的评价，也应贯穿学习活动的全过程，以评价推动阅读进程，用评价提升阅读品质，通过评价达成教学目标，保证阅读的效果。

梳理课标中"阅读与鉴赏"部分关于整本书阅读的具体能力要求，不同学段的评价标准如下。第一学段：能提取文本的简单显性信息、复述、讲述、提出简单问题以及积累词句。第二学段：提取信息并预测、解释人物的行为、复述、概括、提出问题并交流、有意识运用词句。第三学段：能梳理行文思路、品味语言、提出自己的观点或看法、感知表现形式、有审美情趣。这个具体要求借鉴并对应了国际阅读素养测评项目PISA阅读的四个层级：提取明确陈述的信息；进行直接推论；解释并整合观点和信息；反思并评价内容、语言和文本成分。

表现性评价是整本书阅读的主要方式，重点考察学生在阅读中的主要表现和阅读成果。评价量表是表现性评价的常用工具，设计评价量表时要注意综合考虑学生的阅读兴趣与习惯、阅读方法与策略、阅读速度与质量，以及在交流分享时的意识与表现等。如低段的评价量表以学生的学习习惯为主，可以由学生结合阅读计划自己填写，培养自我监控的阅读习惯，如下表：

_____的阅读表现评价单				
《神笔马良》这个故事我__天读完，每天专注阅读的时间为__分钟。				
	自我评价	家长评价	我的感受
喜欢			
专注			
坚持			

中高段的整本书阅读，还可以设计指标体系和过程评价相结合的评价量表，对学生的阅读表现进行全面评价。如阅读《小英雄雨来》，在讲述雨来的成长故事时，可以设计以下评价量表：

讲故事评价表			
序号	评价标准	自我评价	同伴评价
1	能按一定顺序讲		
2	主要情节不遗漏		
3	生动形象，能表现雨来的小英雄形象		

整本书阅读结果的评价，主要通过读书笔记、读书报告会、读书分享会的方式进行，观测学生在活动中的成果表现，评价学生的阅读状态与质量。对学习结果，可以依据整本书阅读教学目标，从两个维度进行评价：一是阅读素养和阅读能力的提升，借助国际阅读素养测评的四层级"提取信息—直接推论—形成解释—反思评价"设计成果展示和交流分享活动，考察学生阅读素养发展水平；二是情感与精神的成长，通过静态的作品展示和动态的阅读分享，看学生是否有自己的见解和主张，是否有情感的生发及精神的生长。

第二节
整本书阅读的教材编排

新课标提出:"要把整本书阅读作为教材的重要有机组成部分,精选兼具思想性、艺术性和学段适应性的典范作品,以整本书阅读兴趣、阅读习惯的培养为基础,让学生逐渐建构不同类型整本书阅读经验。"阅读是语文学习最基本的内容,也是学生学习其他学科的基础。教育家苏霍姆林斯基曾经说过:"让学生变聪明的方法不是补课,不是增加作业量,而是阅读,阅读,再阅读。"将整本书阅读纳入教材内容,是落实新课标"整本书阅读任务群"教学的基本要求,也是培养学生阅读习惯,丰富学生精神世界,提升语文核心素养的重要途径。

如何在课内实现整本书阅读?统编小学语文教材主要通过专门设置《快乐读书吧》栏目、以课文带出整本书、补充课后"资料袋"及"阅读链接"的方式,引导学生科学选择阅读内容,一体化开展课内、课外的阅读活动,培养学生热爱阅读的习惯,保持对阅读的热情,学习阅读的方法,提升阅读的能力。

一、《快乐读书吧》的编排特点

统编教材在每册课本中专设《快乐读书吧》,根据年级特点及学生的阅读水平,规定了每学期的阅读文体及阅读书目,并进行阅读策略的渗透教学,将课外阅读推荐书目写入教材,这使整本书阅读成为阅读课程里的重要一环。

《快乐读书吧》的编排特点主要体现在以下几个方面。

（一）依据类型编排，阅读内容序列化

别林斯基认为："阅读一本不适合自己阅读的书，比不阅读还要坏。"早在2011年，《中国儿童发展纲要（2011—2020年）》中就明确提出"要推广面向儿童的图书分级制"；2016年12月，在《全民阅读"十三五"时期发展规划》中，提出"探索建立中国儿童阶梯阅读体系"；2020年发布的《中小学生阅读指导目录（2020年版）》中强调："根据青少年儿童不同时期的心智发展水平、认知理解能力和阅读特点，科学地选择适合不同学段、年龄段的青少年儿童读物。"

如何在纷繁的出版物中选出适合不同年龄阶段的孩子阅读的书呢？统编小学语文教材依据不同年龄学生的认知程度及心理发展特点，借鉴近年来儿童分级阅读的研究成果，共安排了12次《快乐读书吧》，对每个年级、学期的阅读内容和阅读方法进行整体设计和具体规划，见下表：

统编小学语文教材《快乐读书吧》栏目整体编排一览表

册次	阅读主题	阅读文体	阅读书目
一年级上册	读书真快乐	不固定	（未推荐）
一年级下册	读读童谣和儿歌	童谣 儿歌	《摇摇船》《小刺猬理发》
二年级上册	读读童话故事	童话故事	《小鲤鱼跳龙门》《"歪脑袋"木头桩》《孤独的小螃蟹》《小狗的小房子》《一只想飞的猫》
二年级下册	读读儿童故事	儿童故事	《一起长大的玩具》《脸谱》《快乐鸡毛》《曼曼钓鱼》等

续表

册次	阅读主题	阅读文体	阅读书目
三年级上册	在那奇妙的王国里	童话	《安徒生童话》《稻草人》《格林童话》
三年级下册	小故事大道理	寓言	《中国古代寓言》《伊索寓言》《克雷洛夫寓言》
四年级上册	很久很久以前	神话	《中国古代神话故事》《希腊神话故事》《北欧神话故事》《印第安神话故事》
四年级下册	十万个为什么	科普作品	《十万个为什么》《看看我们的地球》《灰尘的旅行》《人类起源的演化过程》
五年级上册	从前有座山	民间故事	《中国民间故事》《欧洲民间故事》《非洲民间故事》
五年级下册	读古典名著，品百味人生	古典名著	《西游记》《三国演义》《水浒传》《红楼梦》
六年级上册	笑与泪，经历与成长	成长小说	《童年》《小英雄雨来》《爱的教育》
六年级下册	漫游世界名著花园	探险小说	《鲁滨逊漂流记》《汤姆·索亚历险记》《骑鹅旅行记》

从内容的编排来看，以上安排遵循了新课标整本书阅读的内容要求，低年级阶段主要推荐阅读童谣、儿歌、童话、儿童故事等篇幅短小、图文并茂的儿童文学作品集；三年级上册到五年级上册主要推荐阅读由单篇文章或短篇文章连缀而成的汇编类作品集，如寓言、神话、民间故事、科普读物等；五年级下册到六年级初步接触古今中外的长篇小说，推荐阅读古典名著及世界名著。这样的编排符合学生的年龄特点，难度呈螺旋式上升，

形成了儿童整本书阅读内容的完整序列，体现了整本书阅读安排的系统性。

从图书的类型来看，每次的《快乐读书吧》集中安排一种类型的书籍，能帮助学生掌握阅读同一类图书的方法和技能，形成"这一类"书籍的结构化阅读模式。美国教育家桑代克在他的教育心理学研究中，提出了"学习迁移理论"。他认为，学习是形成一种情境与反应的联结，而学习的转移，则是相同要素之间的联系和迁移。同一类型的文章都有比较稳定的结构特点，同一体裁的文章在精神内核上也会有类似之处。如，儿童故事有完整的起因、经过、结果；童话故事除了有趣的故事情节，还具有丰富的想象；阅读寓言故事在了解基本故事情节的基础上，还要能领悟蕴含在其中的道理；阅读小说要关注的是人物形象、故事情节和环境描写。这些类型化的特点，学生经由一段时间的集中阅读，可以形成这一类文章的阅读方法，在后续阅读中不断巩固和运用，提升阅读效率。

（二）注重兴趣激发，阅读习惯持续化

孙婧妍的高考语文分数高达148分，记者请她分享学习语文的秘诀时，她说："必须感谢我的父母，在我牙牙学语的时候，他们通过一个个童话、一篇篇传奇、一段段故事，为我开启阅读启蒙，培养我的阅读兴趣，让我养成了阅读的习惯。我的阅读在十几年里从没有一天间断过。我读名著、读国学经典、读诗歌、读历史、读哲学和文学的理论、读时事。每天短则二十分钟，长则十余个小时。"从小培养的阅读习惯不仅让孙婧妍具有良好的语文素养，更是让她在成长过程中始终保持对阅读的热情，享受阅读的快乐。

梁启超在《治国学杂话》中说道："人生一世的习惯，出了学校门限，已经铁铸成了，所以在学校中，不读课外书，以养成自己自动的读书习惯，这个人简直是自己剥夺自己终身的幸福。"

强烈的阅读兴趣是学生自主阅读、自发阅读的原动力,《快乐读书吧》重视阅读兴趣的培养,让学生乐于阅读、坚持阅读。有故事说让孩子亲吻涂有蜂蜜的书籍,让他们在人之初时就感受到书是甜的,读书是幸福的。《快乐读书吧》这个栏目的命名也是为了培养学生的阅读兴趣,让学生直观感受读书是快乐的。一年级的第一个《快乐读书吧》以"读书真快乐"为主题,通过设置"和爸爸妈妈一起读""和同伴分享有趣的故事""到书店读书"等温馨愉悦的阅读情境,让学生发现和感受阅读之美。低年级的4次《快乐读书吧》都安排在每一册的第一单元,意在每学期开学之初就要激发学生的阅读兴趣,培养阅读好习惯。三至六年级每个《快乐读书吧》都用鲜明的阅读主题、生动的阅读导语把学生带入阅读的情境中,然后以"你读过吗"环节激发阅读的兴趣,或重点介绍一本书的主要内容和精彩章节,或展示关于这本书的重要影响及相关评论,或指导阅读这本书的方法策略,引导学生主动阅读、自主阅读。在"相信你可以读更多"环节中,推荐更多同类型的书籍,把学生引向阅读的丛林深处,拓展阅读的视野。

宋代词人黄山谷说过:"三日不读书,便觉语言无味,面目可憎。"这句话强调的是读书能给人带来一种风雅的习惯,同时也说明了阅读习惯的重要性。如果养成了良好的阅读习惯,一天不读便会觉得难受。习惯成自然,一个人一天的行为中,大约只有5%是属于非习惯性的,而剩下95%的行为都是习惯性的。为培养学生阅读的好习惯,《快乐读书吧》在三个学段各有侧重,系统安排:第一学段培养学生学会分享、爱护图书、制订阅读计划的习惯;第二学段培养学生了解背景、查阅资料的习惯;第三学段培养学生静心阅读、做读书笔记的习惯。好的习惯能帮助学生持续阅读、久久为功,让学生终身受益。

（三）重视方法指导，课内课外一体化

整本书阅读教学是为了让学生学会阅读，积累整本书阅读的经验。《快乐读书吧》除了推荐适合学生阅读的书籍，还提供适宜的阅读方法，帮助学生更顺利地完成整本书阅读，提升阅读的效果。统编教材阅读方法的提示主要有两种方式。一是通过"小贴士"的方式，直接明示阅读方法。如四年级下册的《快乐读书吧》在给学生推荐《十万个为什么》之后，呈现两个方法提示："阅读科普作品的时候，可能会遇到一些不理解的科技术语。这时要运用在课上学过的方法，试着去理解。""读完后还可以查一查，书中谈到的一些科学问题，现在有什么新的研究成果。"二是通过教材中学习小伙伴之间的交流对话，间接提示阅读方法。如二年级下册学习小伙伴提醒"我送书的时候，会关注目录，读读感兴趣的内容，看看这本书适不适合我。"，六年级下册学习小伙伴提示"遇到人物关系比较复杂的情况，可以画一个人物图谱，以便阅读时随时查阅""读到特别喜欢的段落，可以摘抄在笔记本中，并把页码标注出来"等阅读经典名著的方法。

统编教材构建"教读—自读—课外阅读"三位一体的阅读体系，将课内学到的阅读方法迁移运用到课外阅读中。为培养学生的文体意识，让学生掌握一类文本的阅读方法，学会运用适合的方法策略阅读不同体裁的书籍，统编教材从三年级开始，将每个《快乐读书吧》都安排在相应的文体单元内，让学生通过课文的学习把握各种文体的特点，掌握不同文体的阅读方法，并在整本书的阅读中实践运用。因此，第二、三学段文体单元的语文要素和《快乐读书吧》整本书阅读方法有着非常紧密的联系，其互相衔接，实现课内、课外的一体化（见下表）。

第二、三学段各文体单元语文要素及整本书阅读方法一览表

册次	文体	语文要素	阅读方法
三年级上册	童话	感受童话丰富的想象	发挥想象，领略童话魅力；把自己想象成童话中的人物
三年级下册	寓言	读寓言故事，明白其中的道理	先读懂故事内容，再体会故事中的道理；联系生活中的人和事，理解故事中的道理
四年级上册	神话	感受神话中神奇的想象和鲜明的人物形象	了解神话产生的背景；发挥想象，感受神奇
四年级下册	科普作品	阅读时能提出不懂的问题，并试着解读	运用多种方法理解科技术语的含义；查找资料，了解相关领域的科学问题及新的研究成果
五年级上册	民间故事	了解课文内容，创造性地复述故事	感受民间故事的结构特点；体会民间故事所寄托的美好而朴素的愿望
五年级下册	中国古典名著	初步学习阅读古典名著的方法	了解章回体小说特点；借助回目标题猜出故事内容
六年级上册	成长小说	读小说，关注情节、环境，感受人物形象	厘清小说中的人物关系，了解生动的故事情节
六年级下册	外国名著	了解作品梗概，就印象深刻的人物和情节交流感受	沉下心来读名著；了解名著的写作背景，边读边做读书笔记

从上表来看，每一个文体单元的语文要素都指向这一类课文具体的阅读方法，与《快乐读书吧》中提示的整本书阅读的方法大体相同，其目的就是通过课内学习，帮助学生建立这一类书籍阅读的基本图式，并迁移运用到整本书的阅读中。

如统编教材二年级上册第三单元是童话文体单元，语文要素是"感受童话丰富的想象"，《快乐读书吧》中提示的整本书阅读方法主要是两点：一是发挥想象，领略童话魅力；二是把自己想象成童话中的人物。通过第三单元课文《卖火柴的小女孩》《那一定会很好》《在牛肚子里旅行》《一

块奶酪》等四篇童话故事的教学，让学生充分感受童话故事中丰富的想象，初步了解童话的基本特点。然后在阅读《快乐读书吧》推荐的《安徒生童话》时，学生就能根据阅读方法的提示边阅读边想象奇妙的故事和奇特的人物，领略童话的魅力，把自己想象成童话中的主人公，和故事中的人物一起欢笑，一起悲伤。

又如，五年级下册第二单元是古典名著单元，先安排四篇课文的学习，让学生初步学习"猜读""略读""借助资料理解"等阅读古典名著的方法，随后在"交流平台"进行梳理归纳，加深印象。在《快乐读书吧》进行古典名著的阅读时，引导学生了解章回体小说回目的特点，练习读回目，猜故事。学生在阅读过程中，会自觉运用课内学到的方法，如猜测词句意思、不重要的地方直接跳过、查阅资料理解感兴趣的内容等，并在阅读的全过程中反复运用从而熟练掌握。文体单元的形式，课内和课外一体化的编排，便于教师在分类指导中引导学生关注文体特征，形成不同文体的知识结构，更好地建构相应文体书籍的阅读方法和思维习惯。

二、从"选篇"到"整本"的编排思路

叶圣陶先生说："课文里所收的，选文之中入选的，都是单篇短什，没有长篇巨著。并不是说学生读了一些单篇短什就足够了。只因单篇短什分量不多，要做细磨细琢的研读功夫，正宜从此入手，一篇读毕，又读一篇，涉及的方面既不嫌偏颇，阅读的兴趣也不至单调，所以取作'精读'的教材。学生从精读方面得到种种经验，应用这些经验，自己去读长篇巨著以及其他的单篇短什，不再需要教师的详细指导，这就是'略读'。就教学而言，精读是主体，略读只是补充；但是就效果而言，精读是准备，略读才是应用。学生在校的时候，为了需要与兴趣，须在课本或选文以外阅读旁的书籍文章，

他日出校之后，为了需要与兴趣，一辈子须阅读各种书籍文章，这种阅读都是所谓应用。"

按照上海师范大学王荣生教授的观点，作为文选型教科书，选编的课文大多具有五种功能，即定篇、例文、样本、用件和引子。其中第五种功能就是把课文当"引子"，由节选引向长篇，由选篇引向整本书阅读。学生通过"单篇短什"的学习，习得阅读方法，积累阅读经验，转而阅读"长篇巨著"。这样，课文中的选文不再是孤立存在的个体，而是作为"一掬水"，将学生引向课文之外的"江河湖海"。因此，统编小学语文教材中有相当一部分课文来自整本书的节选（见下表）。

第二、三学段节选课文一览表

册别	课文	整本书	作者
三年级上册	第24课《司马光》	《宋史·司马光传》	
三年级下册	第5课《守株待兔》	《韩非子·五蠹》	韩非子
	第7课《鹿角和鹿腿》	《伊索寓言》	
四年级上册	第13课《精卫填海》	《山海经·北山经》	
	第25课《王戎不取道旁李》	《世说新语》	
	第26课《西门豹治邺》	《史记·滑稽列传》	褚少孙
	第27课《扁鹊治病》	《韩非子·喻老》	韩非子
	第27课《纪昌学射》	《列子·汤问》	
四年级下册	第26课《宝葫芦的秘密（节选）》	《宝葫芦的秘密》	张天翼
五年级上册	第6课《将相和》	《史记·廉颇蔺相如列传》	司马迁
	第13课《少年中国说（节选）》	《少年中国说》	梁启超
五年级下册	第5课《草船借箭》	《三国演义》	罗贯中
	第6课《景阳冈》	《水浒传》	施耐庵
	第7课《猴王出世》	《西游记》	吴承恩
	第8课《红楼春趣》	《红楼梦》	曹雪芹

续表

册别	课文	整本书	作者
六年级上册	第22课《伯牙鼓琴》	《吕氏春秋·本味》	
	第25课《少年闰土》	《故乡》	鲁迅
六年级下册	第5课《鲁滨逊漂流记（节选）》	《鲁滨逊漂流记》	丹尼尔·笛福
	第6课《骑鹅旅行记（节选）》	《骑鹅旅行记》	塞尔玛·拉格洛芙
	第7课《汤姆·索亚历险记（节选）》	《汤姆·索亚历险记》	马克·吐温

由上表来看，课文有些是出自名家的作品集，如《司马光》《将相和》等，学生在精读课文选篇的基础上，可以适当了解这些作品，为日后的阅读做一些准备；有些是长篇小说的节选，如《草船借箭》《红楼春趣》等，其基本的教学指向，就是通过精读节选，激发学生的阅读兴趣，引导学生掌握阅读方法，进而尝试阅读整本书。

三、"资料袋"与"阅读链接"的编排特点

语文教材是学生学习语文的起点，但仅以课文为教学内容，远不能满足学生拓宽阅读视野与促进精神成长的需求。为拓展学生的阅读面，统编教材在第二、三学段的部分课文后面安排"资料袋"与"阅读链接"等学习资料，使其成为教材的有机组成部分。"阅读链接"和"资料袋"形式多样、内容丰富：或介绍作家及作品，如《蜜蜂》一文后附带法布尔及其代表作《昆虫记》的简介；或与原著片段链接，一般是原著的节选或改写，如《祖父的园子》文后《呼兰河传》的阅读链接；或与课文同一题材的群文阅读，这一类出现得最多，如《猫》一文后安排了夏丏尊的《猫》、周而复的《猫》。

"阅读链接"与"资料袋"作为统编教材的组成部分，将课文与生活、其他文本、整本书阅读有机联系起来。

（一）资料袋

据统计，统编教材共有12篇课文后面编排了"资料袋",这12个"资料袋"中有几个是介绍作者及其作品。比如三年级上册《花的学校》文后介绍泰戈尔，三年级下册《肥皂泡》文后介绍冰心的生平及其作品特点，四年级下册《母鸡》文后介绍著名作家老舍，六年级上册《穷人》文后介绍大文豪托尔斯泰，等等。在这些经典名篇的后面附上作家档案，旨在引导学生在研读名家名篇的同时了解这些大作家、大文豪，了解他们的作品及影响。"资料袋"犹如架设在单篇文本与整本书之间的桥梁，让学生由"一篇文"走近"一个人"，经由课文的学习，走向整本书阅读，甚至走向作家的更多作品，进行更丰富、更深入的阅读。

（二）阅读链接

"阅读链接"由课文自然延伸，提供了与课文内容或者本单元主题相关、语言形式相似的短小篇章或片段，将课内文本的学习与课外阅读的拓展组成了一个有机整体。教材具体链接的书目如下：

统编教材第二、三学段"阅读链接"编排一览表

册别	课文	链接内容
三年级上册	《铺满金色巴掌的水泥道》	汪曾祺《自报家门》
	《秋天的雨》	乌纳·雅各布《太阳时钟》
	《大自然的声音》	叶圣陶《瀑布》
三年级下册	《守株待兔》	《南辕北辙》

续表

册别	课文	链接内容
四年级上册	《蟋蟀的住宅》	比安基《燕子窝》
	《普罗米修斯》	根据《神话选译百题》改写
	《牛和鹅》	李汉荣《牛的写意》
	《梅兰芳蓄须》	田野《难忘的一课》
	《西门豹治邺》	《西门豹治邺》剧本
四年级下册	《琥珀》	根据王文利《琥珀物语》改写
	《绿》	宗璞《西湖漫笔》
	《猫》	夏丏尊《猫》 周而复《猫》
	《白鹅》	叶·诺索夫《白公鹅》
	《黄继光》	刘敬智《祖国,我终于回来了》
五年级上册	《桂花雨》	琦君《留予他年说梦痕》
	《圆明园的毁灭》	《七子之歌》 《和平宣言》
	《鸟的天堂》	巴金《筑渝道上》
五年级下册	《祖父的园子》	萧红《呼兰河传》
	《草船借箭》	罗贯中《三国演义》
	《军神》	李本深《丰碑》
	《威尼斯的小艇》	朱自清《威尼斯》 乔治·桑《威尼斯之夜》

续表

册别	课文	链接内容
六年级上册	《丁香结》	与"丁香"相关的古诗句
	《花之歌》	宗白华《杨柳与水莲》
	《七律·长征》	毛泽东《菩萨蛮·大柏地》
	《三黑和土地》	陈晓光《在希望的田野上》
	《好的故事》	冯雪峰《论〈野草〉》 李何林《鲁迅〈野草〉注解》
六年级下册	《北京的春节》	斯妤《除夕》
	《真理诞生于一百个问号之后》	《詹天佑》

从上表来看,全套教材安排的"阅读链接"主要有以下几类。一是拓展介绍与课文相类似的内容,如四年级上册《蟋蟀的住宅》,链接了苏联比安基的《森林报·夏》中的《燕子窝》片段,方便教师结合课文的教学引导学生通过阅读了解不同动物的家,感受作家细致的观察方法及各有特点的表达形式,引领学生从课文走向课程,使学习的天地更加广阔,学生的视野更加开阔。二是同类题材中不同作家作品的比较阅读,如四年级下册《猫》链接了夏丏尊的《猫》和周而复的《猫》。三位作家从不同的角度写了猫的种种可爱之处,表达了作者对猫的喜爱之情。老舍主要是通过对猫的古怪性格和特点的描写,在字里行间表现出对猫的喜爱之情;夏丏尊主要通过描写妻子、孩子和自己对猫的态度表达对猫的爱意;周而复抓住猫与众不同的外形特点,工笔细描中流露出爱猫的情感。通过比较阅读,学生发现共同的情感,可以有不同的表达,从而丰富情感体验,感受表达情感的多种方式、多种角度。三是在名著节选的课文后面链接原著的相关

内容，如五年级下册《祖父的园子》，课文中祖父的园子是五颜六色的，动植物是自由自在的，"我"是无拘无束的，祖父是宽容疼爱的，文章的情感基调是自由快乐的。而文后链接《呼兰河传》的结尾，文中反复使用"……了"的句式，不厌其烦地讲述祖父与"我"年龄的变化及园中的景物变化，在平静的陈述中透着满满的悲凉、惆怅和伤感的情绪。通过与原著的"链接"，引导学生初步体会原著的语言特点与情感基调，从整本书的视角重新审视课文，体会小说的悲剧意味，进而对文学作品产生层次更丰富的阅读体验和对整本书阅读的期待。

每一处看似不起眼的"资料袋"和"阅读链接"，背后都有教材编者的良苦用心，都是统编教材课内与课外一体化阅读理念的体现。教师读懂教材，领会编排意图，有效地开发利用好这些内容，充分发挥这些板块的教学价值，能助力语文核心素养的有效落实，引导学生走向更加广阔的阅读天地。

第三节
整本书阅读课程实施的现状问题

自2019年统编教材开始全面使用时，整本书阅读就通过《快乐读书吧》栏目进入语文教师教学的视野，新课标在"课程内容"中单独设置"整本书阅读"学习任务群，并提出具体的教学目标、学习内容和教学建议，有效地推进了整本书阅读课程化的实施。小学生整本书阅读课程实施现状如何？我们依据新课标中的整本书阅读相关要求，设计了调查问卷，并在湖南省随机抽取部分县（市、区），再在各县（市、区）随机抽取城区和农村各一所学校的一至六年级学生及其家长、语文教师参与问卷调查，并和部分师生进行现场访谈。本次活动共收到有效问卷17414份，其中学生卷7560份，教师卷1121份，家长卷8733份，为我们摸清整本书阅读教学的底子，分析形成之原因，从而改进课堂教学，提高学生阅读能力提供了有力的依据。

调查显示，语文教师普遍认识到整本书阅读的重要性，整本书阅读逐渐成为小学生课外阅读的主要内容，但随着实践的深入，整本书阅读课程实施还存在教师理念更新不及时，对目标把握不准，内容序列不清，指导流于形式，评价方式单一，对学生阅读习惯重视不够等问题，这些问题反映在学生的阅读生活中，通常表现为阅读时间不够、不能坚持阅读、阅读质量不高等现实问题，这些都是整本书阅读教学需要直面的重要挑战。

一、理念不新，对阅读教育价值认识不够

您认为目前推进整本书阅读课程，存在的主要阻碍是什么？[多选题]

选项	比例
A. 常规教学任务重，精力时间不足	85.46%
B. 学校支持力度不够，家长不够重视	36.84%
C. 学生阅读兴趣和动力不足	59.5%
D. 整本书阅读课程体系没有建立	60.39%
E. 教学难度较大，教师指导困难	36.13%
F. 没有科学的考核评价标准	26.14%
G. 没有好的阅读环境的支撑	35.41%

您认为在新课标视域下开展整本书阅读教学有难度吗？（　　）[单选题]

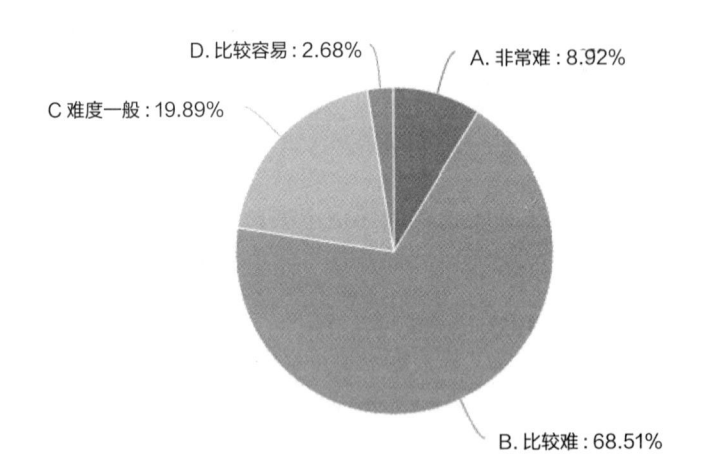

- A. 非常难：8.92%
- B. 比较难：68.51%
- C. 难度一般：19.89%
- D. 比较容易：2.68%

您平时经常阅读哪些书籍？（　　）[单选题]

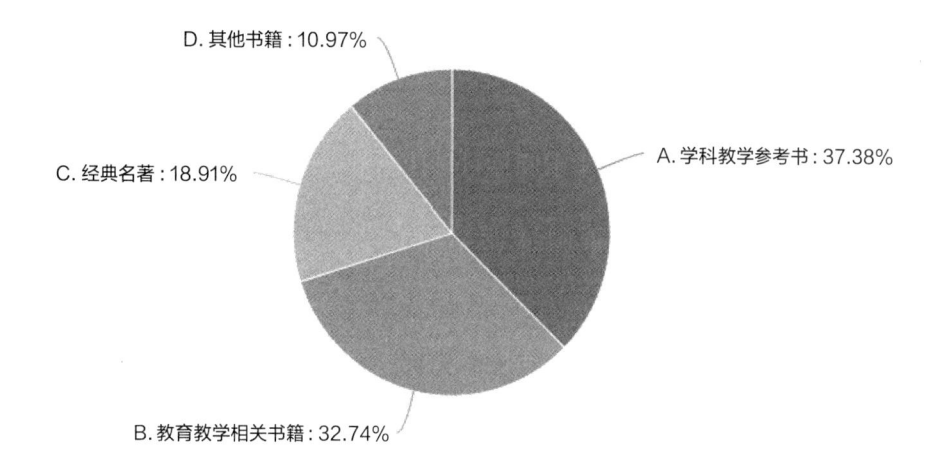

- D.其他书籍：10.97%
- C.经典名著：18.91%
- A.学科教学参考书：37.38%
- B.教育教学相关书籍：32.74%

您会采用哪些形式对学生整本书阅读的过程和效果进行有效监测？（　　）[多选题]

选项	比例
A.每天布置阅读任务并检查	47.64%
B.定期检查读书笔记或书上做批注情况	70.12%
C.定期开展班级读书会，组织整本书阅读交流分享	68.51%
D.提供多样展示平台(思维导图、读书心得、读书小报、课本剧展示、辩论赛、百家讲坛等)	53.26%
E.建立阅读档案袋	11.15%
F.阅读测试	15.08%
G.学生自由阅读，没有评价或检测	8.83%
本题有效填写人次	

在开展整本书阅读的教学过程中,您希望得到学校哪些支持?(　　)[多选题]

选项	比例
A. 为教师提供相关专业书籍或理论培训	73.77%
B. 整体设计整本书阅读课程	74.58%
C. 邀请名师讲座和课例示范	71.1%
D. 开展专题研讨活动	54.5%
E. 外出学习或交流机会	51.65%
F. 奖励制度和其他保障机制	37.29%
G. 其他	2.32%
本题有效填写人次	

相对于单篇课文,整本书阅读的教学价值主要体现在能提供相对完整的文化场域,推动学生认识过程的逐渐完善,促进阅读策略的综合运用。调查显示,在对整本书阅读教学的认识上,有85.46%的教师认为常规教学任务重,精力时间不足;有77.43%的教师认为在新课标视域下开展整本书阅读教学非常难或比较难。从教师的日常阅读情况来看,有70.12%的教师日常阅读以学科教学参考书和教育教学相关书籍为主。在整本书阅读的教学过程中,有73.77%的教师希望学校提供相关专业书籍或理论培训,71.1%的教师希望听名师讲座或学习课例示范。现场访谈发现,大部分语文教师的教学理念没有及时更新,认为整本书阅读教学的开展在一定程度上会影响教学进度,加上大部分教师不知道如何开展,因此对学生整本书阅读的支持还停留在精神层面,没有将整本书阅读教学纳入学期计划,只对学生提出自主阅读教材推荐书目的要求,对整本书阅读教育的价值没有充分认识。

教师理念不新，对整本书阅读价值认识不够的主要原因有：

1. 教师读书有待加强。指导学生阅读，教师首先得是一个成熟的阅读者，有良好的阅读习惯，对阅读有自己的感悟和思考。小学语文整本书阅读的内容十分广泛，包含儿歌、童话、寓言、诗歌、散文、长篇名著、科普、科幻作品等各类读物。教师当前阅读的书籍类型集中在与学科教学密切相关的学科教学参考书、教育教学相关书籍，相对狭窄的专业阅读与课标要求的广泛阅读领域不相匹配；还有部分教师要求学生阅读的书籍自己都没有读过，不能认识到不同类别的整本书对丰富学生精神世界的作用。因此，教师加强自身阅读、广泛阅读非常必要。

2. 教师培训亟待开展。与2011年版课标相比，新课程标准对整本书阅读的定位和要求发生了很大的变化，日常教学中，大多数教师对课标的要求不能够准确理解，加上统编语文教材在整本书阅读方面给教师很大的自由发挥空间，相关部门针对整本书阅读教学的教师专题培训开展得很少，教师对整本书阅读教学的规律和重点把握不够，不知道"教什么""怎么教"和"怎么评"。

3. 测试内容有待完善。在小学阶段，针对整本书阅读的测试内容，大部分地区仅关注教材推荐的书目，主要考察学生对书籍内容的识记，很少涉及对内容的理解与感悟，对人物、情节的评价与分析。有的老师没有实实在在开展整本书阅读教学，而是将整本书阅读相关的知识点整理并要求学生背诵过关。有的地区没有将整本书阅读纳入命题范围，因为与考试成绩没有太大关系，整本书阅读教学不被重视的现象普遍存在。

二、环境不佳，学生阅读习惯难以养成

你每天课外阅读的时间大约是（　　）[单选题]

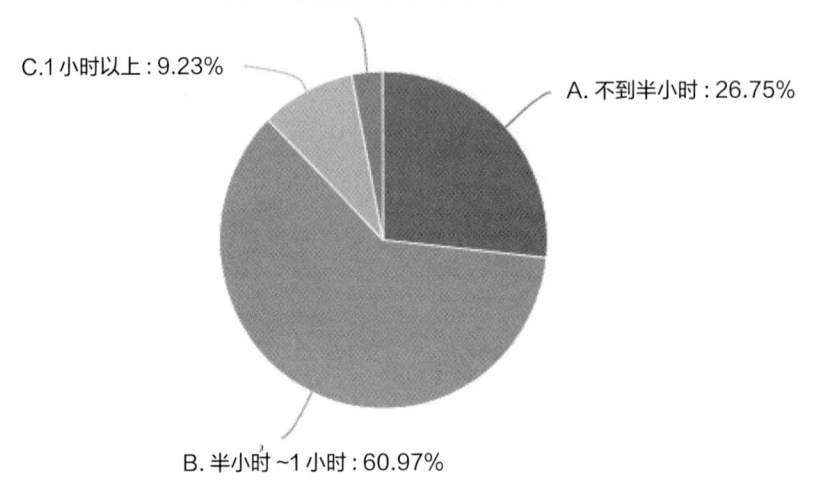

D. 基本不进行课外阅读：3.05%
C. 1小时以上：9.23%
A. 不到半小时：26.75%
B. 半小时~1小时：60.97%

一个学期，你大约能读完几本整本课外书？（不含教材、教辅）（　　）[单选题]

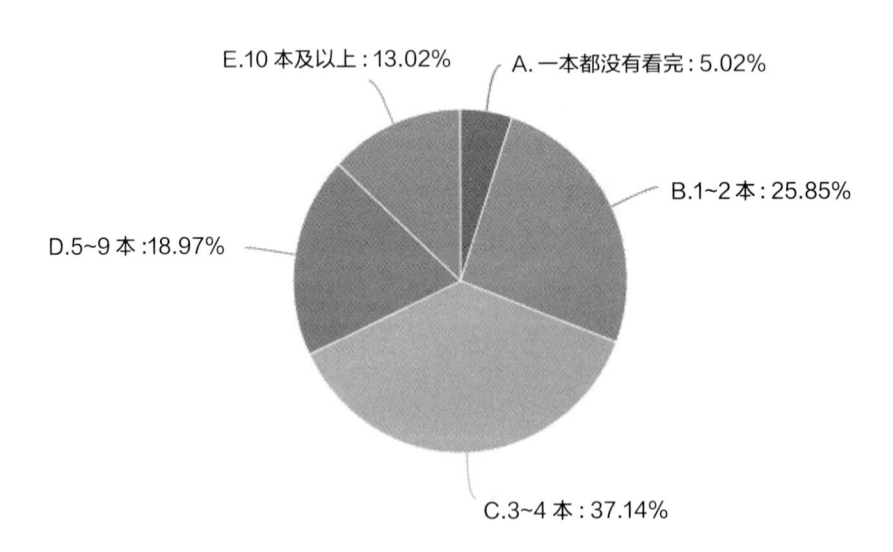

E. 10本及以上：13.02%
A. 一本都没有看完：5.02%
B. 1~2本：25.85%
D. 5~9本：18.97%
C. 3~4本：37.14%

你阅读的书籍主要来源于哪里？（　　）　[单选题]

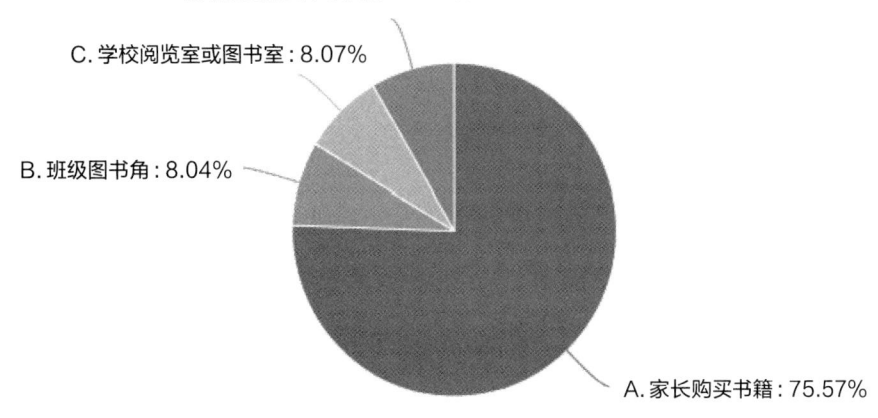

- D. 利用身边的图书馆资源：8.32%
- C. 学校阅览室或图书室：8.07%
- B. 班级图书角：8.04%
- A. 家长购买书籍：75.57%

影响你不能持续读完整本书的原因是什么？（　　）　[单选题]

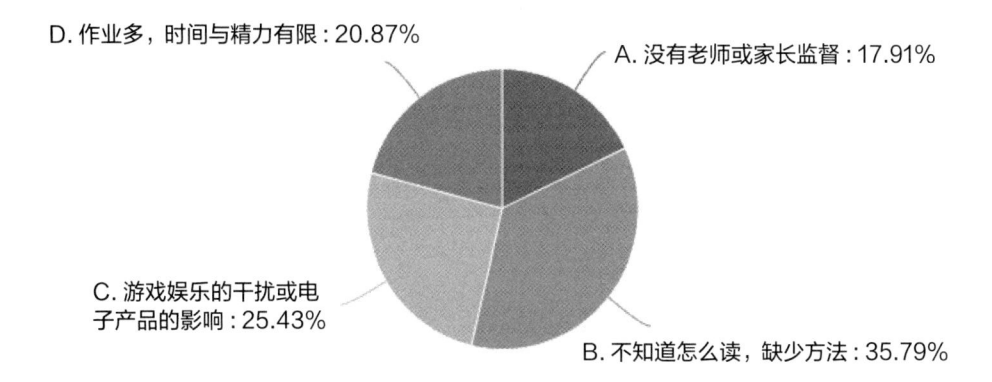

- D. 作业多，时间与精力有限：20.87%
- A. 没有老师或家长监督：17.91%
- C. 游戏娱乐的干扰或电子产品的影响：25.43%
- B. 不知道怎么读，缺少方法：35.79%

阅读是学生的个性化行为，整本书阅读学习任务群倡导学生在积极的语文实践活动中，自主探索、积累并总结出适合自己的阅读方法，养成良好的阅读习惯。课程标准在课程目标中对小学阶段课外阅读总量作出明确要求。调查显示，学生每天课外阅读半小时～1小时的占60.97%，每学期能读完1~2本整本课外书的占25.85%，3~4本的占37.14%；学生阅读的书籍主要由家长购买的占75.57%；影响学生不能持续读完整本书的原因排在前三位的是"不知道怎么读，缺少方法""游戏娱乐的干扰或电子产品的影响""作业多，时间与精力有限"。通过现场访谈了解到，很多学校图书室、阅览室利用率低，不能满足学生的阅读需求。由此可见，学生的阅读量基本达到课标的要求，但学生对必读书目的落实情况分化严重，大多数学生的阅读在家庭完成，在校阅读资源较少，回家阅读时间不够，阅读环境有待改善。

学生阅读环境不佳，习惯难以养成的主要原因有：

1. 资源匮乏。学校层面，经费不足，图书室、阅览室、班级图书角建设还不到位，很多学校的图书室常年关闭，没有及时添置适合师生阅读所需的图书及报刊，没有建立图书借阅制度，不能为师生提供阅读的场所和书籍；家庭层面，家长受应试教育的影响，购买的书籍大多为作文书、教辅资料等，书籍类型单一；社会层面，图书馆、书店等地的公益作用没有充分发挥，学生很少合理利用身边的图书资源，尤其是农村或乡镇学校，很少有专门阅读的设施或场所。多方面原因，综合导致学生没有书读、无好书读的现象比较突出。

2. 时间不够。"双减"背景下，很多学校统筹安排作业的布置，严控作业总量，保证学生的自由阅读时间，但也有相当多的学校，学生作业负担过重，完成作业的时间挤占了阅读时间，加上部分家长教育观念落后，认为阅读课外书籍会耽误学习，使学生的自由阅读时间无法得到保障。

3. 干扰太多。从社会环境看，以手机、电视为代表的信息媒体以其传播信息的生动、快捷、丰富，对纸质阅读造成冲击，导致学生逐渐失去对纸质阅读的兴趣。从图书出版的角度来看，目前市场上的儿童读物也是良莠不齐，有的不正规读物充满低级趣味，甚至含有不利于学生身心健康的内容。这些因素都在一定程度上对学生的整本书阅读造成干扰。

三、目标不准，阅读进程缺少整体规划

在整本书阅读过程中，您会重点关注哪一个阶段？（　　）[单选题]

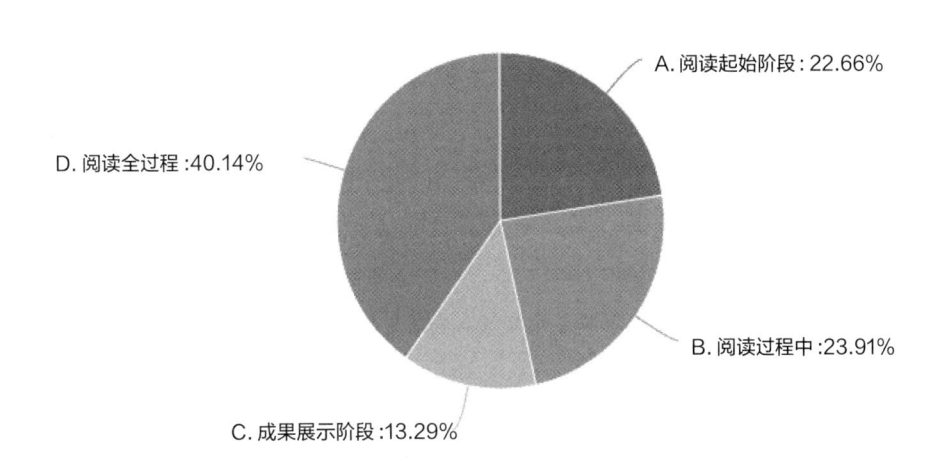

A.阅读起始阶段：22.66%
B.阅读过程中：23.91%
C.成果展示阶段：13.29%
D.阅读全过程：40.14%

整本书阅读课程化实施的关键是教师根据课标要求，同时参照书本的教学价值和文学价值厘清教学目标，统筹规划阅读学习方案，开展系统的、科学的语文实践活动，体现对学生阅读过程的整体关照，凸显整本书独特的阅读价值。调查显示，有40.14%的老师在整本书阅读过程中会关注学生阅读的全过程。访谈发现，大部分老师制订整本书阅读目标时主要参考教师教学用书，很多老师会从网上借鉴或照搬，但完全不知道确定教学目标的依据。我们发现，教师在把握整本书阅读教学目标时，存在目标不清和重点目标不明的问题，导致教学目标虚化、教学内容泛化。

目标不准，阅读进程缺少整体规划的原因是：

1. 课标要求理解不全面。新课标关于整本书阅读的内容涉及理念、目标、年段目标与内容、学业质量、实施建议、评价、教学建议等多个方面，需要教师整体把握。调查中，我们发现有些农村教师没有看过课程标准；有些读过课程标准的教师对整本书阅读教学的学段目标与内容不熟悉，导致备课没有方向，失去准绳；有些教师制订目标随心所欲，不能把握学段衔接的连续性和层次性。

2. 阅读文本解读不深入。教师是学生阅读的陪伴者、对话者和引领者，推荐学生阅读一本书籍时，教师首先应深入研读。教学中，有的教师可能过于依赖传统的教学方法，忽视了文本解读的重要性；有的老师自身缺乏阅读能力和技巧，导致他们在面对复杂的文本时感到困惑和无力；还有的老师可能对整本书的主题、作者、历史背景等缺乏了解，这也会影响他们对文本的解读。

3. 阅读难点把握不到位。阅读难点的确定，要链接学生阅读的障碍，更要思考如何引领学生未来的阅读发展，思考这本书内嵌于教材的位置，实现课内迁移，落实自读、教读、课外阅读一体化提升的进阶。有些教师可能缺少足够的深度阅读经验，对于作者的深层意图或文本的复杂性缺乏敏锐的洞察力，导致在阅读过程中难以准确地捕捉到文本的重点和难点。有些教师对整本书阅读前的学情不了解，不能发现学生阅读时的疑难问题，也就不能针对性设计有效的阅读实践活动，让更多的学生读进去、读下去。

四、指导不力，学生阅读能力难以提升

您认为带领学生进行整本书阅读自身还有哪些不足的地方？（ ）[多选题]

选项	比例
A. 阅读的相关理论	55.66%
B. 阅读指导的策略	77.25%
C. 不同课型的设计	58.25%
D. 阅读活动的开展	54.86%
E. 自身的阅读示范	36.57%

学会运用多种阅读方法，具有独立阅读能力是课程总目标中明确提出的要求，整本书阅读学习任务群回应了课程总目标，对学段目标中要求的方法进行了分解和阐释。整本书阅读学习任务群教学提示指出，要引导学生了解阅读的多种策略，运用浏览、略读、精读等不同阅读方法。调查显示，进行整本书阅读教学时有77.25%的教师认为自身阅读指导的策略还不足，58.25%的教师认为对不同课型的设计要加强，54.86%的教师不知道如何组织阅读活动的开展。我们发现，很多教师对于整本书阅读教学的设计和实施感到茫然，停留在布置阅读任务的层面。整本书阅读由于学生欠缺阅读经验、教师缺乏有效指导，在教学实施中出现阅读课型流程化、阅读方法单一化的问题，提高学生阅读能力的目标难以达成。

指导不力，学生阅读能力难以提升的原因是：

1. 缺少系统的阅读策略。研究表明，在阅读教学中加强阅读策略的指导，有助于提高学生的阅读能力。整本书阅读指导需要有针对性的策略和方法，现实中很多教师没有建立一套系统的阅读策略，例如预测、提问、视觉化、自我监控等，在学生阅读过程中难以进行有效的引导，因此学生的阅读效果也难以体现。

2. 忽视学生的自主阅读。 为了帮助学生找到阅读的路径，需要多种阅读策略的支持，但阅读策略不是教出来的，而是学生在阅读过程中自主建构的。很多教师在整本书阅读的过程中，忽视了学生的自主性，没有通过合适的阅读实践活动引导学生主动思考、主动探索，因而学生的阅读只是走马观花，浮在表面，能力难以得到提升。

3. 缺乏持续的跟踪指导。 整本书阅读的全过程指导包括选书、预热、通读、研读、展示五个环节。我们发现，更多的教师重视预热和通读，对其余三个环节很少关注，也没有定期检查和评估学生的阅读进度和理解程度，因此他们可能无法及时发现和解决学生在阅读过程中遇到的问题，导致阅读指导效果不佳。

五、评价单一，学生阅读素养难以形成

您在开展整本书阅读时，会从哪些方面进行评价？（　　）　[多选题]

选项	比例
A. 阅读兴趣（阅读表现、参与程度）	72.97%
B. 阅读策略	46.12%
C. 阅读习惯	70.03%
D. 阅读任务	45.05%
E. 阅读成果	59.32%
F. 阅读过程	46.74%
G. 以上都有	35.59%

您会采用哪些形式对学生整本书阅读的过程和效果进行有效监测？（　　）[多选题]

选项	比例
A. 每天布置阅读任务并检查	47.64%
B. 定期检查读书笔记或书上做批注的情况	70.12%
C. 定期开展班级读书会，组织整本书阅读交流分享	68.51%
D. 提供多样展示平台（思维导图、读书心得、读书小报、课本剧展示、辩论赛、百家讲坛等）	53.26%
E. 建立阅读档案袋	11.15%
F. 阅读测试	15.08%
G. 学生自由阅读，没有评价或检测	8.83%

整本书阅读的评价应关注学生在阅读过程中的表现和阅读后的成果，其内容是多维的，主体是多元的，方法是多样的。调查显示，有72.97%的教师对学生的阅读表现、参与程度进行评价，70.12%的教师会定期检查学生读书笔记或书上做批注的情况。通过访谈发现，老师们在开展整本书阅读评价时往往凭经验和感觉，更多地对学生阅读课的表现进行语言评价，或对学生的阅读记录、读书笔记进行等级评定，但对如何围绕读书的主要环节设计评价量表来评价学生的阅读素养和阅读能力感到茫然，也很少付诸实践，从而导致评价方式单一，整本书阅读效果无法得到保证。

评价单一，学生阅读素养难以形成的原因有：

1. 评价观念需变革。 有的教师受传统应试教育的影响，认为整本书阅读更侧重于知识传授而非能力培养，所以阅读评价就可能偏向于对知识点的考核，而忽视了引导学生从阅读态度、阅读方法、阅读习惯等方面进行自我反思和改进，更谈不上立足学生的发展，针对学生在阅读整本书过程中的真实表现，提供个性化的指导。还有部分教师缺乏对整本书阅读评价的整体规划，评价过程不完备，导致评价实践有缺失，学生参与度不高。

2. 评价内容需转化。从课程视角看，教、学、评是基于教学目标（或课程目标）开展的专业实践。在确定、筛选评价目标与内容时，教师应根据自己对课程的理解、教学实践经验，对课程标准中的"课程目标""课程内容"做具体转化，将抽象与概括的目标与内容转化为可评价、可操作的具体内容。整本书阅读持续时间长，不同类型的书籍有不同的特点，教师需要关注学生全程的阅读表现，加上对"课程目标""课程内容"的理解不到位，教师进行这种转化有一定的难度。

3. 技术资源少支撑。整本书阅读开展过程中，教师要根据评价内容提前设计评价量表，提供有效的评价工具（例如阅读反思单），通过自评、互评、家长评相结合，过程性评价和终结性评价相结合的方式，对学生的阅读进行评价，还可以借助信息技术手段、网络资源平台提高评价的实效。但在某些地区或学校，由于技术或资源的限制，开展多元、动态的阅读评价有一定的困难，这也限制了评价的形式和范围，使得评价形式和内容显得单一。

第三章

小学整本书阅读教学的实施策略

第一节
小学整本书阅读策略构建

鲁迅先生曾经把阅读教学比作"一条暗胡同",上课时"一任你自己去摸索,走得通与否,大家听天由命"。这句话形象地表现了落后的阅读教学"无为""低效"的问题。自统编教材使用以来,特别是2022年版新课标将"整本书阅读"作为语文课程的重要内容,并在课程总目标中提出"学会运用多种阅读方法,具有独立阅读能力"之后,阅读教学正努力通过方法和策略的指引,引导学生走出这个"暗胡同"。

统编小学语文教材在编排上特别关注方法和策略的学习。普通单元从低年级开始,引导学生学习图像化阅读策略,一边读一边想象画面;学习复述阅读策略,借助提示复述课文内容等。到中、高年级,又通过课后习题、交流平台等渗透丰富多样的阅读策略,如概括、批注等。在此基础上,为强化阅读策略的学习,教材从中年级开始还编排了专门的阅读策略单元,引导学生掌握"预测、提问、速读、有目的地阅读"等最重要、最基本的阅读策略。

阅读策略的学习运用,一方面能促进学生在阅读过程中进行积极的思维活动,提高阅读效率,促进阅读能力的提升;另一方面也能改变教师一问到底,学生被动应答的课堂教学状态,引导学生主动阅读、主动思考,逐渐成为积极主动的阅读者。

阅读策略的学习运用还将引导教师从只关注学生读懂了什么,转向关注学生是如何读懂的。心理学中"读懂"属于认知的范畴,"怎么读懂的"属于元认知的范畴。元认知即"对于认知的知识和对认知的监控"。在阅读教学过程中,关注学生是怎么读懂的,了解学生的元认知,将改变阅读过程"在胡同里暗中摸索"的混沌状态,提升阅读的品质和效果。

在整本书阅读教学过程中,我们不仅要引导学生主动运用统编教材中出现的"预测、提问"等阅读策略,还要将"推敲""联系"等更多的阅读策略渗透到教学中,让学生在阅读实践中综合运用、反复实践、主动建构,逐渐成长为成熟的阅读者。

一、预测

小学语文统编教材三年级上册第四单元作为本套教材首个阅读策略单元,以"预测"这一阅读策略为主线组织单元内容。"预测"即"预先推测或测定"。"预测"不仅是阅读过程中一种自然存在的阅读心理,学生在阅读时也常常会无意识地运用这一策略。教师可以在进行整本书阅读教学时运用这一策略,引导学生根据书籍的书名、封面、目录、内容、插图、封底等相关已知信息,结合知识背景和生活经验,边阅读边推测后续情节发展、人物命运、故事主旨、作者观点等,并通过阅读寻找佐证。将"预测"这种阅读策略有效利用在整本书阅读教学中,使无意识的阅读心理,转变为有意识的阅读策略,不仅有利于呵护并激发学生对于阅读的初始期待,还能促进他们积极、主动地思考,并让学生体验到预测得到验证后所带来的阅读乐趣。

【案例一】《安徒生童话》导读课片段

1. 看封面猜故事

教师:同学们,这节课老师给大家带来一本故事书,看,它就是——

学生:《安徒生童话》。

教师：是呀，看，这本《安徒生童话》的封面上有这么多图片和角色，你能猜出这是书中的哪一个故事吗？

学生一：我看到了漂亮的小美人鱼和海上美丽的泡沫，我猜这是《海的女儿》。

学生二：我猜那个坐在花朵中的是《拇指姑娘》。

学生三：那只一开始是小鸭子后来又变成天鹅的应该是《丑小鸭》。

教师：你猜猜丑小鸭是怎样变成白天鹅的？

学生三：我猜他肯定遇到了很多帮助他的朋友，他自己也一直很努力。

教师：是不是这样呢？让我们走进这本书，走进精彩的童话世界吧！

2. 读目录猜故事

教师：这本《安徒生童话》不仅封面漂亮，里边的故事更是引人入胜。你们有什么好办法，能快速地找到封面上你最想读的故事所在的页码吗？

学生：查看目录。

教师：是呀，读书首先要学会看目录。目录一般在正文之前。它一般包括篇目和页码两部分，通过目录我们可以快速地查找到自己喜欢的阅读内容。

教师：请大家看看目录上的这些篇目，有的篇目我们在封面上已经看到过，还有一些篇目我们不太熟悉。你还想读哪个故事？你能猜猜这可能是个什么样的故事吗？

学生一：我想读《雏菊》，我猜这个故事讲的是一朵小雏菊慢慢发芽长大，他可能遇到了狂风暴雨等挑战，但是他都很乐观坚强，最后战胜了困难，开出了灿烂的花朵。

教师：你对这个故事的猜测让我感觉似曾相识，能说说你为什么会这么想吗？

学生一：因为我印象中《丑小鸭》《拇指姑娘》中的角色都有这种类似

的经历。

教师：他们都是经历风雨后迎来了彩虹，你的猜测有理有据。

学生二：我猜《老头子做的事总是对的》这个故事应该讲述一个老头做的很多有趣的事情。

教师：为什么你会认为有"很多"？

学生二：因为这个标题中有"总是对的"，"总是"就说明肯定有很多事情，很多有趣的事情。

教师：言之有理，听你这么说我也更想读这个故事了。

学生三：我想读《拇指姑娘》，我猜她应该最后过上了幸福的生活，因为我从封面的图片上看到她笑得很开心。

教师：那到底是不是这样的故事呢？让我们待会走进书中去一探究竟！

在这个教学片段中，教师在《安徒生童话》的导读课伊始就充分运用"预测"策略设计阅读活动，让学生感受童话故事中丰富的想象及有趣的情节。阅读起始阶段设计"看封面猜故事""读目录猜故事"的活动，引导学生预测：丑小鸭是怎么变成白天鹅的？你还想读哪个故事？故事中可能会出现哪些人物？他们会经历怎样的奇遇呢？从而充分激发学生的阅读兴趣。

在导读的读中交流阶段，教师还可以和学生共读《拇指姑娘》《丑小鸭》等篇目，继续通过设计"读故事猜情节""读人物猜细节"等活动，让学生借助封面、目录、情节、插图、细节、人物性格等进行预测，并以此延伸至课外阅读阶段，让学生能自主运用预测的策略独立阅读书中的其他故事。

【案例二】《活了100万次的猫》导读课片段

教师：（出示绘本图文，与学生一起继续读故事）有一天，白猫静静地躺倒在猫的怀里，一动也不动了。猫抱着白猫，流下了大滴大滴的眼泪，他头一次哭了。从晚上哭到早上，又从早上哭到晚上，哭啊哭啊，猫哭了有100万次。早上、晚上……一天中午，猫的哭声停止了。猫静静地，一动也不动地躺在了白猫的身边。

教师：读到这里，同学们，请你们猜一猜，接下来，也就是故事的结尾，会是怎样？

学生一：我认为这只猫也可能又活过来了，他在把白猫埋葬以后再去找他们的孩子，找那些小猫。

教师：为什么你会这么想？

学生一：因为以前都是别人为他哭、埋葬他，但这一次是他第一次为白猫哭，所以我觉得他会又一次活过来，在埋葬白猫后，去找他们的孩子，因为前面说了"猫比喜欢自己还要喜欢白猫和小猫们"。

教师：虽然你猜他可能会又一次活过来，但是你感受到了这一次"活"过来可能和之前的"活"过来是不一样的。

学生二：我认为这只猫可能死了。而且这一次他应该不会再活过来了，因为这已经快到故事的结尾，意味着故事马上要结束了。

教师：那你猜一猜他为什么没有再活过来？

学生二：我认为可能是因为这一次他是真正伤心地哭了才死去的，以前的100万次他都没有这样伤心过，也没有这样哭过，以前都是别人为他哭，为他伤心，现在他真的伤心地哭死了，就不会再活过来了。

教师：看来作者在前面强调了100万次的别人为猫哭、为猫伤心都是为此刻做的伏笔，谢谢你的发现！

学生三：我也猜这只猫这次应该死了，而且不会再活过来了。

教师：你有没有不一样的依据？

学生三：因为如果他再一次活过来，万一落到其他人的手里，他还是会遭殃，而且那样活着无论多少次都是重复的、没有意义的。

教师：所以你认为他和白猫在一起，生和死才是有意义的，是吗？

学生三：是的，我认为这一次猫只想和白猫在一起，他们相亲相爱。既然白猫死了，他就愿意和白猫一起，同生共死。

教师：是啊！同学们，虽然你们猜测的结局不一样，但你们都和猫一样，对于生死、生命有了不一样的理解。

教师：（出示结局）他心爱的白猫已经死了，他很伤心。除了伤心之外，他也很满足。因为他遇到了白猫，他遇到了爱，学会了爱，就满足了，就值得了。生命不论长短，重要的是要活得有价值，有意义。

在《活了100万次的猫》绘本导读课上，教师抓住故事中关键的结尾情节，在白猫死后引导学生预测最后的结局。学生大多数预测到死过100万次的猫可能又一次死去了，但对于是否还能再活过来，学生则有不同的猜测。教师顺势引导学生根据前文内容和自己的阅读感受说出猜测的不同观点和依据，从而为揭示结尾和交流主旨做好了充分铺垫。

二、提问

小学语文统编教材在四年级上册第二单元围绕"提问"这一阅读策略组织编排单元。运用提问策略进行整本书阅读，调动学生主动提问的兴趣，对问题进行记录、分类、筛选、归纳、解决，有助于改变学生被动的阅读状态，在真实的语言运用情境中培养思维能力。在整本书阅读导读课中，学生与新书初见初识，教师可以有意识地引导学生在书名、封面设计等新奇处提问激趣，通过阅读目录和关键章节内容在情节和人物的变化、矛盾处提问。在推进课上，将学生在阅读过程中的疑问进行收集、梳理、筛选，开展生生、师生交流，不仅能为学生的阅读问题支招，更能延展学生思维的广度和深度，为其持续阅读注入新能量。交流课中，继续组织学生针对阅读中存在分歧、感悟特别新奇和引发深思启迪的内容不断提问，围绕有价值的问题展开交流、陈述或者辩论，则能促使学生形成更新更深的思考，使思维更具深刻性和批判性。

【案例一】《稻草人》导读课片段

教师：（出示多张《稻草人》的封面）大家看，这些都是不同版本的《稻草人》的封面，你发现它们有什么相似之处，又有什么不同？

学生一：我发现上面都有一个稻草人，但是稻草人的样子不一样。

教师：谁再来具体说一说？

学生二：他们的打扮有些不一样，大部分都戴了一顶帽子，但有的手里拿了扇子，有的没拿；有的穿了衣服，有的只有稻草没有衣服。

学生三：我还发现这些封面上的稻草人不仅打扮不同，他们的表情也不同。有的稻草人笑得很开心，有的是微微笑着看向远方，但有的稻草人脸上的表情却给人一种伤心的感觉，还有的稻草人低着头看不到表情。

学生四：这些封面都有稻草人，但是我感觉他们的心情都不一样。

教师：那作为同一本书的封面，你对此有什么疑问呢？

学生四：为什么设计的稻草人会不一样？故事中的稻草人是什么样的表情和心情？

学生五：书中的稻草人到底看到了什么，发生了什么？他到底是什么样的？

教师：是呀，虽然我们还没有开始阅读书中的故事，但我们通过不同的封面产生了疑惑，到底哪个版本的封面形象更符合故事中的稻草人呢？让我们用书中的文字来解答我们的疑惑吧！

在上述《稻草人》一书的导读课片段中，教师就为学生提问做了小小的铺垫：出示这本书不同版本的封面图画，引导学生发现画面设计中"稻草人"这一形象的相同和不同之处。随后学生的问题接踵而至：不同版本设计的角色形象为什么会不同？到底哪一种才更符合书中作者描绘的角色形象？作者在这本书中表达了怎样的寓意和情感呢？这种自然生成的疑问无疑是学生后续阅读最好的动力，也是对后续阅读是否切实落实的最好印证。

【案例二】《童年》推进课片段

教师：前面大家交流了阅读《童年》的前半部分的收获和感受，相信这样的外国经典名著肯定也与我们平时阅读的书籍有很大的不同。你们在阅读时有没有遇到困难？或产生了什么疑惑？

学生一：我觉得书中人物的名字挺奇怪，有的人名字很长，有的人名字和称呼会发生变化，还有的人有多个名字，比如小说的主人公，有时候叫阿廖沙，有时候叫阿历克塞……还有几个人叫同一个名字，比如就有好几个人都叫萨沙，有的时候真的分不清谁是谁。

教师：一串又一串的人名确实是我们阅读许多外国名著的"拦路虎"。

学生二：我搞不懂这一家人为什么总是打打杀杀。舅舅不欢迎母子俩，外祖父经常打外祖母、母亲和孩子们，感觉家人之间总是火药味十足，这和我们平时读的很多描写家庭亲情的文章都不一样。

教师：看来国外有的亲情故事也确实与众不同。

学生三：我也觉得很奇怪，作者描写了这么多不快乐的甚至是痛苦的回忆，那阿廖沙的童年到底是苦还是乐？

学生四：……

教师：看来《童年》确实给我们带来一次不一样的阅读体验。这些困难和疑惑或许在后续的阅读中我们还会遇到。那大家有没有什么解决的好办法？

学生一：我们可以去查一查作者高尔基的生平背景资料，特别是查一查他为什么要写这本书。

教师：是的，了解那个时代，走进那个时代，或许能让我们更加了解作者回忆它、书写它的动机。

学生二：外国文学作品中的人物名字都很不一样，我为了在阅读中更方便，有时我会自己做一个人物关系表，这样就清楚明白一些。

教师：这是一个非常好的方法，既能帮我们弄清人物，又能梳理人物关系。期待你和我们分享！

学生三：我觉得有时候没看明白可能是前面漏掉了什么信息，所以有时候我会回读一下前面的内容。

学生四：我还找到了《童年》的电影，先看一遍电影再看书也会容易一些。

教师：是的，网上的电影、人物介绍等都可以帮助阅读有困难的同学降低难度。大家还可以和同学互相交流，或询问家长和老师。

在组织《童年》推进课的这一片段中，教师基于学生的实际阅读体验和现状，引导学生真实发问，这些问题源于学生真实的阅读收获和困惑，充分尊重了学生真实的阅读体验。不回避学生阅读中的真实困惑，教师从学生关注的角度入手，引导学生积极寻得可能的解决之道，为后续持续阅读做好了铺垫。

三、速读

小学语文统编教材五年级上册的阅读策略单元围绕"学习提高阅读速度的方法"展开，做了有层次、有梯度的安排，引导学生通过尽量不回读、尽可能连词成句地读、抓住关键语句迅速把握课文内容、带着问题读、综合运用学过的方法等来提高阅读速度。学生阅读速度的提高不是一蹴而就的，更不是有了方法、策略就能运用自如。在整本书的阅读实践中，需要引导学生有意识地运用多种方法提高阅读速度，使其养成良好的阅读习惯。

【案例一】《中国民间故事》导读课片段一

教师：我们已经学过了教材中的《牛郎织女》这个民间故事，这本《中国民间故事》中还有这么多故事，它们有哪些相同之处呢？接下来我们一起来读一读书中《白娘子》这个故事。这个故事比较长，在读之前我们先回顾一下这个学期学过的提高阅读速度的策略，谁还记得有哪些？

学生一：可以带着问题默读，这样可以提高速度。

教师：还记得刚刚我们说的问题是什么吗？

学生一：这些民间故事都有什么相同的地方。

教师：是的，边读边想，有目的地读可以提高效率。

学生二：读的时候还要集中注意力，特别是要会找一些关键的语句。但是也不要一个字一个字地看，一些不是很重要的内容就可以很快地看一下。

教师：那就让我们用这样的方法，快速读一读《白娘子》这个故事，屏幕上有计时器，大家可以记一记你读完所用的时间。同时，还可以试着找出体现故事情节的关键语句。

在上述五年级《中国民间故事》整本书阅读导读课中，教师就以书中《白娘子》的教学为例，让学生计时阅读，提示学生带着问题读、不一字一字地读、不回读，让学生在默读时找出故事情节发展中的关键语句。教师还可以在读后以简单复述的形式开展"故事快播会"，以此来评价快读阅读的效果并培养学生的速读意识。

【案例二】《中国民间故事》导读课片段二

教师："带着问题读"能帮助我们提高阅读的速度。下面我们再来一起读《八仙过海》这个故事。在读之前，对于这个故事你有什么疑问？

学生一："八仙"分别是哪八个神仙？

学生二：这些神仙都有什么特点？有什么仙术？

学生三：他们是怎么过海的？

教师：你们都能紧扣故事的题目来发问，而带着这些问题去读故事也将更好地帮我们找出关键信息。为了阅读快速有效，老师再给大家一个好方法——（出示插图）请大家看，这是故事的插图。想一想，有了插图，再结合前面的问题，你能怎样提高阅读的速度？

学生一：这八个神仙有男有女，有老人也有小孩，等会在读的时候我关注下这些不同点就可以更快地区分他们。

学生二：每个神仙都有不一样的装扮，手上还拿着不一样的法器，我等会读的时候可以快速地重点找一找这些特点，还可以将其圈出来。

教师：看来插图的提示，能帮我们更快地在文中找到问题的答案。下面就请大家用较快的速度默读课文，记下所用的时间。快速默读后，请完成学习单上的任务，将"八仙"的姓名与其最显著的特征进行配对连线。

在上述教学片段中，教师利用《中国民间故事》中的《八仙过海》这个故事，引导学生有意识地带着问题速读。通过插图，引导学生将阅读目标进一步细化，从而使速读更加有的放矢。通过读后的配对练习，也将有效反馈和评价学生的速读效果。

四、有目的地阅读

小学语文统编教材六年级上册第二单元围绕"有目的地阅读"这一策略进行编排，引导学生体会阅读同一篇文章，目的不同，关注的内容、采用的阅读方法也会不同。根据自己的阅读目的，选择恰当的阅读材料，选用恰当的阅读方法，从而达到自己的阅读目的。学会"有目的地阅读"，是阅读高效的一种表现。

【案例】《西游记》导读课片段

1. 教师讲解跳读法。

跳读法是指读书时并不严格按照全书的顺序依次阅读，而是在阅读中着重读自己喜欢的、感兴趣的那些部分，对于自己不感兴趣、暂时不需要、一时看不懂的部分，有意识地、有选择性地、跳跃式地阅读，或干脆跳过去先不读，以后再说。

2. 结合目录，学生练习寻找自己感兴趣的章节进行阅读：如想看与红孩儿相关的故事，可以读哪些回目？想看女儿国的经历，可以读哪些回目？想看八十一难的最后一难，可以看哪些回目？

3. 列举可以暂时跳过的内容。

（1）一些讲述、回忆的内容。

例文：

……唐僧喜道："贤徒有莫大之功。求此宝贝，甚劳苦了。"行者道："劳苦倒也不说。那铁扇仙，你道是谁？那厮原来是牛魔王的妻，红孩儿的母……"

这是孙悟空借到假芭蕉扇后，他向唐僧等人讲述如何借来的始末。因为是将前面的情节又重新讲述了一遍，所以可以选择跳过。

（2）一些环境风景的描写。

例文：

云雾笼峰顶，潺湲涌涧中。百花香满路，万树密丛丛。梅青李白，柳绿桃红。杜鹃啼处春将暮，紫燕呢喃社已终。嵯峨石，翠盖松。崎岖岭道，突兀玲珑。

类似描写山水风景的韵文，可以不一字一字读懂，只需大体了解这是在介绍周围环境景色，通过跳读，了解这些文字体现景很美，山也很险峻即可。

（3）一些程式化的打斗场面。

例段1：……那两个在半空中这一场好杀：齐天孙大圣，混世泼牛王，只为芭蕉扇，相逢各逞强。粗心大圣将人骗，大胆牛王把扇诓。这一个，金棒起无情义；那一个，双刃青锋有智量。大圣施威喷彩雾，牛王放泼吐毫光。齐斗勇，两不良，咬牙锉齿气昂昂。播土扬尘天地暗，飞砂走石鬼神藏……

例段2：……那牛王只得回头，使宝剑又战八戒。孙大圣举棒相帮。这一场在那里好杀：成精豕，作怪牛，兼上偷天得道猴。禅性自来能战炼，必当用土合元由。钉钯九齿尖还利，宝剑双锋快更柔。铁棒卷舒为主仗，土神助力结丹头。三家刑克相争竞，各展雄才要运筹。捉牛耕地金钱长，唤豕归炉木气收。心不在焉何作道，神常守舍要拴猴。

有学者指出，《西游记》中有很多描写具有重复性，最典型的例子是双方的打斗场面。类似上面两段孙悟空与牛魔王的打斗，只需知道是在描写打斗场景的激烈即可，在阅读中也可以跳过去不读。

教师在上述《西游记》的整本书导读课中就通过引导学生运用"跳读法"来进行有目的地阅读。教师通过列举书中回忆叙述的内容、环境风景的描写、程式化的打斗场面等内容，带领学生快速浏览后予以简单概括，从而引导学生在全书的实际阅读中有意识地跳过暂时不需要、暂时看不懂或不感兴趣的内容，让《西游记》的整本书阅读更事半功倍。

许多名著之所以成为经典，往往是因为其永恒的主题、特色鲜明的人物形象、巧妙曲折的情节设置、独具一格的文笔手法等。面对不同的名著，教师可以引导学生从不同的角度有目的地阅读。如《水浒传》一书，人物众多，个性鲜活，教师可以引导学生通过画人物图谱的方式，重点关注人物形象；

《童年》一书中有许多令人动容的心理描写，教师可以引导学生用批注、摘抄等方式重点关注；《小英雄雨来》一书中的故事一波三折，险象环生，教师则可以引导学生采用画"故事山形图"的方式关注情节发展。

有的经典名著是由一些相对独立的内容组成，教师们在指导这一类书籍阅读时，就可以先尊重学生的阅读意愿，引导学生根据目录和主要内容，把自己最感兴趣的内容、最想了解的情节标注出来，从而在初读时更有指向。例如，在指导《朝花夕拾》阅读时，教师通过让学生了解本书的目录及对应的大致内容，指导学生做出简单的阅读规划。如，有学生在目录中圈出《狗·猫·鼠》《阿长与＜山海经＞》《五猖会》《从百草园到三味书屋》并标记"这些篇目里都有我感兴趣或有疑问的内容，我要仔细读"，而在《无常》《范爱农》等篇目上则标记"这几个篇目的故事题目有点奇怪，我不是很感兴趣，初读时我可以先快速浏览"。教师在此基础上根据大家的个性规划进行交流，不仅尊重了学生的自主意愿，也激发了学生更真实的阅读兴趣。总之，引导学生将在教材内学到的方法在整本书阅读中进行迁移运用，能更好地使学生在今后的阅读中自觉养成"有目的地阅读"的习惯。

五、图像化

广义上的"图像化"是指用各种复杂多变的信息，来制作"图像"的过程。在阅读过程中的"图像化"策略，有学者认为主要指"在文字阅读的认知活动中，借助文字，通过心像过程生成图像，建构画面，或借助文字生成抽象图式，对学习内容进行概括、提炼，加深对文本的理解、推动学习进程、提升学习效率的教学手段"。在小学语文统编教材中，从二年级《蜘蛛开店》的内容开始，《羿射九日》《在牛肚子里旅行》《大自然的声音》《一只窝囊的大老虎》《记金华的双龙洞》《跳水》《狼牙山五壮士》等各册课文，都通过课后习题的表格、框架图、流程图等图表形式引导学生梳理、呈现思维过程。除了上述一些图表形式外，教师在指导开展整本书阅读教学时，鱼骨图、情节图、维恩图、线路图、Y形图、思维导图、单格或多格漫画等形式，也能帮助学生在阅读过程中把抽象的语言和文字具象化，把思维过程变得可视化与清晰化，从而获得知识或意义的有效建构。

例如"维恩图"常用来进行对比，比较两个或多个事物之间有哪些相同和不同之处。在整本书阅读教学中有效运用"维恩图"，不仅能直观提炼出重点信息，也能很好地激发学生的比较性思维。例如在《红楼梦》的整本书阅读推进课中，就可以利用"维恩图"，引导学生在不同事件中归纳人物（例如贾宝玉）行为所表现的品质特点，通过对比发现人物的核心品质。如下图：

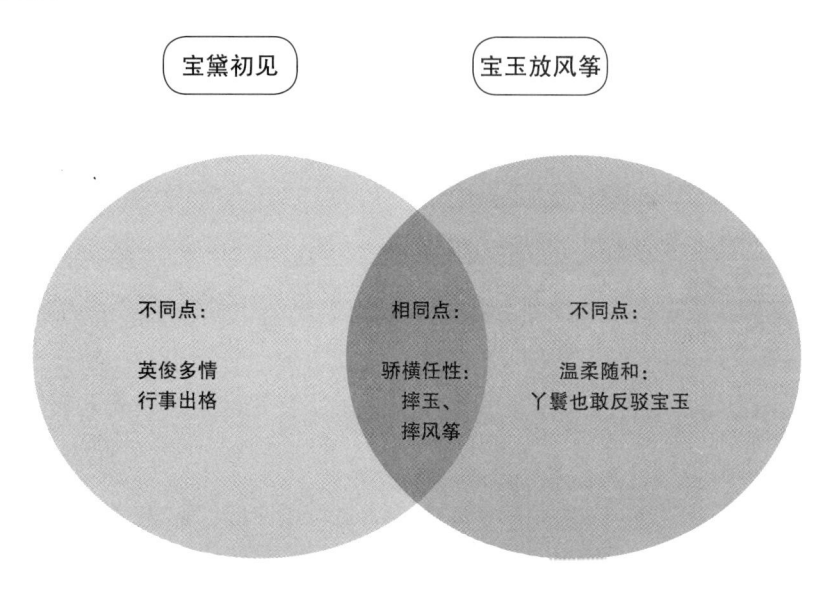

宝黛初见　　宝玉放风筝

不同点：
英俊多情
行事出格

相同点：
骄横任性：
摔玉、
摔风筝

不同点：
温柔随和：
丫鬟也敢反驳宝玉

在《鲁滨逊漂流记》《骑鹅旅行记》《爱丽丝漫游奇境》《汤姆·索亚历险记》《海底两万里》等具有类似历险经历的整本书阅读过程中，可以引导学生通过"路线图"来梳理人物的奇异经历，感受情节的曲折变化，如下图：

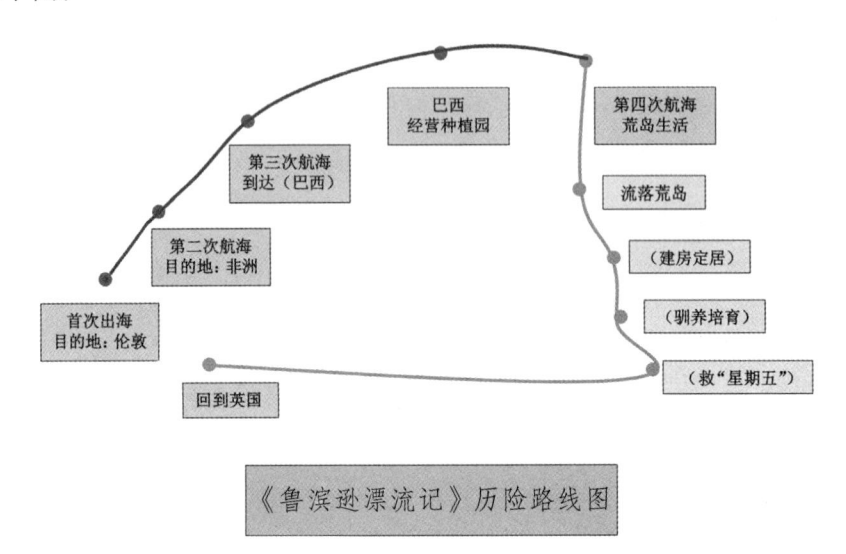

```
            巴西              第四次航海
         经营种植园           荒岛生活

    第三次航海
    到达（巴西）              流落荒岛

  第二次航海
  目的地：非洲               （建房定居）

首次出海                    （驯养培育）
目的地：伦敦

         回到英国           （救"星期五"）
```

《鲁滨逊漂流记》历险路线图

《中国民间故事》《安徒生童话》《稻草人》等由多个单独的小故事组成的书籍，教师可以让学生通过绘制多格漫画等方法来直观生动地呈现文字内容，带来个性化的阅读感受。

《三国演义》《西游记》《红楼梦》《水浒传》《古希腊神话传说》等书籍中的人物众多且彼此关联，则可以引导学生用人物图卡、人物关系图谱等形式来进行概括、梳理，让思路更为清晰，有效地解决因人名繁多、情节跨度长等造成的阅读困难。

教师还可以以任务驱动的项目式活动来组织学生进行整本书阅读，如引导学生在阅读交流的过程中尝试自己设计书籍封面，将归纳整理的书中关键信息、人物特点、重要情节等设计成图文并茂的有趣封面。

六、推敲

贾岛"月宿池边树，僧敲月下门"的典故脍炙人口。意指仔细斟酌、反复揣摩的"推敲"不仅是写作、做事的思考过程，也是教学中需要引导、渗透的阅读策略。教育家叶圣陶先生曾说"课文无非是个例子"，在整本书阅读教学中，教师不仅需要引导学生关注这本书写了什么，也应引导学生发现这本书是怎么写的。阅读教学过程中，如果能关注作者行文用字的写作密钥，精准发觉书中的"读写结合点"，通过情境丰富的语言实践活动，让学生参与其中，那么将促进读和写的相互转化，更有效地提高学生的语文素养。

【案例一】《西游记》交流课片段

教师：在阅读的过程中，老师发现一个很有趣的现象，那就是《西游记》中有很多含"三"的故事情节，比如"三打白骨精""三探无底洞"等。你们有没有读到类似含有"三"的故事？

学生一：我读了孙悟空借芭蕉扇，也是"三借"。

教师：请你简单说说这"三借"的过程吧！

学生一：第一次铁扇公主不借，还扇飞了孙悟空，孙悟空就变成小虫进入铁扇公主的肚子，铁扇公主给了他一把假扇子。第二次孙悟空变成牛魔王骗走真扇子，但牛魔王变成猪八戒又把真扇子骗了回去。第三次孙悟空大战牛魔王，铁扇公主最后只好把芭蕉扇借给了孙悟空。

教师：说得清楚明了，"三借芭蕉扇"曲折离奇，引人入胜。

学生二：我记得在车迟国斗法中，也有三个妖怪分别与唐僧师徒比试了三场。第一场是孙悟空与虎力大仙比求雨，唐僧与虎力大仙比坐禅；第二场是唐僧与三个妖怪比隔板猜物；第三场是三个妖怪分别与孙悟空比砍头、剖腹剜心和赤足下油锅。这里的"三"也很多。

教师：类似这样的含"三"的故事还有很多，吴承恩甚至在《西游记》第八十三回还直接写道："常言道，事无三不成，你进洞两遭了，再进去一遭，管情救出师父来也。"

教师：为什么"事无三不成"？为什么总是"三"？

学生一：因为一次、两次就结束了会显得太简单，比较单调，而次数太多又会很啰嗦，所以三次就比较合适。

教师：怪不得"一波三折"，"三折"不多不少，正好。

学生二：我知道"三"在古代不仅仅表示"三"，还常常形容数量多。

教师：所以有"道生一，一生二，二生三，三生万物"的说法。

学生三：很多数字都有特别的象征含义，就像"三"和"九"，都有特殊的含义，这可能是大家习惯的用法。

学生四：人们常说"一而再，再而三"，我觉得连续三次，也体现了他们的艰难不易，以及持之以恒的精神，凸显取得成功的可贵。

教师：是呀，故事情节有"三"处波折的出现。正如你们所说的，"三"带来了曲折情节，"三"意味着坚持不懈。"三"不仅出现在《西游记》里，还出现在其他的古典名著中，而且在一些成语、俗语中也都很常见，这些神秘的数字，也可以说是一种文化的传承，一种民族集体意识的呈现。大家可以课后再去找一找。

教师在上述《西游记》的阅读交流课中就引导学生围绕"事无三不成"中的数字"三"开展交流讨论，由此引导学生交流《西游记》中类似含有"三"的故事，并由此引导学生去关注作者在书中对数字选用的独具匠心，感受传统文化的独特魅力。

【案例二】《朝花夕拾》导读课、交流课片段

导读课片段：

教师：人们常说"书名是一部作品的眼睛"，鲁迅先生给这本书取的书名——《朝花夕拾》是什么意思？

学生：《朝花夕拾》的意思就是早上掉落的花，在傍晚拾起。

教师：你解释了书名的书面意思。谁还有补充？

学生二：鲁迅先生是用比喻的手法，说明这本书里写的都是自己在晚年回忆以前的生活。

教师：既然如此，那这本书中可能会写些什么回忆呢？谁来猜一猜？

学生三：会写童年时和好朋友的快乐回忆。

学生四：可能会写他读书求学时的事情。

学生五：我猜还会写他故乡的一些特产，他在故乡难忘的事情。

教师：或许这些花，都散落在这本书的字里行间。就让我们在阅读中去和先生一起重拾朝花，重温回忆吧！

交流课片段：

教师：同学们，我们一起阅读、交流了《朝花夕拾》这本书的精彩片段，相信大家都有了更多与初读时不一样的感受。回到最初，请再读这本书的书名——

学生：《朝花夕拾》。

教师：此刻，再读书名，你有怎样的感受？其实，这本书原名《旧事重提》，两个书名字面意思似乎差不多。你认为哪个更好？说说你的理由。

学生一：我认为改成《朝花夕拾》更好，虽然意思差不多，但让人感觉更有寓意。

教师：的确如此，一个响亮而有寓意的书名更能表达作者的态度。谁还有补充？

学生二：我喜欢《朝花夕拾》中"朝"和"夕"这一对反义词，让人感觉时间匆匆而过，这么多年的回忆仿佛都还在眼前。

教师：你还读出了先生藏在字里行间对时间的感慨，这也是对人生的感慨。

学生三：我觉得书名中的"花"指的就是书中我们读到的百草园中难忘的乐趣，还有鲁迅先生对阿长的感激，对藤野先生的怀念，对受到迫害的爱国者的同情，这些情感都是鲁迅先生写这本书的原因。

教师：怪不得有人评价，这本《朝花夕拾》有着鲁迅先生"温馨的回忆和理性的批判"，看来你们通过阅读也真正感受到了。

在上述《朝花夕拾》一书的整本书阅读教学中，教师在导读课和交流课上首尾呼应，都引导学生围绕"整本书的眼睛"——书名进行了交流讨论。导读课中引导学生明白"朝花夕拾"的字面含义，并由此引发学生对全书内容的猜测，激发阅读期待；在阅读后进行的交流课中，再次聚焦书名，与原书名进行比较交流，从而使学生对作者蕴含于书名和全书中的含蓄情感和深远寓意都有了更深的感受。

七、联系

在小学语文的阅读教学中，教师在各年段指导学生通过联系上下文、插图、注释、资料、生活实际、已有的知识与经验、阅读感受等具体方法阅读课内文本。在整本书阅读中，学生也常常会自觉或不自觉地运用"联系"这一策略。教师恰当地指导"联系"策略，可以使学生更好地理解文本、走入整本书。

【案例一】《列那狐的故事》交流课片段

教师：动物题材的民间故事常常通过拟人的艺术手法来表现某些人的特点或某些社会现象。有人说，《列那狐的故事》表面上写的是动物世界里的生活，但折射的却是人的故事。《列那狐的故事》出现在欧洲中世纪社会发展的鼎盛时期，请大家阅读当时的社会背景资料，想一想故事中的动物分别代表现实生活中的哪类人。

学生阅读背景资料后交流。

学生一：背景资料告诉我们，当时的社会市民阶层正在兴起，他们虽然没有办法直接与统治阶级抗衡，但是却富有勇气和智慧。所以列那狐应该就是当时的市民阶层的象征。

教师：的确如此，怪不得每次故事中最后的胜利者都是列那狐，这正是为了表现当时市民阶层的兴起与壮大。

学生二：那些狼、狗熊等动物应该就代表着拥有权力的大臣和贵族，他们的所作所为非常贪婪、丑陋。但正因为他们的狂妄自大，常常被列那狐捉弄。

学生三：还有狮子诺博尔应该就象征着当时的国王，他虽然很强大但是却经常生病，象征着最高统治者正在走向灭亡。

教师：以"兽"喻人，也折射着社会的变迁与发展。

学生四：书中那些被欺负的鸡、兔等动物代表的是社会最底层的群众，他们面对强权没有抵抗的能力，是弱小可怜的。

学生五：列那狐既捉弄有权势的国王、大臣，也欺负这些底层的动物。

教师：你们读出了人物的两面性和复杂性。这些复杂的人物关系也正是当时社会各阶层尔虞我诈、弱肉强食的艺术呈现。

在上述《列那狐的故事》整本书阅读交流课中，教师正是通过联系创作背景资料，引导学生从"《列那狐的故事》表面上写的是动物世界里的生活，但折射的却是人的故事"的话题展开交流讨论。学生通过联系书中角色与当时社会生活中不同阶层的特点，加深了对故事主旨的理解。

【案例二】《古希腊神话传说》导读课片段

共读《潘多拉的魔盒》

1. 普罗米修斯盗取火种送给人类后，宙斯十分恼火，不仅惩罚了普罗米修斯，还决定报复人类。预测：他会怎么做？

2. 引出《潘多拉的魔盒》故事标题。猜测：这是一个怎样的魔盒？

3. 出示故事内容：

潘多拉的魔盒

天神普罗米修斯从天上盗取火种送给人类，人类学会了使用火，主神宙斯十分恼火，决定要让灾难降临人间。他命令他的儿子火神赫淮斯托斯用泥土制作一个女人，名叫"潘多拉"，意为"获得一切天赐的女子"，每个神都对她有所赋予以使她完美。神的使者赫耳墨斯送给她利嘴灵舌，爱神阿佛洛狄忒送给她美貌，太阳神阿波罗送给她美妙的音乐天赋。

宙斯给了潘多拉一个密封的盒子，让她送给娶她的男人。宙斯将这位丽人遣送到人间，大家见了这无与伦比的漂亮女子，都十分惊奇，称美不已，因为人类从未见过这样的女人。

潘多拉找到厄庇墨透斯，他是普罗米修斯的弟弟，为人老实厚道。普罗米修斯深信宙斯对人类不怀好意，告诫他的弟弟厄庇墨透斯不要接受宙斯的赠礼。可他不听劝告，娶了美丽的潘多拉。

潘多拉双手捧着她的礼物，这是一只密封的大礼盒。她走到厄庇墨透斯身前，突然打开了盒盖。厄庇墨透斯还未来得及看清盒内装的是什么礼物，一股祸害人间的黑色烟雾从盒中迅疾飞出，犹如乌云一般笼罩了天空，黑色烟雾中尽是疾病、嫉妒、偷窃、贪婪等各种各样的祸害，这些祸害飞速地散落到人间。而盒子里唯一一件美好的赠品，智慧女神雅典娜为了挽救人类命运而悄悄放在盒子底层的美好东西"希望"，还没来得及飞出盒子，潘多拉就把盒子关上了。

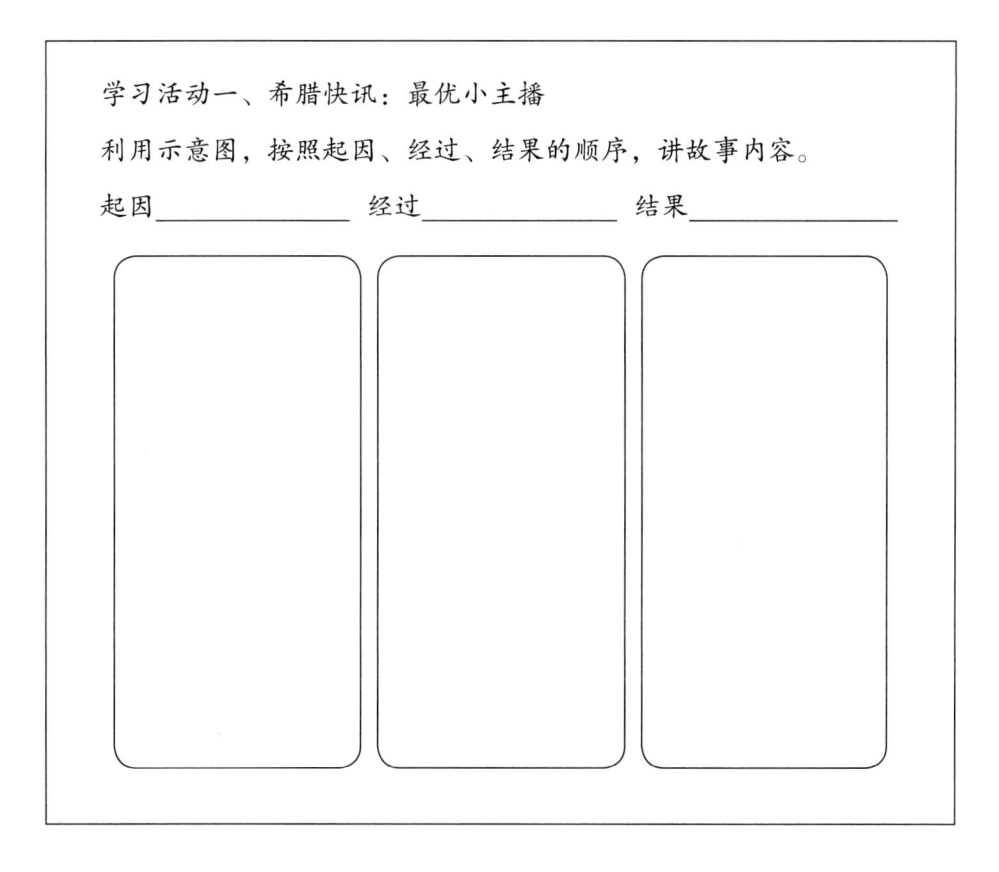

学习活动一、希腊快讯：最优小主播

利用示意图，按照起因、经过、结果的顺序，讲故事内容。

起因＿＿＿＿＿＿　　经过＿＿＿＿＿＿　　结果＿＿＿＿＿＿

学生交流汇报。

4.希腊神话故事对西方文化和现代文化影响深远，许多典故流传至今，"潘多拉的魔盒"便是人们常用的一个典故。

> 学习活动二、据古论今：最佳发言人
> 再读故事，同桌讨论交流：

（1）下面这些话表达的是什么意思？

①人工智能打开了潘多拉的盒子吗？

②经济全球化曾经被人们视为阿里巴巴的山洞，现在又被不少人看作潘多拉的盒子。

（2）结合实际，用"潘多拉的魔盒"说一说生活中的现象。

学生交流汇报。

上述课例在《古希腊神话传说》导读课中，受现代日常用语中许多由希腊神话衍生出来的俗语、典故的启发，由"潘多拉的魔盒"这一故事引入，在学生了解这一片段及典故的含义后，开展了"据古论今：最佳发言人"的学习活动。在学生对"经济全球化曾经被人们视为阿里巴巴的山洞，现在又被不少人看作潘多拉的盒子"等论述进行理解交流后，引导学生学以致用，联系生活实际用"潘多拉的魔盒"说一说生活中的现象，从而使学生感受到希腊神话对欧洲乃至全世界的深远影响。而在《中国古代神话》的整本书阅读教学中，教师也可以利用来自我国神话故事的许多成语，让学生联系故事内容与日常用语，收集"开天辟地""顶天立地"等成语，进行口头交流或制作成语小报，不仅能借助这些成语撬动神话故事的阅读，更能让学生在活动过程中感受中华传统文化的博大精深。

八、联想

小学语文统编教材的许多课文编排都体现了鼓励学生展开联想、激发学生想象力的意图。"试着一边读一边想象画面，体会优美生动的语句""边读边想象画面，感受自然之美""感受神话中神奇的想象和鲜明的人物形象""感受童话的奇妙，体会人物真善美的形象""阅读时能从所读的内容想开去""借助语言文字展开想象，体会艺术之美"等多个单元目标都体现了阅读教学中对"联想"这一策略的运用。引导学生在整本书阅读活动中感知理解、迁移运用"联想"策略，能使学生获得更丰富的情感体验，使学生的想象力在阅读中得到激发和锤炼。

【案例】《窗边的小豆豆》交流课片段

教师：通过大家的交流，我们对《窗边的小豆豆》中的巴学园充满了向往。根据书中所描写的这所作者理想中的学校，联想到我们自己的学校，你希望学校在哪些方面可以改进呢？希望你能提出一些现实可行的建议。

学生一：巴学园的教室和图书馆都是电车改造而成的，同学们是直接在电车里上课、看书的。我们的学校和教室虽然不能改成电车，但是我希望在布置装饰上可以更有趣一些，这样我们在学校上课也会更开心。

教师：确实，我们教室的布置可以让同学们自己来献计献策，变成你们更喜欢的样子。

学生二：在小豆豆的学校，学生可以自己选择喜欢的课。我希望我们上课也有选择的权利，至少我们喜欢的那些美术、音乐、体育课等千万不要被其他课的老师占用。

教师：对学生来说，每一门课程都很重要；对老师来说，因材施教也很重要。

学生三：小林校长希望学生吃饭的时候保持好心情，可以慢慢吃，可以说说话。我觉得我们的食堂也可以考虑允许大家一边吃饭一边聊天。

教师：哈哈，小林校长的学校只有50个学生，像我们这样一千多人的学校，是可以一边就餐一边聊天，还是需要继续实行"安静就餐"呢？这确实是一个值得思考的话题。建议我们在全校开展一次综合实践活动，继续征询下全校师生的意见。

教师在开展《窗边的小豆豆》整本书阅读交流课时，引导学生根据书中所描写的学校，想到自己所在的学校，并围绕"你希望学校在哪些方面可以改进呢？"等话题展开交流，在阅读与现实间架起了桥梁，引发了真实的思维碰撞，加深和丰富了学生对阅读的理解。与此类似，教师在进行《神笔马良》《宝葫芦的秘密》等阅读交流课时，也可以引导学生思考交流"假如你有一支马良的神笔，你会画什么？""我要是有一个宝葫芦，该要些什么？"等问题，联系现实进行联想。

九、概括

"概括"这一阅读策略主要表现为能在阅读中找出文章主旨及要点，厘清内容关系，领悟隐含意思的提示，并对资料、知识、经验进行简洁的提取、分析和整合。在小学语文统编教材中，各年段通过圈画关键词、归纳段意、罗列要素、拓展标题等具体方法，螺旋上升式地实现对句段的概括、对短篇的概括、对整本书的概括，培养学生从具体到抽象的概括能力。在整本书阅读中，"概括"这一策略的运用，是引导学生"把书读薄"的过程，也是对学生思维的有效训练。

【案例】《海的女儿》交流课片段

教师：同学们，读完这个故事，我们发现小美人鱼变成人后，得到了许多，也失去了许多。你能找到哪些？请完成下面的表格。

	失去的	得到的
小美人鱼	（声音和尾巴）	（双腿）
	（亲人的陪伴）	（王子的陪伴）
	（海底的自由）	（人类的生活）
	（自己的生命）	（不灭的灵魂）
	……	……

在这一教学片段中教师出示表格并引导学生根据书中的前后内容，提取整合相关信息，由此开展对人物性格特征和作者创作意图的讨论。还比如在《逃家小兔》的整本书阅读交流课上，教师也可以通过开展"对话捉迷藏"的活动，让学生将小兔子与兔妈妈谈话内容的关键词按顺序依次找出，从而提取出故事的主要内容。在《七色花》的整本书阅读交流课上，教师可以引导学生制作"阅读七色花"，画一画含有七种色彩的花瓣，并将书中对应的七个愿望记下来，在学生喜闻乐见的有趣活动中实现对故事主要内容的概括。

十、推论

"推论"即能在阅读中利用文本提供的线索和依据，合理进行补充和假设，并做出合乎常理的推断。小学语文统编教材虽没有编排单独的推论策略单元，但是在低段年级有结合上下文和生活实际了解词语意思；在中段年级有联系上下文理解词句、读懂文意；在高段年级有联系上下文和已有积累推想词语意思、体会表达效果、体会作者情感等运用的提示。在《王戎不取道旁李》《琥珀》《自相矛盾》等课文中通过"说说为什么'树在道边而多子，此必苦李'""联系琥珀形成的过程，说说下面推测的依据是什么""联系上下文，猜测加点字的意思"等课后习题来引导学生习得这一阅读策略。在整本书阅读的教学中，推论的有效运用，也有助于学生关注文章重点与细节，产生阅读期待，提高理解能力和阅读水平。

【案例】《十万个为什么》交流课片段

教师：《十万个为什么》的作者把简单的问题想得津津有味，讲得津津有味，向我们生动地解释了生活中许多现象、问题的科学原理。探索科学知识不仅要充满好奇心，更需要严谨认真的态度。接下来，就让我们试着运用书中读到的知识，来解释这几个生活中常见的情况吧！

教师：（出示课件）科学小剧场，请你来判断。

场景一：某洗浴产品公司的广告宣称，其生产的无泡肥皂比市面上其他泡沫丰富的肥皂更好用。

场景二：奶奶要小明多穿一件衣服再出门，小明说："这么薄的衬衣，穿不穿没什么区别！"说完便出门了。

场景三：萤火虫在发光时要小心飞行，和周围的同伴保持距离，以免互相烧伤。

场景四：经常饮用很浓的茶和咖啡不利于健康。

教师：请大家运用书中读到的科学知识，小组合作讨论，选择其中一个场景来判断正误并解释原因，请小组代表来给大家讲解。

学生一：我们小组选择场景四，这种说法是正确的。

教师：你还记得是在《十万个为什么》哪部分看到相关的知识吗？

学生一：是在书中的第一部分"屋内旅行记"中看到的，长期饮用浓茶对身体没有什么好处，茶毕竟是草不是药。而且作者还认为茶和咖啡都有一些对心脏和神经不利的物质。

教师：为什么你对这些知识记得特别清楚呢？

学生一：因为我爸爸就特别喜欢喝浓茶，我妈妈经常在外卖平台上点咖啡。我看到书中的这些内容以后就告诉了他们，让他们尽量少喝。

教师：看来你不仅阅读认真，还成了普及科学知识的小达人，让父母更注重健康饮食。

学生二：我们小组想说一说第一个场景，关于肥皂的广告宣传，应该是错误的。这本书中有关于肥皂的介绍，其中就讲到了肥皂好用的关键就在于泡沫，泡沫多的肥皂应该更好用，因为正是靠着泡沫的这层水膜才能抓住污渍，然后被水冲走。

教师：看来你们这一小组一定有特别多爱干净讲卫生的同学，所以才会对书中这方面的知识特别关注。

学生三：我们选择场景二。小明说的不对。因为多穿一件衬衣，就好像多了一堵空气墙，可以进一步阻碍冷空气进入，也会阻碍体温降低，达到保温的效果。

教师：分析得很细致。这是书中哪一部分提到的内容？

学生三：是书中第六章"衣柜"这个部分讲到的，当时读到时我们就觉得印象很深。

教师：作者把生活中的许多现象用生动有趣的讲解让我们明白了背后隐藏的科学知识，所以我们很感兴趣。

学生四：我们这一组想说说场景三，这里的说法是不对的。萤火虫只是发光，却不发热，它们的光是冷的，不会互相烧伤，也不会烧到自己。

教师：你们解释得很清楚，像这样关于各种光的知识书中还有很多，你们还能介绍一些吗？

学生四：我记得书中还提到，萤火虫身上有荧光素和荧光素酶，如果我们将来可以大规模地合成这两种物质，也能发出神奇的光，甚至可以用人造萤火虫照明呢！

教师：希望书中的知识能激发你们不断学习科学、发明创造的兴趣！

在上述交流课的教学中，教师通过开展"科学小剧场，请你来判断"的活动，引导学生将《十万个为什么》中读到的内容通过小组讨论，重回书本寻找依据、形成观点，判断情境中的信息是否正确，在活动过程中学生能自主阅读文本，并与文本对话，与同伴交流。这样的活动不仅是对信息提取能力的锻炼，更是对形成解释判断的思维能力的训练。在进行《十万个为什么》的整本书阅读推进课时，教师也可以围绕"玻璃器皿是怎么制成的？"这一问题，配上相关的图片，引导学生将打乱顺序的图片按序排列，并相机引导学生找出文本中的线索进行整合判断，从而得出有理有据的结论。在阅读此类知识性较强的书籍时，有效运用推论策略也能很好地解决由于文本语言精练、内容较为专业而给一些学生带来的阅读难题。

除了科普类读物的交流，"推论"策略也可以在《海底两万里》等故事性书籍阅读交流课中组织进行。如教师可以引导学生围绕"尼摩艇长为什么要制造'鹦鹉螺号'潜水艇潜入海底？"展开交流，从而对"尼摩艇长"这位天才科学家的性格有更深入的了解。而在《斑羚飞渡》整本书阅读交流课教学中，也可以组织学生围绕"哈尼就要成功卫冕鹿王，为什么却突然掉头逃走？""白珊瑚为什么不愿当头马？"等问题进行交流，引导学生在读后通过揣摩角色内心来读懂作者的言外之意、未尽之言。

十一、批注

不动笔墨不读书。通过对文本内容圈点勾画，用批注来圈记重点、记录困惑、表达感悟，是流传已久的阅读方法，也是学生建立与文本、作者、教师之间的联系，重获新的知识体验的重要途径。小学语文统编教材在低年级主要教学生学会以符号为主的批注方式。三年级的预测策略单元中编者通过批注展示了多种预测结果，而四年级上册第二单元的提问策略学习完后，第六单元就把学习批注作为单元语文要素，并在每篇课文教学中引导学生在不理解的地方、体会比较深的地方等进行批注的实践运用；高年级的课文《开国大典》课后习题则引导学生在阅读中对相关句子进行赏析式批注，从而揣摩修辞表达的妥帖细腻。在整本书阅读教学中，引导学生将阅读中发现的疑点、美点、难点等从多角度灵活自由地批注，可以使阅读效益最大化，这不仅是古人行之有效的读书方法，也是今天我们进行整本书阅读、深度阅读的重要策略。

湖南湘江新区旺龙小学的彭丹老师在带领学生进行《安徒生童话》整本书阅读过程中，就非常注重批注的指导，将其贯穿整个阅读课的导读、推进、交流中。引导学生使用不同颜色的记号笔、小巧的便利贴等工具，将质疑式、感悟式、赏析式、评价式等不同类型的批注内容分别写下来，在教室墙面留出位置，作为学生每日自主粘贴、交流分享的平台，并将有必要集中讨论和共同评析的批注内容在推进课中与全班交流。这种班级共读的整本书阅读活动，激发了学生在阅读中表达与分享的欲望，让学生的整本书阅读更加充满趣味和内驱力。

十二、比较

"比较"是指在阅读过程中将两则或两则以上具有共同基础的文本进行分析对比，异中求同或同中辨异，从而加深理解与赏析的阅读方法。在小学语文统编教材的编排中，以课文导语、课后习题等为抓手，进行字、词、句、段、篇以及思想情感、写作方法、写作顺序方面的比较，从而螺旋上升式地指向提取信息、归纳整合、理解判断、评价鉴赏、创意运用等素养的提升。在整本书阅读教学中，教师如果能立足学生的阅读实际，尊重学生的个性阅读感受，合理选择适当的比较文本，选择具有探究性和启发性的切入点，则能使学生通过比较阅读获得较好的阅读效果和更深刻的阅读体验。

【案例】《安徒生童话》推进课片段

教师：《安徒生童话》中各个故事在情节的创编上，有什么值得我们学习的好方法呢？让我们继续走进这本书。

师生共读《老头子做的事总是对的》这个故事，读后交流。

教师：回头看看故事的发展，很多情节似曾相识。你有什么发现？

学生一：故事的先后发展感觉都有相同之处。

学生二：情节是反复出现的。

教师相机板书：反复的情节。

教师：再让我们看看在这本书中还有哪些故事的情节也是这样反复设置的。

学生：《丑小鸭》《拇指姑娘》《坚定的锡兵》《亚麻》《枞树》等等都有类似的写法。

教师：请大家小组合作，利用思维导图、鱼骨图或提纲等，任选一个故事来将其中的情节用关键词进行梳理。

小组合作完成后，组长代表展示各组的情节梳理图。

教师：像这样反复的情节，它们有什么共同的特点和作用呢？小组内讨论讨论。

学生一：通过鱼骨图的梳理，我们发现这些故事中反复出现的情节推动了故事的发展。

学生二：我们发现正是这样一而再，再而三的发展，使得人物经历了丰富有趣的冒险。

学生三：我们认为这种情节反复出现的方法可以让故事越编越有趣，而且我们也可以用这种方法来编故事。

教师：看来藏在故事背后的秘密你们不仅读到了，还读懂了。大家可以把刚才学习到的"反复"方法运用到自己的故事创作中来，请大家继续修改自己的写作思路。

在上述的课例中，教师通过引导学生比较《安徒生童话》中多个故事在情节上的相同之处，以《老头子做的事总是对的》这个故事为例，引导学生发现"情节反复"这一特点，并由此引导学生小组合作，利用思维导图、鱼骨图或提纲等方式，梳理出这些故事中反复出现的情节，并进一步引导学生将其运用在自己的故事创编中，这样的教学能让学生学以致用，有学有练。

比较的阅读策略既能在同一本书的不同故事、文本中进行，也能在不同书籍中进行。例如在《中国神话传说》拓展课中，教师可以引导学生归类比较中国神话与古希腊神话中的人物，从而发现远古时代两个古老文明神话的相似和相异之处。在《十万个为什么》的交流课中，也可以引导学生通过比较，发现米·伊林的《十万个为什么》与中国的《十万个为什么》在内容、写法、结构上的不同之处，并交流喜欢的版本及理由。采用比较阅读策略，既可以开阔学生的眼界，活跃思维，使阅读体会更加深刻，又能让学生发现不同作品的差别，把握作品特点，提高阅读鉴赏力及批判性阅读的能力。

十三、自我监控

在阅读过程中能不断监测自己的阅读理解，不断审视阅读收获与阅读目的，这就是"自我监控"策略，它可以使学生在阅读过程中主动思考如何制订计划，积极地观察、评价、调控阅读过程，反思阅读效果等，实现阅读过程的自我认知与自我管理。

在整本书阅读教学过程中，教师通过制作阅读反思单等评价量表，引导学生从阅读方法、阅读习惯等方面进行自我反思、自我改进。如长沙清水塘北辰小学的黄玲玲老师在《神笔马良》整本书阅读导读课中，就根据低段学生特点设计评价量表，以学生的学习习惯为主，结合由学生自己填写的阅读计划，在激发内在阅读兴趣的同时，有效培养学生自我监控的阅读习惯。量表如下：

_____的阅读表现评价表		
《神笔马良》这个故事我__天读完，每天专注阅读的时间为___分钟。		
	自我评价	家长评价	我的感受
喜欢			
专注			
坚持			

在整本书阅读教学实践中，教师可以将以上十余种阅读策略依据学情、文本等不同特点，有选择地采用适宜的阅读策略融入教学实践中，通过设计丰富多彩的阅读活动，引导学生在进行阅读活动的过程中感知理解、迁移运用阅读策略，使之成为独立而成熟的阅读者。

第二节
小学整本书阅读基本课型

整本书阅读不同于单篇阅读和群文阅读，它阅读量大、内容丰富、费时费力，教师需全程参与，由浅入深、循序渐进地指导，有针对性地推进。因此，整本书阅读应根据阅读过程和阅读阶段的不同特点，设计不同的课型，对学生阅读进行全过程指导。

课型指课的类型或模型，是课堂教学最具有操作性的教学结构或程序。根据不同阶段教学内容和学习目标的不同，整本书阅读一般情况下可以分为导读课、推进课和分享课三种类型。

一、导读课：初见乍惊欢，久处亦怦然

导读课一般安排在整本书阅读的第一阶段，是读前的热身和指导，也是学生与整本书的"初见"，初见是否美好决定学生能否主动阅读，也影响阅读的质量。因此，导读课的主要教学任务就是拉近学生与书本之间的距离，激发学生强烈的阅读兴趣，通过激趣阅读、概览阅读、重点品读、规划阅读等环节让学生对全书内容和整体结构有一个较为全面的认知，为开展整本书阅读教学奠定基础。教师可根据具体的阅读书目来选取其中需要设计的教学内容，不必面面俱到，但一定要具体有实效。这一课型的主要教学任务具体体现在以下几个方面。

（一）概览：提供多样信息，让学生多角度了解

对于一本比较陌生的书，如何才能让这本书进入学生视线，使之产生愿意主动阅读的欲望？教师作为"资深读者"，应该尽可能地给学生提供多样信息，让学生多角度了解，主动建立与这本书的链接。可以通过呈现封面、封底、腰封等外部信息让学生了解作品风格与特点；可以引导学生通过阅读目录、梗概、序言等整体感知作品内容与主题；还可以引导学生通过作家简介、名家推介、相关故事等了解作品地位。概览就是引导学生初识作品的过程，让学生在"精彩预告"中多角度了解书的作者、内容、特点以及创作背景等，拉近作品与学生之间的距离。

1. 了解作品影响力

从某种意义上说，阅读者对一本书的初步印象，常常决定了后来的阅读品质。在初识作品环节，我们可以利用光环效应，借作品的地位，作家的荣誉及传奇经历等吸引学生。

如介绍《鲁滨逊漂流记》的影响时，可以将相关数据标红加粗，在PPT上动态展现，这样每一个数字的出现都会给学生带来强大的视觉冲击力。如畅销300年，被译成100多种文字，发行量过亿，吸引了几十亿的读者等。

又如介绍《哈利·波特》的影响时，可以出示：

它被翻译成67种语言，畅销世界各国，总销售量超过4亿本。这个系列第7本作品推出时，创下了书店每秒钟卖出3本的纪录。

《安徒生童话》是学生比较熟悉的作品，导读前学生可能已经零零散散读过其中的一些篇目，我们在介绍这本书时可以着重从作者和作品的影响力来进行：

这是一本可以读一辈子的童话书。

作者安徒生是丹麦著名的童话作家，被誉为"世界儿童文学的太阳""世

界童话之王"。

《安徒生童话》是外国作家的作品,导读时不仅要介绍作者,还要介绍译者,帮助学生选择最适合阅读的版本:

有很多翻译家都翻译过这本书,最适合我们读的是著名儿童文学家、翻译家叶君健先生翻译的作品。

丹麦政府高度赞赏叶君健翻译的作品:"只有中国(叶君健)译本把他(安徒生)当作一个伟大的作家和诗人来介绍给读者,保持了作者的诗情、幽默感和生动活泼的形象化语言,因而是水平最高的译本。"丹麦女王玛格丽特二世曾授予叶君健"丹麦国旗勋章",他成为全世界至今唯一获此殊荣的翻译家。叶君健还因此被世界译坛誉为"中国的安徒生"。

名家的书评也能帮助学生进一步了解作品,增加作品在学生心目中的分量。如对《三国演义》进行导读的时候可以适时出示著名学者胡适对这部作品的评价:"《三国演义》究竟是一部绝好的通俗历史。在几千年的通俗教育史上,没有一部书比得上它的魔力。五百年来,无数的失学国民从这部书里得着了无数的常识与智慧,从这部书里学会了看书写信作文的技能,从这部书里学得了做人与应世的本领。"在导读书中的重要片段的时候,可以出示鲁迅的评价:"它有很好的地方,像写关云长斩华雄一节,真是有声有色;写华容道上放曹操一节,则义勇之气可掬,如见其人……所有人都喜欢看它;将来也仍旧能保持其相当价值的。"以名家的视角呈现作品的特点,更能彰显作品的意义和价值,也更能激发读者阅读的兴趣,在阅读的过程中产生共鸣。

2. 整体感知作品内容

整体感知是阅读的重要方法,在单篇阅读教学中教师常常会设计整体感知文章内容的教学环节,整本书的导读也必须经历这一过程。整体感知是鸟瞰式的、粗线条的，一般都是通过引导学生读目录、序言、梗概等让学生快速了解整本书的主要内容。

【举例】《一起长大的玩具》

（1）发现目录的特别之处

①出示目录：观察这本书的目录，你发现有什么特别之处？

（分成了三组。）

②这本书的目录为什么要分成三组呢？不急，我们继续往下读。

（2）根据目录选择想读的故事

①读第一组目录：选择最感兴趣的标题，和同桌说一说想读的原因。

②刚才大家提到的《快乐鸡毛》《抽陀螺》《泥泥狗》等故事都很有趣，你们发现这组故事的特点了吗？

（是的，它们都是有着浓厚地方特色的，孩子们喜欢的玩具。）

③读第二组目录，你们发现了什么？

（这些故事都是作者在大自然中的一些新奇的发现。）

④在第三组故事中，金波爷爷用美妙的想象带我们走进了一个个神奇的梦幻世界。

小结：这本书的目录按主题分为这样三个部分，主要写了童年陪伴作者一起长大的玩具、童年生活中有趣而新奇的发现，以及童年时期的奇妙想象。

（案例提供：陈知己）

导读课上，教师设计以"目录"为抓手的阅读活动，以渐进的层次教学，引导学生由感兴趣的故事标题入手，由认识目录到熟知故事，逐步走进作品深处，领略整部作品的精华。课堂实践证明，目录这一切入点能很好地激发学生深入阅读的兴趣。

（二）导趣：激发阅读兴趣，点燃学生的阅读热情

兴趣是最好的老师。叶圣陶先生在谈阅读时曾说："认为阅读好像还债务，那一定读不好。要保持这么一种心情，好像腹中有些饥饿的人面对着甘美膳食的时候似的，才会有好成绩。"

整本书阅读导读课应该将"激发兴趣"贯穿始终，只有充分激发学生的阅读欲望与探究兴趣，学生才会成为主动的阅读者。教师可以从文本特质和学生的需要出发，通过设计有趣的导语，激发学生的阅读期待；可以师生共读书中的精彩片段，感受情节的有趣和人物的特点；也可以设计一些问题或设置悬念，通过"卖关子""吊胃口"等方式引发学生探究的欲望。

1. 设计激趣导语，激发阅读期待

导入环节，是学生与整本书的初次见面，不宜直截了当地向学生推荐，可以采用猜读的方式唤醒学生的内心渴望，也可以通过具有强烈视觉冲击力的视频、图片等将学生带入作品的情境，还可以设计一些精彩的导语引发学生的阅读期待。

【举例】《读读童话故事》

你们喜欢读童话故事吗？

（1）看图片猜童话故事：出示《卖火柴的小女孩》《海的女儿》故事插图，猜猜看，这是哪一部童话故事呢？

（2）看电影猜童话故事：播放《白雪公主》《小红帽》的电影片段，猜一猜电影的名字。

（3）看词语猜童话故事：

王子、舞会、水晶鞋——《灰姑娘》

很大的蛋、自卑、天鹅——《丑小鸭》

（案例提供：谢灵芝）

《读读童话故事》是统编小学语文教材第一次在《快乐读书吧》中安排整本书阅读的内容，但二年级孩子之前通过各种方式已经有一些童话故事的积累，教师通过"看图片猜童话故事""看电影猜童话故事""看词语猜童话故事"的方式，充分调动学生已有的认知经验，从学生喜欢和熟悉的内容入手，激发学生的阅读兴趣，为有效导读打下良好的情感基础。

【举例】《十万个为什么》

（1）先和大家分享一首来自英国诺贝尔文学奖获得者吉普林的诗，一起读一读：

"五千个在哪里，七千个怎么办，十万个为什么。"

今天我们要读的书就藏在这首诗里，你找到了吗？

（2）《十万个为什么》是一本科普读物，作者是苏联科普作家、儿童文学家米·伊林。他从小酷爱读书，喜欢大自然，喜爱科学实验。这本书创作于1927年，是青少年最爱的科普书籍之一。

（3）这本书最初的名字不是这个，你猜猜是什么？揭晓答案：最初的书名是《房间旅行记》，对此你有什么问题？

如何激发学生阅读的兴趣，是科普类书籍的教学要重点解决的问题。教师先以一首和书名相关的小诗导入，引导学生猜测书名；接着介绍书的类别和作者，让学生大致了解书的内容；然后又出其不意地介绍这本书最初的名字，引发学生思考提问。整个导入的过程新奇有趣、一波三折，充满着捉迷藏式的快乐，又有着拆盲盒一样的惊喜，能有效激发学生的阅读兴趣，唤起学生的阅读期待。

2. 共读精彩片段，体验阅读策略

导读课要激发学生的阅读兴趣，除了采用多种方式呈现作品的外部信息外，还应选择学生容易亲近、易于接受的"点"，将学生带入书籍的内部，感受作品内在的精彩。可以选择作品中具有鲜明个性特点的人物，师生一起共读关键内容，感受人物的特点；可以关注作品中一波三折、跌宕起伏的精彩情节，感受故事的生动有趣；可以关注作品的表达特点，师生共读一些典型的文段，感受作品的语言魅力。

【举例】《一起长大的玩具》

活动：走进故事，师生共读《快乐鸡毛》

（1）出示插图猜故事。书中藏着这么多有趣的故事，你能根据书中的插图猜猜这是哪一个故事吗？揭晓答案：《快乐鸡毛》。

（2）品读文字，感受快乐。

①读一读，填一填：普普通通的鸡毛有什么快乐可言？让我们看看金波爷爷小时候是怎么玩鸡毛的。一起默读《快乐鸡毛》，圈画出关键词句。

②玩一玩，诵一诵：原来，快乐的鸡毛游戏是这样玩的，你们想试试吗？请两位同学上台贴鸡毛，其余同学一起诵读这首有趣的儿歌。

③想一想，探一探：你一定想问，鸡毛真的能粘到门上吗？鸡毛上又没胶水，鸡毛真的能发电吗？我来告诉你，这个游戏里还藏着个科学原理，叫"静电现象"。什么叫"静电观象"？鸡毛究竟是怎么粘到门上的？你可以通过网络、书本去探究原理，也可以课后做做这个实验。一本好书总能为我们打开一扇窗，激发探究的欲望！

④猜一猜，悟一悟：为了成为赢家，我们选择鸡毛是很严格的。出示原文："不但要长些宽些，还要柔软有弹性、油光锃亮的……又听说活鸡的鸡毛最有灵气，贴的时间最长。"

猜一猜：故事里的小朋友接下来会干什么呢？学生回答后揭晓答案，想象画面一起读：我们开始围堵大公鸡，大公鸡惊吓得四处逃窜。好多小朋友边读边笑，多好玩呀！难怪金波爷爷这样写道：

"我写这些散文，与其说是怀旧，不如说是精神上的回归童年，在重温童年的快乐，同时也在思考中重新认识那些有趣的玩具和游戏。"

（案例提供：刘胜兰）

《一起长大的玩具》是二年级下册《快乐读书吧》推荐的儿童故事集。如何让学生愿意打开这本书，感受阅读的快乐？教师选择最有意思的故事《快乐鸡毛》和学生共读，先通过提问引发学生的好奇心，然后采用"借助插图猜故事""根据情节猜故事"等方式，把学生带入生动有趣的故事情节中，充分体验一边阅读、一边预测的快乐与新奇。游戏活动的加入，更是让学生亲身体验传统玩具神奇的魅力和无穷的乐趣，将学生的阅读兴趣和阅读期待推向高潮。

3. 设置一些悬念，激发探究欲望

设置悬念，将其指向文本的精彩之处，促使学生在深度思考中激荡思维，深化认识。如教授《童年》一课时，教师可以在以下三处设置悬念：一是在学生阅读完外祖父毒打阿廖沙的片段后，引入阿廖沙的话，让学生思考外祖父仅仅是这样一个可怕凶残的人吗？二是小茨冈是怎么死的？三是经过这样复杂的成长历程，阿廖沙可能成为一个什么样的人？又如，《宝葫芦的秘密》一课，教师通过讲故事、欣赏电影片段、分享书中的精彩章节，让学生看到王葆在万能的宝葫芦的帮助下实现了各种愿望，随后教师在关键处"卖关子"，出示故事的结尾：王葆把宝葫芦使劲地一扔，轰然一响，宝葫芦炸成碎片。为什么王葆要扔掉无所不能的宝葫芦？宝葫芦到底给王葆带来了什么？这样的悬念设置让学生对故事后续的发展产生极大的探究欲。再如《手绢上的花田》导读课，教师在引导学生共读"神奇的惩罚"片段后，和学生交流以下问题：主人公良夫受到了什么惩罚？他们是怎么

变成小人的呢？读到这里，你还想知道些什么？让学生在朗读、默读、情境、交流中体会故事中那些奇特的想象，既是阅读方法的传递，也是阅读感受的分享。这几个片段也有很好的"设置悬疑"的效果。良夫到底经历了什么？故事里的幻想世界到底是什么样子的？这一个个悬念、疑点，犹如星星之火，不断地激励、诱惑学生迫不及待地走进书本，开启快乐、神奇的阅读之旅。

导读课不能面面俱到，教师首先要关注这本书的价值，然后挖掘文本的内容精髓、言语特色与价值内涵，把这本书的核心内容相对集中地展现给学生，达到教学内容的最优化。

（三）导法：渗透阅读方法，规划阅读进程

1. 渗透阅读策略

导读课除了激趣，还有一个重要的使命，那就是渗透阅读策略，让学生掌握阅读方法，能够学会运用多种阅读方法，具有独立阅读的能力。小学语文统编教材从三年级开始，编排了阅读策略单元，让学生系统学习"预测""提问""提高阅读速度""有目的地阅读"等基本的阅读策略，同时在其他阅读单元渗透"批注""概括""图像化""比较"等阅读方法和策略。阅读策略需要学生反复学习，并不断地在阅读中强化使用，才能最终成为自身的阅读能力。导读课不仅要导兴趣，还要导方法、导策略。

如《安徒生童话》导读课，教师可以设计系列阅读活动，充分运用"预测"策略让学生感受童话故事丰富的想象及情节的有趣。阅读起始阶段设计"看封面猜故事""读目录猜故事"的活动，引导学生预测：丑小鸭是怎么变成白天鹅的？你还想读哪个故事？故事中可能会出现哪些人物？它们会经历

怎样的奇遇呢？读中交流阶段和学生共读《拇指姑娘》《丑小鸭》，设计"读故事猜情节""读人物猜细节"等活动，让学生知道可以借助封面、目录、情节、插图、人物性格等进行预测。课外阅读阶段，让学生自主运用预测的策略独立阅读书中的其他故事。

如《神笔马良》的导读课，先通过师生共读故事中的精彩片段——马良给乡亲们画画，让学生感受神笔的神奇之处及故事丰富的想象力。然后运用提问策略引发学生思考：马良为什么要给乡亲们画这些东西？马良还会给乡亲们画什么？马良可能不愿意给谁画？学生在体验提问策略的过程中走进文本深处，与马良交流，感受他淳朴善良、爱憎分明的美好品质。

【举例】《手绢上的花田》

安房直子的作品真的这么有魅力吗？这本书到底讲了个什么样的故事？下面，老师将给大家提供一些线索，大家根据老师提供的线索来进行猜测。也许有孩子已经读过，那就请你暂时保密，同时注意听，看看谁猜的故事最有意思。

（1）根据封面猜测人物和情节

（2）读目录，猜情节

①出示目录：

壶里的小人们；娶新娘子；一只长靴；一粒串珠；跳舞的小人们；不安的日子；去红房顶的房子

②同桌讨论，根据目录猜一猜：这本书讲了一个什么样的故事？"魔法"和"穿越"可能出现在哪里？

（1）根据片段和创作手法预测情节发展

①指名朗读邮递员与奶奶的对话。预测：故事会怎么发展？

"啊，是真的啊。我一眼就喜欢上你了。所以，才放心地求你。这是幸运的酒啊，喝了它，一定有好事临头。不过……"

老奶奶的目光突然变得严厉起来，盯着邮递员的脸，压低声音补充了一句："一定要记住两件事。"

邮递员点点头，等着老奶奶的话。

"第一，酿酒的时候，谁也不能看见。也就是说，小人的事要绝对保密。""哦，这太容易了。"

"就是你的媳妇，也不能让她看见。""我还没娶媳妇呢。"

邮递员笑了。他想，这样的约定，也太容易做到了。

老奶奶接着说："第二，不能去想用菊花酒挣钱。"

"挣钱……就是说，不能去卖菊花酒吧？"邮递员是一个正直老实的人，那样的事，他连想都没有想过。

"是。只有这两条约定。要是失约了，就会发生不得了的事情。对你来说，那说不定是一件不好的事。"

②讨论：这个故事会怎么发展？你为什么这样猜测？

③讨论：主人公是一开始犯错就受到了惩罚吗？

a. 体会一波三折：使故事扣人心弦，吸引读者，突出主题。

b. 联系阅读经验：孙悟空——三打白骨精；刘备——三顾茅庐；《灰姑娘》——三次去舞会；《白雪公主》——皇后三次毒害白雪公主。

c. 小组讨论——推测：邮递员良夫会经历什么？结局怎样？

小结：安房直子的幻想小说最大的特点就是天马行空。刚才我们进行了大胆的猜测，现在，我们就来读一读故事的片段，体验一下安房直子的奇特幻想。

（案例提供：刘艳飞）

通过看封面、读目录预测书中的故事，既能让学生积极展开想象，又能勾起他们对书本无限的好奇心。再进入文本，引导学生根据片段和创作手法推测情节发展，不仅让学生享受了乐趣，还促进他们思维的发展。根据幻想小说的"穿越""魔法"等特征，结合故事中的"伏笔"，还有"一波三折"的写作手法，积极地展开预测。学生根据这些线索可以迅速调取"已有的背景知识""片段中的有用细节""阅读同类文本的经验"进行合理预测。这个过程，不仅能激发学生阅读的兴趣，也能促进学生对故事情节、人物形象、故事主旨的理解。

2. 制订阅读计划

"凡事预则立，不预则废。"整本书阅读是一个系统工程，仅靠一时的兴趣和好奇心推动是不够的，还需要指导学生合理安排时间，做好阅读规划，制订阅读计划，养成每天坚持阅读的好习惯，培养学生阅读的韧劲与耐力。

制订阅读计划的基本要素有：阅读时间、阅读内容、阅读感受、阅读评价。在此基础上，教师可以根据不同年级、不同文本类型指导学生制订阅读计划。低年级可以采用图文并茂的形式，制订简单易操作的阅读计划，养成每天坚持阅读的好习惯，同时引导学生关注自己阅读时的专注度，自我观测阅读水平，逐步提升阅读质量。

也可以设计成表格，引导学生根据自己的阅读速度、阅读时间做好阅读规划，同时提出每天阅读后的任务及评价的要求，如下表：

阅读任务评价表

阅读书目	《一起长大的玩具》	
阅读时限	1月16日 —1月 日（共 天）	
阅读时间	阅读页码	完成任务满意度测评
第 1 天		
第 天		
第 天		
第 天		
第 天		

（案例提供：刘胜兰）

到了中、高年级，除了适当增加阅读时间、阅读量、阅读任务，提出阅读评价的要求外，还应适当加入有一定思考空间的学习任务，如下表：

《三国演义》阅读计划表

阅读时间	阅读任务	喜欢的人物	体会或思考	自我评价
第1周	1至12回			

二、推进课：曲径通幽处，丛林花木深

在学生阅读的中期，导读课激发的兴趣慢慢减退，为防止学生的阅读半途而废、虎头蛇尾，需要通过推进课保持阅读的热情和动力，同时推进课也是促进学生深度阅读的重要环节。它是学生阅读旅程中的"能量加油站"，为学生高质量完成后续的阅读添柴加薪，注入新的动力能源；也是阅读进程中的"智慧驿站"，学生通过推进课中的交流与分享、阅读与探究活动，分享阅读经验、学习方法策略，碰撞思想、启迪智慧，不断积累丰富的阅读经验，逐步成长为成熟的阅读者；同时，它还是整本书阅读过程中的"问题集中营"，学生在自主阅读中遇到的问题都在推进课上汇聚和呈现，教师在引导学生解决问题的过程中将阅读引入深处，促使学生深度思考，同时又带着新的问题走出课堂，进入后阶段的阅读。因此，推进课在整本书阅读进程中起着承前启后、承上启下的作用。

如何科学有效地实施推进课的教学？一般可以采用以下几种方式：

（一）做好阅读前测，基于学情推进

在上推进课之前，教师可以进行阅读前测，开展学情调查，了解学生的整体阅读情况，搜集学生阅读过程中的问题，并进行归因分析，有的放矢地解决问题、推进持续阅读。

如《三国演义》的推进课，教师对在阅读前测中通过问卷了解到的情况进行梳理，做成微视频在课前播放：

大家好，我是阅读小精灵，我们一起来看看咱们班《三国演义》阅读调查的结果吧！《三国演义》的版本很多，咱们班有15名同学读了原著，37名同学读了青少年版。有20名同学坚持按计划阅读，每天读书半个小时；16名同学每天阅读1小时以上，超计划阅读；还有16名同学有时间就阅读。在阅读过程中，有29名同学觉得文白相间的语言是阅读时遇到的最大难题。22名同学认为书中人物众多，很难记住所有人物的名字，大家印象深刻的人物是刘备、关羽、诸葛亮。这本书故事情节引人入胜，有很多次战役情节比较复杂，同学们印象最深刻的战役是"赤壁之战"。

通过这样一个微视频，教师对学生阅读计划的执行情况进行总结，鼓励学生每天坚持阅读，养成良好的阅读习惯。微视频中展示的学生阅读中产生的问题，就是推进课教学的起点和基础。

通过问卷调查得出的前测数据，是教师了解学情的第一手材料，教师要对这些数据进行分析，合理运用数据指导教学。以下是长沙盼盼小学的语文教师在学生前期阅读《三国演义》的时候做的数据分析。

选项	小计	比例
A. 没读过	3	1.9%
B. 读过一部分	76	48.1%
C. 全部读完	79	50%
本题有效填写人次	158	

50%的学生读完整本书,这部分学生能认真阅读,完成阅读任务。他们是整本书阅读推进课中教师可以充分利用的宝贵资源。教师可以对这些学生进行访谈,邀请他们分享自己的阅读感受、阅读策略与方法等。在阅读推进活动中,还可以请这部分学生来领读、分享或主持。

48.1%的学生读过一部分,他们需要教师设计丰富多样的阅读活动,需要同伴的帮助来激发阅读兴趣,让他们坚持读完整本书。

1.9%的学生没有读过,这些学生是整本书阅读过程中教师要重点关注的对象,他们的阅读自觉性和阅读效果可能不太理想。教师要帮助他们制订切实可行的阅读计划,并提供阅读方法指导,也可以邀请其他学生与他们组成阅读共同体,并在适当时候请他们来分享阅读心得,以此来确保任何一个学生都不掉队。

读前调查中的数据,能真实客观地反映学生在前期阅读中的问题和困难,这些问题和困难背后的原因是什么?教师还应站在学生的角度进行归因分析,才能在推进课中设计有效的教学活动,采取适宜的教学方式帮助学生解决问题。

如教师上《中国神话故事》推进课之前,基于学生阅读情况的调研数据,对学生阅读中的问题和困难做了以下的归因分析:

读前调查:56.23%的学生全部读完这本书,63.15%的学生表示"很难读懂",67.52%的学生表示"不想再读",而"想读更多"的仅占13.47%。

归因分析:一是"难以读懂"。神话人物众多,故事发生的年代久远,书中一些语言晦涩难懂,学生难以理解。因为读不懂,所以没有产生良好的阅读体验,不想再读。二是"缺乏动力"。《中国神话故事》是连缀成篇的合集,全书共有11个章节、55个独立的故事,故事之间没有联系,人物和情节之间缺乏连贯性,难以形成持续的阅读动力。三是"缺少方法"。

四年级学生阅读经验不足，没有阅读方法的指导和阅读策略的支持，很难进入整本书阅读的核心内容。如果没有对文本内容的深度理解，没有高阶思维的加持，就很难把握神话阅读的精髓。

（二）共读重点部分，基于问题推进

推进课作为阅读旅途中的"智慧驿站"，能使学生在和同伴交流分享阅读感受的过程中碰撞观点、分享智慧、获得"能量"。同时，前期阅读中难以解决的问题，也需要在推进课上通过教师的指导，更新阅读方法，运用有效的阅读策略，突破阅读过程中的障碍，从而更好地实现"整装再出发"。

1. 师生共读，解决阅读中的问题

我们在阅读前测中可以搜集到学生前期阅读过程中的问题，通过问题梳理和归因分析，找到造成学生阅读困难的症结。推进课上，就要聚焦问题，通过师生共读的方式帮助学生更新方法，提供策略，清除障碍，解决问题。

如在《中国古代寓言》的推进课教学中，教师通过前期调查，了解到全班有 31 个孩子喜欢读故事，但读不懂故事中蕴含的道理，领悟不到故事的寓意。如何从故事中读懂寓意是学生面临的普遍问题，在推进课教学中教师就通过师生共读《九方皋相马》这个故事，来解决"读不懂道理"这个问题。

在师生共读的过程中，教师充分运用预测、提问、自我监控等阅读策略引导学生走进故事，深入思考。

（1）读读故事标题，猜猜这个故事可能会讲什么。

（2）共读故事的第一部分，你知道了什么？

（3）共读故事的中间部分，黄色的母马变成了黑色的公马，如果你在现场，你会对九方皋说什么？

（4）共读故事结尾，结果是什么？此时穆公可能会说什么？

（5）故事中谁给你留下了深刻印象？你想对他说什么？

（6）其实，刚才所说的这些，就是你们读完这个故事之后所明白的道理。看来，同一个故事，会给大家不同的启发，让我们明白不同的道理。（板书：同故事，不同道理（

（7）我们一起回顾学习《九方皋相马》的过程：先找到给你留下深刻印象的人物；再对这个人物进行简单分类，想想你会对他说什么；最后，思考你能从故事中得到什么启发。

（案例提供：黄玲玲）

以上案例中教师选择《中国古代寓言》中最难读懂的故事《九方皋相马》，和学生共读，通过预测、提问等阅读策略，将学生带入故事的情境中，和文本对话，和书中的人物对话，和自我对话。这样的深度阅读能激活学生的思维，引发学生的深度思考，学生自然就能有所感悟、有所启发，领悟故事的寓意就水到渠成了。在此基础上，再和学生一起回顾学习的过程，运用自我监控策略总结领悟寓意的方法，由感性认知到理性提升，不但解决了学生的和问题，还促进了学生阅读能力的发展。

2. 探究阅读，精心设计核心问题

推进课除了解决学生阅读的问题，还有一个重要任务，就是促进学生的深度思考、深度阅读，提升阅读的品质。因此，教师还应从学生已读的内容中精心设计学生感兴趣和关注度高的问题，引导学生展开讨论，分享观点。学生带着这些问题进入整本书阅读的丛林深处，才能欣赏到更美妙的风景。

如彭慧琴老师执教《三国演义》推进课时，课前设置了这样的问题：读了《三国演义》，你认为称得上"英雄"的人物有谁？

学生的答案如下图：

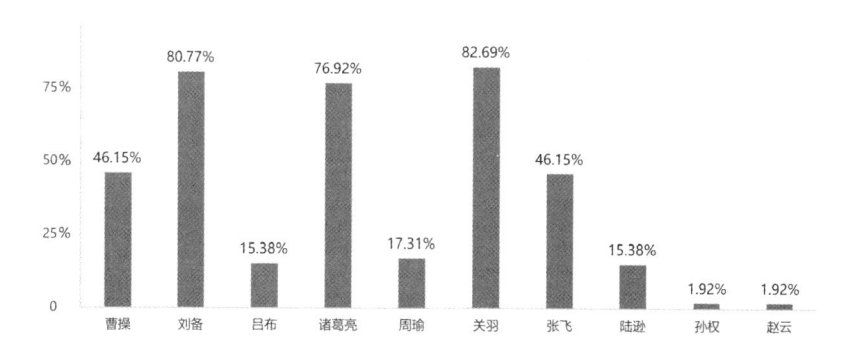

人物	百分比
曹操	46.15%
刘备	80.77%
吕布	15.38%
诸葛亮	76.92%
周瑜	17.31%
关羽	82.69%
张飞	46.15%
陆逊	15.38%
孙权	1.92%
赵云	1.92%

从学生的选择来看，认可度最高的是关羽、刘备、诸葛亮，吕布因为武艺高强，也在英雄榜上。由此可见，学生对英雄的认识还比较模糊，停留在感性认知阶段。

推进课上，教师以"三国英雄会"为主题，设计了一个核心问题"到底谁是英雄"作为这节课引导学生思辨探究的主问题，通过"一言一事辨英雄""是非成败论英雄""虚虚实实辨英雄"三个学习活动，引导学生通过周瑜等主要人物的言行、事件来体会人物特点，表达自己对"英雄"的看法，形成对人物更丰富、更多元的认识；通过回顾人物的经典故事，辨析人物的是非成败，讨论谁才是自己心目中的英雄，交流中国人心目中的英雄应该具备怎样的品质，引导学生在思辨中形成正确的价值观：背信弃义、唯利是图、贪财好色的人不算英雄，志向远大、智勇双全、信守承诺的人才算英雄。这样高品质的问题引发的探究让学生对英雄的认识由感性到理性，由单一到多元，由扁平到立体。

没有思考的阅读是肤浅的、低效的，没有思考的阅读也是没有灵魂的。推进课上，教师通过设计有价值的核心问题引导学生进入深度的思考阅读，以读启思、思而得法，推动学生的阅读走得更远更深。

《西游记》：孙悟空如此神通广大，一个筋斗云就能翻十万八千里，他为什么不自己去雷音寺，而要和师父一起经历九九八十一难才取得真经呢？

《安徒生童话》：丑小鸭为什么要一次次逃离？一个人如何才能变成真正的"天鹅"？

《城南旧事》：英子在成长中遇到了一次又一次的离别，你对离别是怎么看的？

《假如给我三天光明》：在剑桥女子学校求学的生涯中，海伦·凯勒遇到了哪些困难？你能谈谈困难和成长之间的关系吗？

《鲁滨逊漂流记》：如果小说中缺少"星期五"这个角色，你觉得是否可行？鲁滨逊能够在荒岛上生存下来，主要依靠经验技能，还是坚定信念？

一个有价值的、适宜的问题，能够有效引领学生走向文本的深处，抵达文本的核心。这些问题有的可以促进学生对故事情节的了解与把握，有的可以丰富学生对书中人物的认知与评价，有的可以加深学生对作品主题的思考与感受。学生借由这些问题的探究，抽丝剥茧，拨云见日，逐步观照到全书的核心，同时通过对这些问题的研讨，激活思维，发展语言，提升素养。

（三）聚焦阅读任务，设计活动推进

整本书阅读是一个长期的阅读活动，需要有一定的毅力和耐力才能坚持。因此，教师在阅读进程中要不断给学生注入新的动力，补充新的能量，推动阅读活动高质量完成。在推进课上，我们还可以基于学生阅读的问题和困难，结合文本的特点，设计有趣有效的阅读活动。

神话作为非物质文化遗产，是民族的文化之根，包含着丰富的生活经验、民族情感和历史价值。神话故事通过口耳相传的方式流传于民间，滋养了

一代又一代人的成长。教师通过问卷调研和归因分析,发现学生前期阅读《中国神话故事》存在"神话人物众多,故事难以读懂""故事之间连贯性不强,阅读缺乏动力""阅读经验不足,缺少方法策略"等问题,在推进课教学中设计了以下阅读活动。

【举例】《中国神话故事》推进课

1. 我的封面我做主

(1)观察《中国神话故事》的封面,思考:

为什么要用后羿来做封面人物呢?假如你是出版社的编辑,你会怎样回答这个问题?请将理由说清楚。

(2)如果你是《中国神话故事》的编辑,让你来设计这本书的封面,你会选择谁来做封面人物呢?

要求:①将自己的观点说明白;②将推荐的理由说清楚。

2. 神话人物"朋友圈"

(1)通过后羿的故事,你感受到了神话人物的魅力吗?我们还可以通过制作神话人物卡片的方式,梳理神话人物的特点和他们之间的关系。

(2)学生自主阅读,学做神话人物卡片。

(3)展示神话人物卡片,建构神话人物"朋友圈"。

3. 我为学校选"代言人"

(1)神话是人类童年时代飞翔的幻想,有着永久的魅力。在当代,很多著名的大项目都用神话传说来做"代言"。教师出示"夸父计划""嫦娥工程""祝融号""天宫"与"中国太阳监测卫星计划""中国探月工程""天问一号任务火星车""中国空间站",让学生连线。

(2)如果要选择一位神话人物为我们学校代言,你准备选谁呢?请再次自主阅读,完成学习单后小组展示交流。

(案例提供:王海涛)

在第一个学习活动"我的封面我做主"中，先创设一个情境，让学生站在出版社编辑的角度，思考为什么选择"后羿射日"这个神话故事作为全书的封面。学生回答这个问题不仅需要精读故事，了解故事的内容，还需要深入思考，从文本中感受后羿的壮举和美好的品格，从故事中体会我们祖先征服自然、改造自然的美好愿望。同时也需要学生将书中更多的神话故事或人物形象进行比较，去发现每一个故事的独特内涵及其背后的文化意义。然后再创设让学生做编辑，选择神话人物设计封面的任务情境，使学生进一步加深对神话人物形象的认识，深化对神话故事的理解。说明推荐理由则是以讲述代替分析，让学生在讲述中感受人物的魅力，感受故事的传奇，领略文化的博大精深。

神话类文本都有一个"英雄式"的神话人物，学生在阅读中通过对神话故事人物形象的感悟，能掌握神话故事的精髓。在感受人物形象时，要注重感悟人物形象所包含的精神内涵和高尚的品质，这样才能更好地发挥神话故事的育人价值。第二个学习活动"神话人物'朋友圈'"，采用制作神话人物卡片的形式，引导学生梳理书中神话人物的相关信息，丰富对神话人物的认知，感受神话故事中鲜明的人物形象。"建构神话人物'朋友圈'"的活动让学生进一步掌握神话人物的特点和梳理他们之间的关系，感受人物形象的内涵。

如何让学生重新回到神话世界里，感受故事的神奇与人物形象的鲜明特征，领悟故事中的民族精神？如何让神话故事进入现代人们的生活，激发神话的生命活力，焕发新的光彩？第三个学习活动"我为学校选'代言人'"，将整本书阅读与学生的生活联系起来，选代言人的过程既是学生深度阅读、深度思考的过程，也是学生提炼神话人物精神，领悟神话传递的精神力量的过程，更是在远古的神话故事和现代生活之间建立联系、彼此交融的过程。

以上三个学习活动，都是通过关联生活的情境创设，让学生在任务驱动和教师的有效引导下，主动阅读、主动思考，和文本深入对话，和人物深入交流，逐步进入到文本的内核，把握神话故事的精髓。有了学习活动的设计，推进课的课堂结构也从讲解分析性教学转变为体验实践性学习活动，学生从坐听式的被动学习转变为积极的主动学习。在科学有效的活动推动下，学生以一种复合的方式掌握着神话的结构、语言，领悟着情感与思想，获得灵性、智性的生长。

三、交流课：博观而约取，厚积而薄发

交流课也称为分享课、展示课。就是在个人阅读收获的基础上，通过分享交流，吸纳集体阅读的智慧，建构新的意义的过程，也是持续激发学生阅读兴趣和热情的必要方式。有效的阅读，是"用大脑阅读，而不只是用眼睛"，每一个读者都有自己的生活经验，所建构的意义自然不同，"分享"是很有必要的。

交流课可以从以下几个角度设计：梳理结构、分析人物、研究细节、领悟表达、体验策略、发展素养。可以按由浅入深的层次推进，在讨论初期以内容为主，然后逐渐转向以策略为主，最后指向素养发展；也可以从素养发展的高度进行整体设计，将前五个角度作为基本的方式，整合在一起进行。交流分享课的教学设计要注意以下几点：

（一）把握文体特点，设计阅读活动

不同文体有各自的体裁特点，也有不同的阅读方法。统编教材将《快乐读书吧》编排在文体单元之后，就是为了引导学生通过单元课文的学习，掌握不同文体的阅读方法，将其运用到整本书阅读之中。教师进行整本书教学要按照不同文体的特点进行指导，用童话的方式教童话，用小说的方

式教小说，在分类指导中引导学生关注文体特征，培养学生的文体意识，使学生学习运用合适的方法和策略阅读不同体裁的书籍，形成不同文体的知识结构和文章图式，以更好地建构相应文体的阅读方法和思维习惯。因此，交流课的阅读活动，要把握文体的特点，依体裁设计。

童话是用"儿童理解的方式"来讲述故事的。它将人生的哲理、美好的情感蕴含在生动活泼、妙趣横生的故事之中，让儿童在愉悦的阅读体验中，获得思想的启迪和情感的熏陶。童话的阅读交流课就要基于童话文体的特点，引导学生走进故事，体会故事中美好的人物形象，感悟童话中蕴含的真善美。

【举例】《安徒生童话》交流课

1. 聊愿望，谈选择

（1）读《海的女儿》，交流讨论：为了实现愿望，小美人鱼做出了怎样的选择？她为什么会这样选择？如果是你，会这样选择吗？

（2）了解人们如何纪念小美人鱼，理解人鱼公主的象征意义。

①在丹麦首都哥本哈根市的长堤公园的海边，有一尊美人鱼的雕像，一百多年过去了，她已经成为丹麦的象征。

②展示各种与人鱼公主相关的艺术作品。

人们为小美人鱼绘画、创作电影，一次次讲着她的故事。

③诵读著名诗人顾城为她写的诗：

"为了像人那样站立、生活，你忍受着地狱般可怕的折磨。为了别人永远地幸福、相爱，你又甘愿化为黎明前的泡沫。"

④善良的人鱼公主就这样永远活在人们心中，她是善的化身，已经获得不灭的灵魂。

2. 观影视，聊人物

观看《小美人鱼》电影片段，说说电影中的小美人鱼形象和结局与童话中的人鱼公主有什么不一样。

比一比	电影中的小美人鱼	童话中的人鱼公主
样貌	电影中的小美人鱼一头红发，还有一个"跟屁虫"——严肃但经常做傻事的红虾大臣，都成为银幕上的经典形象。	那位最年幼的要算是最美丽的了。她的皮肤光滑柔嫩，像玫瑰的花瓣；她的眼睛是蔚蓝色的，像最深的湖水。不过跟其他公主一样，她没有腿，她的下身是一条鱼尾。
结局		

（案例提供：彭慧琴）

以上案例中的两个学习活动都是基于童话文本的特点进行设计的。第一个学习活动"聊愿望，谈选择"通过走进《海的女儿》这个故事，关联生活，交流人鱼公主的愿望，理解她做出的选择，体会人鱼公主善良的品质，感受她在人们心目中的美好形象，感悟人们对"善"的赞颂与追求。第二个学习活动"观影视，聊人物"，通过比较阅读、跨媒介阅读等方法，引导学生发现电影和童话中的人鱼公主的不同之处，体会故事中的人物在人们心中的美好形象，感悟童话中蕴含的真善美。

科普类作品具有科学性、知识性和通俗性的特点，其文体教学价值主要是学习科学知识，感受科普语言表达形式，学习科学的思维和方法，激发科学的探究精神，培养科学素养。如《十万个为什么》交流课就可以围绕"科学思维的培养""科学素养的培育""科学语言的品味"，设计以下学习活动：

活动一：科技术语查一查

1. 同学们通过查找资料、联系生活等方法，读懂了许多难以理解的科技术语。你们读懂了哪些科技术语呢？

2. 读懂科技术语还有什么好方法呢？还有谁来分享？

3. 现场演示运用信息技术查资料，理解"纤维"。

请学生上台演示用手机查资料，教师引导筛选资料的方法，帮助学生了解资料的种类。教师还可以播放关于纤维的视频。

小结：通过查资料，我们快速认识了纤维这个厉害的神奇小子。利用信息技术查资料是阅读科普书籍时必不可少的方法，大家一定要多实践、多运用。

活动二：科学实验做一做

1. 水不仅能灭火，它还有巨大的威力。你们在生活中有没有听过木头燃烧时发出的"噼啪"声？这是什么原因呢？请大家翻到第13页，读读米·伊林是怎么说的。

2. 竹子中也有水，竹子燃烧会不会发出"噼啪"的声音呢？郭懿轩同学进行了一场探秘，我们一起来看一看他做的小实验。

小结：这位同学用书上学到的知识解释日常生活中遇到的现象，真是生活的有心人。老师也有一个发现，竹子加热后沥出的小水珠就是鲜竹沥，具有清热化痰的功效。这是不是一个意外的收获？希望大家都能够学科学、爱科学，更要用科学。

活动三：科学语言品一品

1. 出示米·伊林作品中的文段，感受其语言表述的精准、生动形象、幽默风趣。

2. 像这么有趣的文字，其他小组找到了吗？谁来分享？

小结：米·伊林总能用生活中熟悉的事物和场景来描述科学的知识，或者把科学知识融入有趣的故事中，这就是他的文字魔法。

3. 叶永烈评价米·伊林：他把科学与文学融合在一起，用文学的笔调描述科学。

小结：科学、文学、生活融合在一起，就是这本书最大的魅力。

（二）聚焦阅读能力，搭建阅读支架

整本书阅读以发展学生阅读能力、促进学生精神成长为主要目标，教师应着眼于学生的最近发展区，通过搭建有效的阅读支架，解决学生阅读浅、碎片化阅读等问题，提升学生的阅读能力。

关于阅读能力，可以参照国际阅读素养测评项目PISA构建的能力框架，从"提取信息、整体感知、形成解释、做出评价、解决问题"五个能力层级出发，聚焦学生阅读能力的发展，搭建阅读支架。如通过表格支架，对书中人物进行横向和纵向的比较，以深化对人物形象的认识；通过问题支架，将书中的人和事与学生的生活建立联系，帮助学生解决生活中的问题，促进对内容的深化理解。

1. 思维导图

思维导图是整本书阅读过程中常用的阅读支架，通过形象直观的思维导图，能帮助学生梳理人物关系、情节脉络，提取主要信息，整体把握全书内容。如以下教学案例《爱的教育》，就是基于小说这一文体特点，在阅读单上设计四个思维导图，以此为支架，层层推进，引导学生深入体会小说中的人物形象。

【举例】《爱的教育》交流课

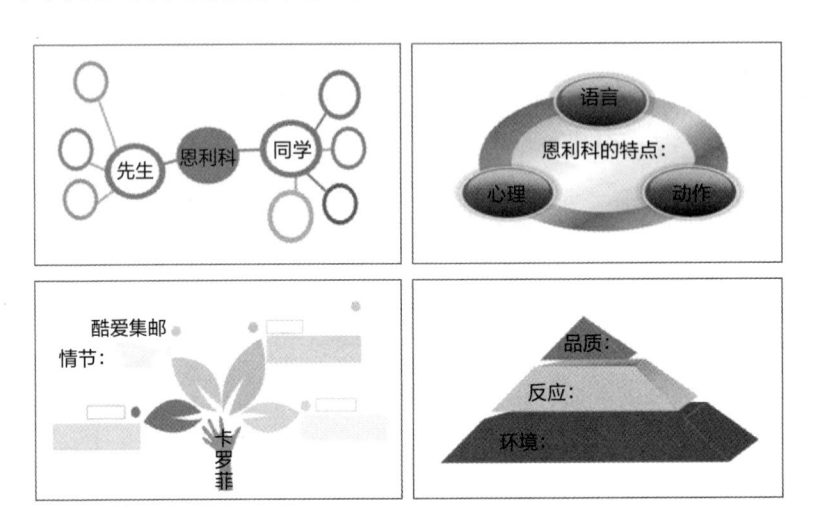

支架一：人物关系图。《爱的教育》人物众多，学生读起来有一定难度。进入新班级的恩利科认识了许多新朋友，也遇到了关心他的先生，他们之间并不是孤立存在的，以主人公恩利科为中心，通过简单的思维导图将人物关系理清楚，有助于学生整体把握全书的内容。

支架二：人物调色盘。在厘清人物关系的基础上，第二个梯度的阅读支架用人物调色盘分析主人公恩利科的形象。师生共读《玩具火车》的故事，通过恩利科的语言、动作、心理描写，初步了解他珍视友谊的特点，学生在阅读感悟的过程中，习得分析人物形象的方法。

支架三：情节智慧树。引导学生通过多个故事情节更全面地了解人物形象。例如在十二月的故事中，《小商人》《雪球》《受伤者的家》都是围绕卡罗菲来讲述的，请学生仿照情节智慧树的例子，结合故事情节谈谈卡罗菲是一个什么样的人。学生在阅读与鉴赏、梳理和探究中，对酷爱集邮、胆小怕事却勇敢担责的卡罗菲的形象有了更深入的了解，对文章主旨也有了更准确的把握。

支架四：环境金字塔。在小说中，环境描写或有助于渲染紧张气氛，刻画人物性格，或有助于推动情节发展，揭示文章主题。《寻母记》讲述了13岁的马尔科独自一人离开热那亚，克服重重困难，终于在美洲找到母亲的故事。文中既有对自然环境的描写，也有对社会环境的描写，在阅读这个故事时我们设计了环境金字塔，以评价人物形象。学生通过赏析环境描写的语句，代入角色思考主人公当时的反应，就能对人物的品质有更深刻的感悟。

（案例提供：刘胜兰）

2. 表格支架

设计适宜的表格支架，可以引导学生对书中的人物、事件等进行横向和纵向的比较，以深化对人物形象的认识，加深对故事主题的理解。一个优秀的阅读者会随着阅读过程的推进，与文本、作家、人物进行积极的对话。用表格支架引导学生结合文本信息、个人经历深入理解作品的内容、主题、结构，及时梳理散在各个角落的信息，并不断地修正、完善，提炼总结，从而将隐性的信息外显化，零散的信息结构化，并进一步聚合思维，形成独特的见解与看法，得出观点。这个过程就是阅读能力不断进阶的过程。

以下《童年》整本书阅读教学案例就是通过表格支架帮助学生梳理阿廖沙家的变迁，引导学生发现他童年生活的变化历程，思考家庭成员、生活环境对他一生成长的影响：

【案例1】

阿廖沙的生活因一次次搬迁而陷入悲惨的境地。请比较阿廖沙在不同阶段家的位置、成员以及环境，说说这几次搬家对阿廖沙产生了什么不一样的影响。

第几次搬家	位置	成员	环境	对阿廖沙的影响

"家"的变迁是能触发学生深度解读的关键，通过对以上信息的梳理和整合，学生能在深度阅读中和文本对话，和影响阿廖沙成长的人物对话，从而深入理解阿廖沙成长过程中的心路历程。这个表格就是为学生高阶思维的发展而搭建的支架，引导学生通过循环往复的关联阅读和整合阅读，对阿廖沙这一人物形象的认识更加全面立体，更加丰富多元，对《童年》这部小说的主题的理解也更加深刻。

《童年》是一本成长小说，在阅读时除了要引导学生梳理情节、读懂人物，更要关注"成长"。学生通过梳理整合发现影响阿廖沙成长的人物不仅有温情的外祖母，还有其他人。因此需要在学生梳理整合的基础上建构思辨性话题，多角度地深入阅读和思考，真正感悟"成长"这一核心价值。

【案例2】

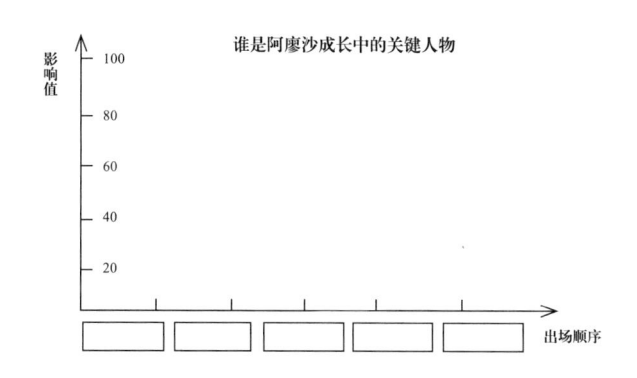

谁是阿廖沙成长中的关键人物

影响值 / 出场顺序

（1）_____对阿廖沙的影响值是_____。因为_____，所以，我认为对阿廖沙成长影响最大的3位是_____、_____、_____。

（2）有人认为外祖父自私、贪婪、残暴，是阿廖沙成长道路上的阻碍者；也有人认为，如果阿廖沙在童年时期遇到的都是外祖母这样的引导者，他就无法走上独立自主的道路，你怎么看？

（案例提供：李莎）

如上图所示：学生借助坐标图支架深入阅读，结合具体事例，综合判断，自行排序。这样的深入思考让学生在分析、推论、判断的过程中，提升阅读品质，发展思维。第二个问题通过建构思辨性话题，开展辩论赛，让学生在冲突或矛盾中，辩证地认识顺境和逆境都能推动成长，形成对人物独有的感知，实现思维的多元发展。

（三）建构阅读策略，提升阅读效能

为了帮助学生找到阅读的门径，提高阅读的效果和品质，需要阅读策略的支持。PIRLS（国际阅读素养进展研究）和PISA（国际学生评估项目）的研究表明，阅读理解水平高的学生通常更善于使用多样的阅读策略。交流课上学生需要综合运用多种阅读策略提升阅读的质量，除了统编教材要

求重点学习的"预测、提问、速读、有目的地阅读"四种基本的阅读策略，还可以将"图像化""植入""联结""比较"等常用的阅读策略运用到整本书阅读教学实践中。阅读策略的教学要注意以下问题：

1. 设计阅读活动，在"感知—实践—运用"的过程中实现自主建构

阅读策略不是教出来的，而是学生在阅读过程中自主建构的。教师需要设计丰富多彩的阅读活动，将策略"潜藏"在活动中，引导学生在进行阅读活动的过程中感知理解、迁移运用阅读策略，在实践中逐渐找到阅读的门径，形成个性化的阅读经验。如《三国演义》的交流课，教师在设计阅读活动时，可以充分运用"提问"策略引领学生走进故事情节、感受人物形象、提升思辨能力。阅读前测阶段设计"谁是你心目中的英雄"调研问卷，制作"英雄人物排行榜"；交流课上以"谁是真正的英雄"作为主问题，引导学生通过三个学习活动"一言一事辨英雄""是非成败论英雄""虚虚实实辨英雄"，让学生边阅读边提问："三气周瑜""火烧赤壁"两个故事中周瑜的形象有什么不一样？吕布武艺高强，但他背信弃义、唯利是图，能算英雄吗？"败走麦城"的关羽能称作英雄吗？他为什么在民间有这么大的影响力？曹操和刘备煮酒论英雄，他们评判英雄的标准是什么？他们俩是否能称得上英雄？这些问题的提出和解决既是学生进入深度阅读后积极思考的结果，也是培养学生思辨性阅读与交流能力的有效途径，更是学生在独立阅读的时候，自主运用提问策略提升阅读能力的方法。这样的教学，阅读策略如影随形，让学生经历从"感知理解"到"实践体验"再到"迁移运用"的过程，实现阅读策略的自主建构。

2. 明确教师角色，在"伴读—指导—协助"的过程中促进自主阅读

在交流课上阅读策略建构的过程中，教师要控制"教"的欲望，把握"导"的尺度，找准角色定位，处理好与学生自主阅读的关系。教师可以"资深读者"的身份伴读，通过示范、交流，分享"资深读者"的阅读视角和策略，将指导隐含在阅读活动设计中、阅读收获交流中；也可以"优秀导游"的身份导读，将学生引入阅读的丛林深处，陪伴学生领略美妙的风景，和学生分享旅途的感受。教师还可以作为有能力的协助者，围绕目标设计有效的学习活动，提出能引发思考的中心议题，创设学生能大胆交流的课堂氛围，让学生自由阅读、深度思考。伴读、指导、协助都是为了促进学生自主阅读，成为独立而成熟的阅读者。

第三节

小学整本书阅读教学设计

一、基本原则

《义务教育语文课程标准（2022年版）》（以下简称新课标）将整本书阅读作为语文课程的六个学习任务群之一，使整本书阅读从课外活动变为语文课程的内容。相对于课文教学来说，整本书阅读教学在教学目标、教学内容、教学策略、教学资源开发、教学评价、教学时间等方面更为复杂。教师设计整本书阅读教学，可遵循整体性原则、主体性原则、多元性原则。

（一）整体性原则

整本书阅读强调"整"。整本书，即完整的一本或几本图书。从形式上看，图书是具有特定的书名、作者名、国际标准书号，有定价并取得版权保护的出版物。设计整本书阅读教学，要关注阅读目标、阅读内容、阅读活动的整体性。

1. 目标整体性

义务教育语文课程围绕立德树人的根本任务，充分发挥其独特的育人功能和奠基作用，以促进学生核心素养发展为目的，以识字与写字、阅读与鉴赏、表达与交流、梳理与探究等语文实践活动为主线，综合构建素养型课程目标体系。核心素养在语文课程中具有统领作用，是文化自信、语言运用、思维能力、审美创造四个方面的综合体现，具有整体性。整本书阅读教学致力于提升学生的语文课程核心素养，其教学目标也具有整体性：

整本书阅读学习任务群旨在引导学生在语文实践活动中，根据阅读目的和兴趣选择合适的图书，制订阅读计划，综合运用多种方法阅读整本书；借助多种方式分享阅读心得，交流研讨阅读中的问题，积累整本书阅读经验，养成良好阅读习惯，提高整体认知能力，丰富精神世界。

可以看出，整本书阅读任务群的教学目标，指向培养学生的文化自信，提升语言运用能力、思维能力、审美创造能力，聚焦的是发展学生的基本阅读能力，即选择合适的图书、制订阅读计划、用多种方法阅读；致力于促进学生的人生发展，在阅读中运用多种方式分享阅读心得，交流研讨问题，积累阅读经验，养成阅读习惯，提高整体认知，丰富精神世界。

教师要从整本书的教学价值和学生的学习需求等角度，从知识积累、能力提升、策略建构、习惯养成、精神成长等方面，确定整本书阅读教学目标。

【举例】

《中国古代神话》是统编语文教材四年级上册第四单元《快乐读书吧》推荐的必读书。本单元以神话组织单元，编排的课文有中国古代神话《盘古开天地》《精卫填海》《女娲补天》和古希腊神话《普罗米修斯》。通过本单元课文的教学，学生在阅读中感受神话神奇的想象和鲜明的人物形象，了解古人通过创造神话来表达对世界的认识和热爱。教师设计整本书阅读教学目标，不但要关注学生已经学过的对神话阅读要素的运用，还要关注新课标和《快乐读书吧》对神话阅读指导的提示。

新课标对神话阅读指导的提示：

阅读中国古今寓言、中国神话传说等，学习其中蕴含的古人智慧，口头或书面分享自己获得的启示。

《快乐读书吧》对神话阅读的提示：

远古时候人们认为神话是真实而神圣的，一定要在严肃的仪式上郑重地讲出来。神话通常气魄宏大，如女娲补天、羿射九日，读的时候要发挥想象，感受其中的神奇。

教师可以通过阅读前测，了解学生的阅读需求，结合课程标准和教材中的学习提示，整体规划阅读目标：

（1）了解神话的起源和阅读方法，能自主规划阅读计划；

（2）通过摘抄、配图、绘制人物名片，感受神话中神奇的想象和鲜明的人物形象；

（3）借助书中插图、山形图等，按照起因、经过、结果的顺序，在任务情境中运用多种方法讲述神话故事，能口头或书面分享自己获得的启示；

（4）在阅读中，感受神话的魅力和其中蕴含的古人智慧，增强文化自信。

2. 内容整体性

整本书阅读围绕中华优秀传统文化、革命文化和社会主义先进文化来组织学习内容，同时也涉及外国优秀文化、日常语文生活等主题内容。根据学生的年龄特点、学段要求，小学整本书阅读的内容设计序列清晰，文体丰富，具有整体性。从第一至第三学段，学生的阅读内容包括图画书、儿歌集、童话书、红色经典文学作品、儿童文学名著、中国古今寓言、中国神话传说以及文学、科普、科幻等方面的优秀作品。其中，红色经典文学作品在第二、三学段占较大比重，旨在引导学生从书中受到家国情怀、爱国精神的熏陶。因此，在阅读指导过程中，要立足学生核心素养的形成与发展，建构完整的阅读体系，引导学生完整地阅读这一系列、不同类别的经典书籍，不能仅凭个人兴趣和爱好读书。

一本书的内容也具有整体性，在阅读时，要完整地读。新课标提示："通读整本书，了解主要内容，关注整体与局部、局部与局部之间的关系；重视序言、目录等在整本书阅读中的作用。"统编语文教材二年级上册《快乐读书吧》以学习伙伴的口吻提示："每次拿到书，我都要看看书的封面，找找书名和作者。"二年级下册《快乐读书吧》提示：读书的时候，我们可以先看看书的目录。目录告诉我们书里主要写了什么，要读的内容从哪一页开始。同时，以学习伙伴的口吻提示："我选书的时候，会关注目录，读读感兴趣的内容，看看这本书适不适合我。""根据目录，我可以做好读书计划，今天从第三页读到第五页，明天……"

因此，教师进行整本书阅读的设计，要注重引导学生读完整本书，包括封面、目录、正文、封底等，设计学生读完整本书才能完成的学习任务。

【举例】

《骑鹅旅行记》是世界文学史上唯一获得诺贝尔文学奖的童话作品，首次出版于1907年，是瑞典女作家塞尔玛·拉格洛芙的代表作，也是统编语文教材六年级下册《快乐读书吧》中的推荐书目，教师可引导学生阅读整本书，完成以下学习任务：

尼尔斯骑在鹅背上和雁群走南闯北，周游各地。读完整本书，你能回顾他去过的地方，写一写当地让你印象最深刻的景物特点吗？

3. 活动整体性

义务教育语文课程内容主要以学习任务群组织与呈现。设计语文学习任务，要围绕特定学习主题，确定内在逻辑相关联的语文实践活动。由此可见，整本书阅读的活动具有整体性。

对于整本书阅读活动的设计与组织，新课标提示：应统筹安排课内与课外、个人与集体的阅读活动，宜集中使用每学期整本书阅读课时，兼顾教师指导和学生自主阅读，保证学生在课堂上有时间阅读整本书。指导学生认识不同类型图书的特点和价值，根据自身实际确定阅读目的，选择图书和适宜的版本，合理规划阅读时间。应创设自由阅读、快乐分享的氛围，善于发现学生阅读整本书的成功经验，及时组织交流与分享；善于发现、保护和支持学生阅读中的独到见解；引导学生了解阅读的多种策略，运用浏览、略读、精读等不同阅读方法……设计、组织多样的语文实践活动，如师生共读、同伴共读、朗诵会、故事会、戏剧节，建立读书共同体，交流读书心得，分享阅读经验。

从以上提示可以发现，整本书阅读的活动贯穿于阅读的整个过程。既有课内阅读活动，也有课外阅读活动；既有个人阅读活动，也有集体阅读活动；既有阅读前的选书、规划阅读时间，也有阅读中对于多种阅读策略、阅读方法的学习和运用，以及阅读后的交流与分享等。

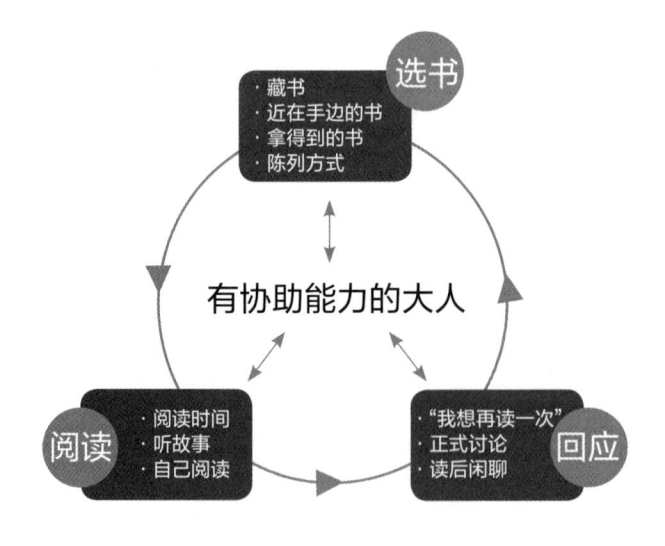

钱伯斯阅读循环圈

"钱伯斯阅读循环圈"也呈现了阅读活动的全过程，包括阅读前的选书，阅读时间的安排、阅读的交流与讨论等，体现了阅读活动的整体性。教师在学生阅读过程中是"有协助能力的大人"，要指导学生选书、阅读、回应，参与学生阅读活动的整个过程。

【举例】《中国古代神话》的阅读活动整体设计

根据《中国古代神话》阅读任务群目标，可设计阅读前、阅读中、阅读后的任务，引导学生达成目标，经历完整的阅读过程。

（1）阅读前学习任务群

活动一：完成《中国古代神话》阅读前测单。

活动二：了解神话的起源，学习阅读神话的方法，浏览整本书，把握全书内容和结构。

活动三：开启寻"神"之旅。制订阅读计划，可以采取图文结合的形式。

【活动三描述】

《中国古代神话》讲述了一个个"神"的故事，让我们打开这本书，展开童年时代飞翔的幻想，请你用两周时间，踏上寻"神"之旅。你在阅读中会遇到哪位"神"？请把他的名字填写在对应日期和页码的空格中，如下图。当你读完这本书，再数一数，你寻到了几位"神"？他们分别有什么特点？再把"神"的故事讲给更多人听。

寻"神"之旅

( )月( )日 ( )页( )页	( )月( )日 ( )页( )页	( )月( )日 ( )页( )页	( )月( )日 ( )页( )页

( )月( )日 ( )页( )页	( )月( )日 ( )页( )页	( )月( )日 ( )页( )页	( )月( )日 ( )页( )页

( )月( )日 ( )页( )页	( )月( )日 ( )页( )页	( )月( )日 ( )页( )页	( )月( )日 ( )页( )页

（2）阅读中学习任务群

活动一：话说神话之"神"。请从书中找出你认为神奇的地方，摘录下来，并配上插图与阅读伙伴交流（如图所示）。

活动二：创意读写——我和我的"神"。

神话中很多人物个性鲜明，如勇于献身开创新世界的盘古、创造人类且甘于奉献的女娲、坚韧不拔的精卫、勇敢孝顺的沉香、善良美丽的龙女……给你留下深刻印象的是谁？请你想象他的样子，用彩笔画出心中的"神"，并为他设计一张名片，用几个关键词描述神的特点，用简要的语言记述神的故事，想象如果你遇到这位"神"，会发生怎样的故事。

活动三：中国古代神话论坛。

话题示例：

读了《黄帝擒蚩尤》，请你说说，在古人的想象中，应龙和魃是怎样帮助黄帝打败蚩尤的？他们和中国的西北出现沙漠、南方多雨有什么关系？

《湘妃竹》这个神话讲述了湘妃竹上有斑点的来历。如果舜帝知道娥皇和女英因为他的去世而泪洒竹子，投湘江而去，他还会离开两位夫人，去九嶷山斩杀九条恶龙吗？请从神话故事中寻找依据说一说。

（3）阅读后学习任务群

活动一：完成《中国古代神话》阅读后测单。

活动二：借助书中插图、故事山形图等，按照起因、经过、结果的顺序，讲一讲你最喜欢的神话故事，分享自己获得的启示，并进行自评与他评。

我是神话讲述者		
评价项目	自评	他评
能完成故事山形图，梳理故事的起因、经过、结果	☆☆☆	☆☆☆
能借助山形图，把故事讲清楚	☆☆☆	☆☆☆
能发挥想象，把故事讲生动	☆☆☆	☆☆☆

活动三：神话剧场创意秀。引导学生通过创编、表演神话剧的形式，感受神话故事背后的文化底蕴，继承和弘扬中华优秀传统文化，增强文化自信。

【活动描述】

同学们，你们知道吗？神话是人类开始思考与探索自然并结合自己的想象而产生的，展现了中华民族伟大的创造精神，是中华传统文化的一部分。如，古代就有"嫦娥奔月""女娲补天"等神话，在奇妙的想象中寄托着人们探索太空的美好愿望，蕴含着中国人勇于实践的探索精神，鼓舞着一代又一代炎黄子孙，如今中国航天事业蓬勃发展，正是对这一精神的最好传承。

请你当一当小编剧，选择自己最感兴趣的一个神话故事，发挥想象创编剧本，并和伙伴们演一演。

剧本示例：

《精卫填海》第一幕

场景：蓝天下，东海泛着碧波，一只小船在轻快地划动。

女娃（一边划着小船一边唱歌）：

东海渺渺风逐浪，四野茫茫水连天。

爹爹去了西山上，我自泛舟乐无边。

旁白：在广阔的大海上，炎帝的女儿——女娃划着小船快乐地游玩。突然，海上狂风大作，一道巨浪向她扑来，一个男孩出现在浪花中。

男孩（轻蔑地笑）：哈哈，你还记得我吗？

女娃（看了一眼，不敢相信）：你不是那次在海边欺负老百姓的小恶霸吗？你为什么在这里？

男孩（得意扬扬）：哼，我是东海龙王三太子，这里就是我的家！你上次帮老百姓打败了我，我一直在海里等着你，要和你再次比一比。

女娃（勇敢地站在船头）：比就比！像你这样的恶霸我才不怕！

旁白：巨浪扑来，小船被打翻了，接着又是一道大浪，一个漩涡吞没了小船……

男孩：哈哈哈，我说了，你在海里是打不过我的！

女孩（在浪花中挣扎，渐渐沉入海底，她拼尽最后一点力气）：龙王三太子，你等着！我对天起誓，就算我死后变成一只鸟，也永远不会喝东海的水。不把大海填平，我决不罢休！

旁白：女娃死后，真的变成了一只鸟，她绕着炎帝飞了一圈又一圈，凄厉地叫着"精卫，精卫"。她又飞到遥远的西山，衔来石子和树枝，扔进大海。她不知道疲倦，从不休息，不管是狂风暴雨，还是风和日丽，不管千年万年，一直坚持着。

……

（案例提供：彭慧琴）

（二）主体性原则

学生是整本书阅读的主体。叶圣陶先生认为，整本书阅读教学的目标应使学生达到"自能读书"，教师应为学生创造充满自由的阅读环境，强调师生双向交流的教学过程以及阅读教学活动的主动性。因此，整本书阅读教学要遵循主体性原则，开展阅读实践活动，提升学生的阅读素养。

1. 以学生为主体，通读整本书

教师无法代替学生的阅读与思考。《如何阅读一本书》提出阅读有四个层次，分别是基础阅读、检视阅读、分析阅读、主题阅读。其中的检视阅读，就是指系统化略读。整本书的检视阅读，简单地说就是通读整本书，了解整本书的主题，基本结构，各章节的重点。

通读，是整本书最基本的阅读方式，需要阅读者养成天天阅读的好习惯。如果一名中等阅读能力的读者每分钟读300字，一天读15分钟就能阅读4500字，一周能阅读31500字，一个月至少能阅读126000字，只要持之以恒地读书，他一年的阅读量能达到160万字。这个阅读量已超出新课标中提出的小学六年的阅读总量。通过调查数据分析，我们发现，45%以上的学生不能坚持天天阅读，68.2%以上的学生希望拥有阅读伙伴，共读整本书。

如何以学生为主体，引导他们通读整本书？可鼓励学生通过在线听读、师生伴读、亲子共读等形式读完整本书。如，长沙市星沙盼盼中心小学研发的整本书伴读课程。本课程的实施以"伴"为主，以"师生相伴、亲子相伴、每周相伴、评价相伴"为基本原则，以各年级学生要具备的阅读习惯、能力、阅读要素为指导重点，确定1至6年级各班学生每学期至少共读4本书，设计了每学期至少16周的伴读任务，研制了每周伴读单、在线阅读测评单，包括"阅读与鉴赏、表达与交流、梳理与探究"等活动，并制作了配套课件，使教师指导学生阅读时，有内容可读，有话题可交流，有标准可评价。"绳锯木断，水滴石穿"，学生自读与教师、同学、家长伴读相结合，既保障了学生的阅读量，达成了阅读目标，又提升了师生的阅读素养。

2. 以学生为主体，开展阅读活动

语文课程是一门学习国家通用语言文字如何运用的综合性、实践性课程。学生的阅读经验、阅读习惯、阅读素养等只有在阅读实践活动中才能得到提升。

如，统编语文教材三年级下册《快乐读书吧》提示：读寓言时，先要读懂故事内容，再体会故事中的道理；联系生活中的人和事，可以帮助我们更深入地理解故事中的道理。要让学生读懂故事，体会道理，可以开展多种以学生为主体的阅读活动。可引导学生借助思维导图等可视化方式，讲述故事，读懂故事；可引导学生尝试运用比较、整合、辨析等阅读策略，探究寓言中经常出现的某个动物形象，联系生活谈谈寓言中蕴含的道理等。

【举例】

我们一起来探究：寓言中的狐狸

活动一：讲一讲故事中的狐狸。请你读《伊索寓言》《中国古代寓言》，找一找书中关于狐狸的故事，借助思维导图、情节图等梳理故事内容，讲故事，说道理。

《蝉与狐狸》情节图

活动二：比一比故事中的狐狸。

《伊索寓言》中有很多故事与狐狸有关，如，《狐狸与葡萄》《狐狸和乌鸦》《掉在井里的狐狸和公山羊》《鬣狗与狐狸》《狐狸与猴子》《公鸡和狐狸》《熊与狐狸》《断尾的狐狸》……

《中国古代寓言》中也有狐狸，如《狐假虎威》。

请你和小伙伴找一找故事中的狐狸有什么不同的特点，说一说你从不同的狐狸故事中懂得了哪些道理。

活动三：找一找生活中的"狐狸"。

活动建议：结合故事中的狐狸，请你和同学说说，在生活中有没有遇到过类似的"狐狸"？自己上过"狐狸"的当吗？还可以通过采访他人、上网搜索的方法，找一找生活中的"狐狸"，讲一讲相关的故事，说一说从中体会的道理。

找一找生活中的"狐狸"	
我读了一个有关狐狸的寓言故事《　　　　》，我还能从生活中找到类似的"狐狸"。	
寻找的方法	自己遇到的（　） 听说的（　） 网络搜索的（　）
讲一讲故事	我生活中的"狐狸"故事是这样的：
狐狸的特点	我发现寓言中的狐狸和生活中的"狐狸"的共同特点是：
体会的道理	

3. 以学生为主体，开展阅读评价

阅读评价是提高学生阅读能力的有效手段。整本书阅读学习活动的持续时间较长，教师要全程跟踪，了解学生真实的阅读表现，开展阅读评价，及时调整阅读指导的策略。

新课标提示：注意考察阅读整本书的全过程，以学生的阅读态度、阅读方法和读书笔记等为依据进行评价。教师可以围绕读书的主要环节编制评价量表，制作阅读反思单，引导学生从阅读方法、阅读习惯等方面进行自我反思、自我改进。因此，教师可以学生自主评价为主体，引导学生通过"对标评价、日常观察、情境测试、成长记录"这四个维度进行阅读评价。

（1）对标评价。针对新课标及统编语文教材对每一类书籍的指导要素和阅读活动要求，设计不同学段、不同书籍的阅读评价量表，学生对照评价量表，通过自评、互评，发现问题，不断反思、改进阅读行为。

如，《小英雄雨来》是管桦创作的一部中篇小说，讲述了抗日战争时期晋察冀边区小英雄雨来的故事。本书有四十一个小标题，讲述了八个小故事。

新课标推荐第二学段学生阅读这本书，并提示：阅读表现英雄模范事迹的图书，如《小英雄雨来》《雷锋的故事》等，讲述英雄模范的动人故事。

第二学段学业质量描述：主动阅读成语故事、寓言故事、神话故事、革命英雄故事等叙事性作品，能向他人讲述主要内容；能用自己喜欢的形式记录阅读感受与生活体验。

结合以上标准及要求，教师可制订评价量表，引导学生对标评价，不断提升讲述英雄模范故事的能力。

《小英雄雨来》讲述故事能级评价量表

能级	基本要求	评价量表	自评	他评
一级讲述	能通读整本书，简要讲述整本书的故事内容。	①能在规定的时间内读完整本书（30分）。		
		②能绘制思维导图梳理整本书的故事情节（30分）。		
		③能简要、完整地讲述整本书的故事内容（40分）。		
二级讲述	能生动地讲述书中的一个故事，评价人物形象。	①能选择书中的一个故事，用表格、示意图等方式进行梳理（30分）。		
		②能借助人物的语言、动作、神态等细节，体会、评价人物形象（30分）。		
		③能绘声绘色地把故事讲完整、讲生动（40分）。		
三级讲述	能选择书中的一个故事，通过儿童剧等多种形式合作讲故事。	①小组合作，选择书中的一个故事改编成剧本（30分）。		
		②能为本组的剧作设计宣传海报，制作演员表及角色说明（30分）。		
		③每一位小组成员都参与儿童剧的排练和表演（40分）。		

（2）日常观察。观察学生在整本书阅读过程中的参与度、表现欲望、实践能力，及时总结和评价，并树立榜样，鼓励学生达成阅读目标。

（3）情境测试。分为问题情境测试和情境活动考察。问题情境测试主要考察学生在阅读整本书过程中的"阅读与鉴赏、表达与交流、梳理与探究"的能力，情境活动考察主要对学生阅读任务情境中表现出的阅读素养、研究兴趣、创新能力等进行评价。

（4）成长记录。收集学生在整本书阅读过程中富有个性的作品，某项才能的展示、展开的专项研究等，记录每位阅读者的成长足迹。

教师可引导学生借助评价工具进行阅读评价。如，在线阅读前测、阅读规划单、阅读评价量表、在线阅读后测、在线阅读论坛、阅读海报、角色日志、可视化思维导图（结构图、情节绳、故事山等）、创意阅读活动档案等。

（三）多元性原则

整本书阅读指导要遵循多元性原则，主要体现在以下两个方面：

1. 尊重学生对整本书内容的多元解读

西汉思想家董仲舒认为"诗无达诂，文无达诠"，意为对《诗经》没有一成不变的解释，因时因人而有歧义，读文章也是如此。莎士比亚认为"一千个人眼里就有一千个哈姆莱特"。一本书就是一个完整的知识体系，承载着作者独特的思想和情感，可以带给读者相对完整的、丰富多元的阅读体验。新课标提示，要"善于发现、保护和支持学生阅读中的独到见解"。因此，在阅读指导中要尊重学生对整本书内容的多元解读，并适当引导。

【举例】 多元解读：桃园结义的"义"

《三国演义》的第一回写道，刘备、关羽、张飞初次相识，就在桃园结为异姓兄弟，并立下誓言："同心协力，救危扶困，上报国家，下安黎庶。不求同年同月同日生，只愿同年同月同日死。"

"义"的本义是威仪，是一种古代礼仪的象征。在甲骨文中，"义"的字形就像一个长柄的木杆上挂着一个羊头，中间还横插着一把三叉的武器，象征着一种威严的气势。后来，"义"又引申为仪制、法度。现在，"义"常指合宜的道德、行为或道理。

刘备、关羽、张飞桃园结义时的誓言里藏着怎样的"义"呢？学生有着多元的解读：

一种观点是肯定的。"桃园结义"的"义"，是救危扶困的豪侠之义，是报国安民的国家大义，是同生共死的兄弟情义。正因为他们心中装着这样的"义"，所以，刘备"携民渡江"，在最危难的时候也不抛下跟随他的老百姓；关羽"身在曹营心在汉"，就算"千里走单骑"，也要与兄弟相聚；张飞挺矛立马在长坂桥上，喝退了曹军百万兵。正因为他们心中有共同的"义"，所以才相见恨晚，在桃园结义，他们重情重义，用一生去践行当年在桃园许下的誓言。

一种观点是否定的。他们过于看重兄弟义气，在关键时刻失去了理智，让无数士兵失去了生命，让国家陷入了险境。《三国演义》写道，关羽败走麦城，被孙权所杀。刘备登上皇帝大位，建立蜀汉政权，第二天，他就在朝堂上对文武百官说："桃园结义，我与关、张誓同生死。不幸云长被孙权所害，若不报仇，就是违背誓言。我要起兵讨伐东吴，以雪此恨！"张飞得知关羽被害，日夜痛哭。他急于给关羽报仇，常常在酒醉时鞭打军士，有多名军士被鞭打致死。有两名军士犯了错，担心被杀，就趁着张飞醉倒后杀死了他。刘备亲征东吴，在夷陵之战中被东吴都督陆逊火烧连营，他所带的七十五万大军死伤无数，刘备带着一百多名将士逃到白帝城。后来，才当了两年皇帝的刘备病死在白帝城。如果刘备、张飞不急于给关羽报仇，而是审时度势，也许就不会造成这样的局面。

对于以上两种观点，教师可给予充分肯定，并结合相关事例适当引导，让学生正确看待"义"。

（案例提供：彭慧琴）

2. 为学生提供多元的整本书阅读资源

法国著名哲学家、数学家笛卡尔在《谈谈方法》中写道："遍读好书，有如走访著书的前代高贤，同他们促膝谈心。"在阅读中，除了引导学生寻求信息，理解、使用和反思文本，理解作者的思想，提高整体认知能力，丰富精神世界，《新课标》还提示，可以根据开展读书活动的实际需要，合理推荐和利用适宜的学习资源，如拓展阅读的书目、参考资料，以及相关音频、视频作品等，激发学生的阅读兴趣，丰富阅读体验，拓宽阅读视野。借助信息技术为学生拓展学习空间，提供写作、展示、研讨和交流的平台。

【举例】《蚕马》多元阅读资源

中国是世界上最早发明养蚕、缫丝、织绸的国家，蚕到底是怎样来的？人们是怎样学会养蚕缫丝的？《蚕马》这个神话对此做出了充满想象力的解释。这个故事最早出自《搜神记·女化蚕》，蚕马是中国古代神话传说中蚕的祖先。

引导学生阅读这个故事，可为学生提供多元阅读资源，提供在线交流与展示的平台。

在线展示：讲神话故事、诵读"蚕桑中的诗词"、展示我的养蚕日记
音频资源：《蚕马》《嫘祖养蚕》

视频资源：《丝绸之路》电视纪录片

文字资源：在《蚕马》这个故事中，蚕神是一个漂亮的少女披着白色的马皮变成的。当马皮把她包围，少女就会变成一条白色的虫子，还长着马一样的头。在古代，蚕神还有很多称呼，如蚕女、蚕花娘娘、蚕丝仙姑、青衣神等。相传，黄帝的妻子嫘祖首创种桑养蚕之法，抽丝编绢之术，被后人奉为"先蚕"圣母。

在古代，蚕神有着重要的地位。很多朝代的皇宫里都设有先蚕坛，祭祀蚕神的仪式由皇后亲自主持。在民间，祭拜蚕神是养蚕之乡最重要的活动。有些地方流传着"接蚕花"的风俗，人们会唱"蚕花歌"，祈求来年的丰收；有些地方会举办"蚕花水会"，人们拜神、表演、赛船，连续三至七天，只见游人来来往往，河面上满是船只，沿河数里都有卖茶的、卖酒的、卖货的，到处鼓乐喧天，十分热闹。有些地方还流传着"踏白船""请蚕花""做茧圆""演蚕花戏""祛蚕祟"等习俗。

为什么古时候的人们如此敬重蚕神呢？因为中国是丝绸之乡，是世界上最早发明种桑、养蚕、缫丝的国家，2000多年前，中国的丝绸就从丝绸之路运往世界各地。在中国的乡村，男耕女织的生活方式延续了几千年。"罗敷善蚕桑，采桑城南隅"，赞美了古代农家女子的勤劳能干，"开轩面场圃，把酒话桑麻"，是人们向往的生活。

二、实施要点

整本书篇幅长，信息量大，阅读时间跨度长，尤其是一些经典书籍，如《童年》《三国演义》等，学生在理解书籍内容和主题思想等方面有较大的难度。教师在设计整本书阅读教学、组织阅读活动时，除了遵循整体性、主体性、多元性原则，在实施过程中还可以把握这些要点：解读整本书价值、分析阅读者基础、设计阅读任务群、提供阅读的策略、研究项目化阅读等。

（一）解读整本书价值

教师是学生阅读过程中"有协助能力的大人"，既要做真正的阅读者，又要做专业的阅读指导者。唯有自己读得深、读得透，熟谙阅读的路径，才能真正为学生的阅读提供有效的帮助。在指导学生阅读整本书之前，教师自己要反复阅读书籍，深入解读整本书的价值，思考：这是一本什么书？为什么读？怎样读？

1. 这是一本什么书？

意大利作家卡尔维诺认为：经典是那些你经常听人家说"我正在重读……"而不是"我正在读……"的书。指导学生阅读一本书之前，教师首先要了解这本书的作者、写作背景、主要内容、创作特色、相关书评、影响力等，还可以通过结构图等方式，梳理整本书的关键信息，全面了解这本书。

【举例】《红楼梦》是一本怎样的书？

《红楼梦》又名《石头记》等，是中国古代章回体长篇小说，中国古典四大名著之一。全书一百二十回。一般认为《红楼梦》前八十回为清代曹雪芹原著，后四十回由清代高鹗续写。

本书以贾、史、王、薛四大家族的兴衰为背景，以贾宝玉、林黛玉、薛宝钗的爱情悲剧为主线，多角度地刻画了中国封建社会的人生百态，是中国封建社会的百科全书，中国传统文化的集大成者，中国古典小说的巅峰之作。

清朝道光年间的王雪香评价："一部《红楼梦》，包罗万象，囊括无遗。诗词歌赋，制艺尺牍；对联匾额，酒令灯谜；琴棋书画，医卜星象；匠作构造，栽花种果；蓄养禽鱼，针黹烹调，乃至繁华筵宴，贸易钻营，无所不包，无所不有。"

自《红楼梦》诞生之日起，无数人喜爱它、阅读它，并形成一门研究《红楼梦》的学问——"红学"。胡适、俞平伯等是新红学的代表人物。

【举例】《稻草人》是一本怎样的书？

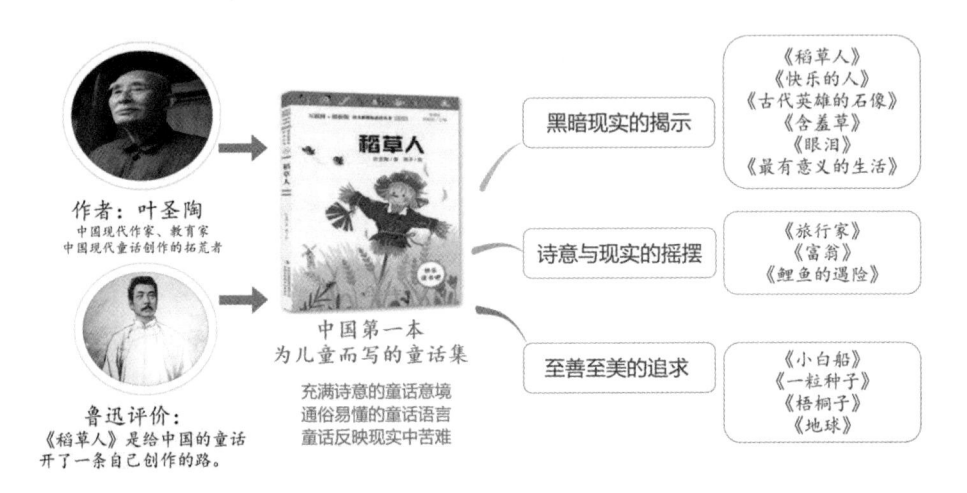

作者：叶圣陶
中国现代作家、教育家
中国现代童话创作的拓荒者

鲁迅评价：
《稻草人》是给中国的童话开了一条自己创作的路。

中国第一本为儿童而写的童话集
充满诗意的童话意境
通俗易懂的童话语言
童话反映现实中苦难

黑暗现实的揭示：《稻草人》《快乐的人》《古代英雄的石像》《含羞草》《眼泪》《最有意义的生活》

诗意与现实的摇摆：《旅行家》《富翁》《鲤鱼的遇险》

至善至美的追求：《小白船》《一粒种子》《梧桐子》《地球》

2. 为什么读？

整本书阅读作为语文课程的内容之一，具有独特的教学价值。德国诗人、剧作家歌德说："读一本好书，就是和许多高尚的人谈话。"吴欣歆教授认为，相对于单篇课文，整本书阅读的教学价值主要体现在这四个方面：提供相对完整的文化场域；推动认识过程的逐渐完善；促进阅读策略的综合运用；承载综合能力的进阶发展。

综上所述，经典名著历久弥新，既能引人思考，提升思维品质，又能使人产生情感共鸣，丰富人的精神世界，实现文学的教化功能。经典名著的语言值得反复品读、揣摩、吸收，通过感受、理解、欣赏、评价语言文字及作品，能获得较为丰富的审美经验，提高运用语言文字表现美、创造美的能力。在阅读指导之前，教师要思考为什么要引导学生读这本书？这本书有着怎样的教学价值？以进一步明晰教学目标，整体把握阅读的路径。

【举例】为什么要读《骑鹅旅行记》？

《骑鹅旅行记》是一本融文艺性、知识性、科学性于一体的书，有着奇妙的文字，真实的力量。

打开这本书，你可以欣赏瑞典一幅幅气象万千的美丽图画，读到引人入胜的故事情节，了解瑞典的动物、植物、文化古迹、风土人情等。

你会发现，尼尔斯的家乡斯康耐省到处是耕地和牧场，有黑麦田、苜蓿地、山毛榉树林，还有农庄和花园。小卡尔斯岛就是一块巨大的岩石礁，四周峭崖壁立，顶部平坦，宛如一幢巨大的房屋。卡尔斯克鲁纳这座城市有教堂、钟楼、广场、造船厂，在朝向大海的开阔处，停泊着装甲战舰，这里是瑞典的海军基地，将士们曾在这里为了保卫祖国而英勇战斗。有一座名叫威尼塔的城市沉入了海底，每隔一百年，会在某个晚上从海底浮出水面，把它的旧日的豪华风貌展现在陆地上，但在地面上停留的时间只有一个小时。古城维斯比昔日的显赫已经一去不回，只剩下光秃秃的残垣断壁。大尤尔屿的古老庄园里流传着有趣的故事。瑟姆兰花园历来称得上是全国最美丽的花园。西孟兰省的故事会告诉你居住在哪里最好。来到瑞典北部的拉普兰，可以挤鹿奶，做奶酪，坐着鹿拉的雪橇旅行，人们在那里度过了整天没有太阳的昏暗的冬天，迎来了几乎整天没有太阳的夏天。

读这本书，你可以进一步感受童话世界的奇妙，体会童话角色的特点。拉格洛芙采用"变形"这一艺术手法，使作品具有更大的表现力。尼尔斯变形后，强弱身份被置换。他只有拇指大小，连爬上书桌都是那样费力，一只猫能把他掀倒在地，一只狐狸随时都能威胁他的生命。在拉格洛芙的童话世界，动物像人一样会说话，有性格，会思考。雄鹅莫顿想干一番轰轰烈烈的事业，想让大雁瞧瞧家鹅也不是没有一点儿出息；大雪山来的领头雁勇敢善良，愿意为小人儿尼尔斯献出生命，愿意抚养失去父母的老鹰高尔果，他还认为，人类不应该把整个大地占为己有；狐狸斯密尔凶猛狡猾，却被大雁捉弄。

读这本书，你可以品析美妙的文字，学习塞尔玛·拉格洛芙精彩的写法。如，尼尔斯骑在鹅背上飞到了斯康耐省的上空，"他觉得在自己的身下，铺着一块很大很大的布，布面上分布着数目多得叫人难以相信的大大小小的方格子"。这些方格子是什么呢？是耕地和牧场。在这里，塞尔玛·拉格洛芙运用比喻的修辞手法，通过尼尔斯的视角，用简洁生动的语言描绘着色彩斑斓的大地。在阅读时我们可以一边读一边想象画面，领略异国风光，在页面的空白处随时写下自己的感触；读到特别喜欢的词句或段落，可以摘抄在笔记本中，并把页码标注出来。丰富的语言积累能让自己的表达更加丰富。在平时的写作中，还可以运用阅读时学到的写作方法，提升表达能力。

（案例提供：彭慧琴）

3. 怎样读？

解读一本书的前提条件是明确这本书的文体类别，并运用与文体相关的专业知识深入剖析作品，再确定相应的阅读策略和方法。

统编教材《快乐读书吧》以小贴士的形式介绍了阅读不同文体书籍的方法，目的就是教好"这一本"，旁通"这一类"。教师在阅读指导过程中，不但要引导学生了解这类书籍的文体特点，还要学习和运用读这一类书籍的方法。

体裁	阅读方法和文体特点
童话	●童话世界无奇不有，阅读时，只有发挥想象，才能真正领略童话的魅力。 ●我们可以把自己想象成童话故事中的主人公，和故事中的人物一起欢笑，一起悲伤。
寓言	●读寓言，先要读懂故事内容，再体会故事中的道理。 ●联系生活中的人和事，可以帮助我们更深入地理解故事中的道理。
神话	●感受神话中神奇的想象和鲜明的人物形象。 ●远古时候人们认为神话故事是真实而神圣的，一定要在严肃的仪式上郑重地讲出来。 ●神话通常气魄宏大，比如女娲补天、羿射九日……读的时候要发挥想象，感受其中的神奇。
科普作品	●阅读科普作品的时候，可能会遇到一些不理解的科技术语。这时要运用在课上学过的方法，试着去理解。 ●读完后还可以查一查，书中谈到的一些科学问题，现在有什么新的研究成果。
民间故事	●创造性地复述故事。 ●作为一种口头艺术，民间故事一般有固定的类型和重复的段落，这是为了在讲述中方便记忆，同时加深听众的印象。 ●民间故事寄托着人们的愿望：正义却弱小的主人公总是能够打败强大的对手；心地善良的穷苦人最终会过上幸福的生活……

续表

体裁	阅读方法和文体特点
中国古典名著	●联系上下文猜测词句的意思；遇到难理解的词句，不用反复琢磨；借助资料了解人物；多元评价人物；结合看过的电影、电视剧，加深理解。 ●古代长篇小说多是章回体。这些作品里，一回或若干回组成一个相对完整的小故事，连起来就成了一个长篇故事。 ●我很喜欢读回目，只要看一下某一回的标题，就可以猜出它主要讲了什么故事。
小说	●读小说，关注情节、环境，感受人物形象。 ●很多小说中人物众多，厘清人物关系能够帮助我们更好地读懂故事。如，《童年》中出现了数十个人物，不容易分清楚，但他们都是围绕着主人公阿廖沙塑造的，弄明白他们和阿廖沙之间的关系，就不难分清了。 ●小说生动的故事情节会给我们留下较深的印象，这些情节让我们记住了一个个性格各异的人物。
外国文学名著	●有些名著读起来比较难，不像流行读物那样通俗易懂，但想到能成为经典的书并不简单，是人类智慧的结晶，你就会让自己沉下心来读，越读越有味。 ●先大致了解名著的写作背景，能帮助我们理解作品的内容和价值。读的时候如果能做一些读书笔记，收获就更大了。 ●我们可以在每页的空白处随时写下自己的感触。 ●读到特别喜欢的段落，可以摘抄在笔记本中，并把页码标注出来。 ●遇到人物关系比较复杂的情况，可以画一个人物图谱，以便阅读时随时查阅。 ●读完整本书以后，还可以写出全书的结构，以及作者在书中想要表达的一些想法。

《新课标》还提示：教师要引导学生运用浏览、略读、精读等不同阅读方法。整本书阅读要设计、组织多样的语文实践活动，如师生共读、同伴共读，朗诵会、故事会、戏剧节，建立读书共同体，交流读书心得，分

享阅读经验。对于不同文体类书籍，开展的阅读活动也有所不同。列表如下：

学段	类别	阅读活动
第一学段	图画书	体会读书的快乐
	儿歌集	感受儿歌的韵味和童趣
	童话书	想象故事中的画面 学习讲述书中的故事
第二学段	表现英雄模范事迹的图书	讲述英雄模范的动人故事
	儿童文学名著	感受作品传达的真善美 用自己喜欢的方式讲述故事大意
	中国古今寓言 中国神话传说	学习其中蕴含的中华智慧 口头或书面分享自己获得的启示
第三学段	反映革命传统的作品	讲述自己感受到的家国情怀和爱国精神
	文学、科普、科幻等优秀作品	学习梳理作品的基本内容 针对作品中感兴趣的话题展开交流
	梳理、反思小学阶段的阅读生活，运用口头或书面方式，与同学分享自己整本书阅读的经历、体会和阅读方法	

【举例】"夷陵之战"的梳理与探究

《新课标》提示，第三学段学生阅读文学作品要"学习梳理作品的基本内容，针对作品中感兴趣的话题展开交流"。如何引导学生进行梳理与探究呢？以《三国演义》中的"夷陵之战"为例。

夷陵之战是中国古代战争史上一次著名的积极防御的成功案例，也是三国"三大战役"的最后一场。请你认真阅读《三国演义》（青少版）第二十七回《刘先主亲征东吴　陆都督火烧连营》，梳理故事内容，讲述故事，并与同学交流感兴趣的话题。

阅读任务一：阅读故事，梳理情节。

提示：可采用结构图、对阵图或故事山等多种方式对故事情节进行梳理。梳理时要关注刘备、陆逊的不同表现，不要遗漏关键信息。

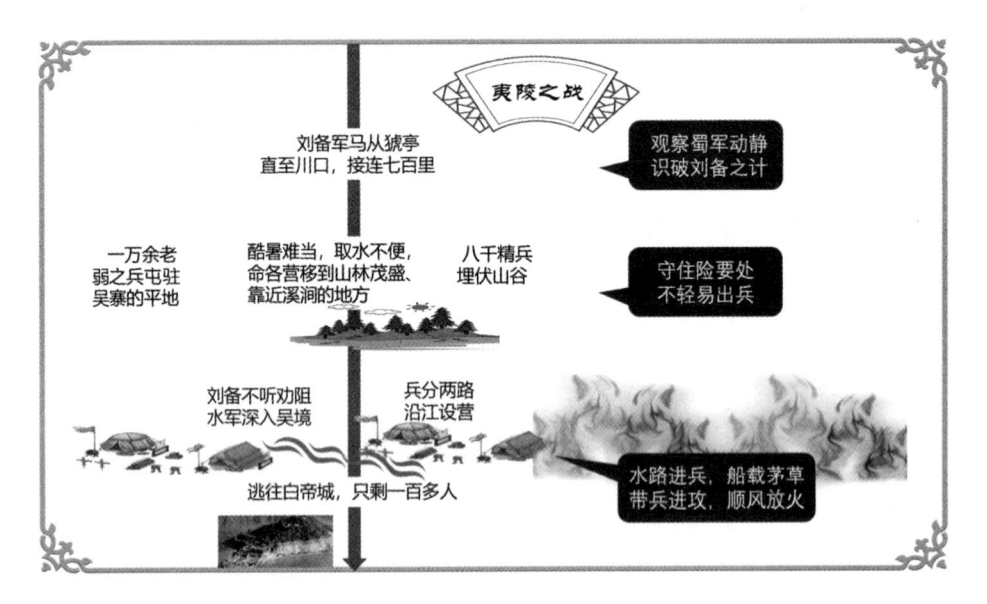

示例：夷陵之战对阵图

阅读任务二：讲述故事，自评互评。

请根据梳理的夷陵之战的结构图等讲述故事，先自己讲，再讲给组内同学听，并对照评价标准进行自评和互评：

评价标准	量化评分	自评	互评
把故事的起因、经过、结果讲完整	30分		
在讲述过程中不遗漏关键信息	30分		
加上动作、语言、心理活动等，把故事讲生动	40分		

阅读任务三：交流话题，评价人物。

阅读这个故事后，你有怎样的思考？对这两个人物又有怎样的评价呢？请你拟定一两个话题与同学交流。

话题举例：

●在夷陵之战前，孙权两次派人向刘备求和，愿意送归夫人，交还荆州，永结盟好，但刘备不肯放下兄弟之仇，执意伐吴，结果被陆逊火烧连营，大败而逃。你觉得刘备是个怎样的人？如果是你，会做出怎样的选择？为什么？

●陆逊是书生领兵，却能大败刘备，他以弱胜强的原因是什么？

（二）分析阅读者基础

整本书阅读指导要以学习者为中心，分析阅读者基础，做到"以学定教"。教师设计整本书阅读课程体系，必须充分了解学生的阅读特征、阅读习惯、阅读需求以及所具备的阅读能力。做好阅读前测、阅读工具设计、话题设计、引导话题交流、创设情境（个人体验情境、社会生活情境、学科认知情境）、组织班级读书会等。

以学定教就是依据学情确定教学的起点、方法和策略，使每一个学生得到最优化的发展。

每个学生阅读整本书的起点不同，在整本书阅读指导之前，教师可以对学生进行阅读前测，前测的目的主要是了解学生的阅读方法、问题探究、阅读习惯等。

【举例】《海底两万里》在线阅读前测卷

亲爱的同学：

你好！

书香沉醉，与你同行，欢迎你参加《海底两万里》阅读前测。请你认真阅读问卷，根据真实情况填写。本次问卷采用不记名、不计分方式，仅供教学研究使用。祝你学习进步！

1. 你阅读过《海底两万里》吗？（　　）

A. 没读过　　　　B. 读过一部分　　　C. 全部读完

2. 你是从哪些渠道了解到这本书的？（　　）

A. 课本　　　　　　　　　　B. 影视作品

C. 网络媒体　　　　　　　　D. 老师、同学推荐

E. 书店　　　　　　　　　　F. 不了解

3. 以下是书中的部分目录，你最想读（　　）

A.《飞逝的巨礁》　　　　　B.《冒险向前》

C.《"鹦鹉螺"号》　　　　　D.《漫步海底平原》

E.《消失了的大陆》　　　　F. 没有感兴趣的内容

4. 你对书中哪个角色比较了解？（　　）

A. 尼摩船长　　　　　　　　B. 阿龙纳斯教授

C. 尼德·兰　　　　　　　　D. 康塞尔

E. 都不了解

5. "鹦鹉螺"号是用（　　）作为动力源的？

A. 电　　　　　　B. 太阳能　　　　　C. 水

6. 这本书的作者是儒勒·凡尔纳，他的作品还有（　　）

A.《八十天环游地球》　　　　B.《鲁滨逊漂流记》

C.《格列佛游记》　　　　　　D.《汤姆·索亚历险记》

7. 阅读《海底两万里》这本书，你想运用哪些阅读方法？（　　）

A. 借助作品梗概，了解主要内容。

B. 厘清航行顺序，完成航线图。

C. 梳理故事情节，说说感受最深的部分。

D. 查阅各种资料，分析"鹦鹉螺"号与现代潜艇的异同。

8. 你最喜欢开展哪种方式的阅读活动？（　　）

A. 阅读摘抄　　　　　　　B. 制订阅读计划

C. 现场交流　　　　　　　D. 上网分享

E. 剧本表演　　　　　　　F. 影视配音

G. 写读后感　　　　　　　H. 其他

9. 你想和谁一起读这本书？（　　）

A. 父母　　　　　　　　　B. 同学

C. 老师　　　　　　　　　D. 自己读

E. 其他

10. 你每天的课外阅读时间是（　　）

A.30 分钟以内　　　　　　B.30 分钟到 1 小时

C.1 小时以上　　　　　　　D. 没时间读

根据阅读前测数据，教师进行读情分析，研发阅读指导课程，实现差异化阅读指导。

如，通过对阅读前测的数据分析，我们发现，64%的学生没有读过这本书，但对科幻类书籍比较感兴趣；他们最喜欢的阅读活动是摘抄、现场交流、剧本表演，可见学生对科幻故事类的整本书阅读活动不太了解。根据科幻故事书籍的文体特点及学生的阅读现状，我们研发了科幻故事整本书阅读任务群课程"盒子"，将着重组织学生开展以下阅读活动：

A. 查找资料，了解本书中提到的科学技术，了解当前最先进的相关的科学技术。

B. 在阅读时展开想象，领略科幻故事的神奇。

C. 读到感兴趣的地方，尝试用图文的方式记录下来。

D. 对比作者想象的科幻世界与现实生活世界有什么不一样。

E. 发挥想象，插上科学的翅膀，运用科学元素写一个科幻故事，创造属于自己的科幻世界。

（三）设计阅读任务群

现代管理学之父彼得·德鲁克认为：并不是有了工作才有目标，而是有了目标才能确定每个人的工作，这便是"以终为始"。只有确定了终点，才能准确、高效地完成任务。

通过研读新课标中的教学提示，可以发现"整本书阅读任务群"的实施，主要包括以下五个方面：

教师指导阅读；学生自主阅读；教师设计和组织多样的语文实践活动；借助信息技术为学生提供写作、展示、研讨和交流的平台；考察学生阅读整本书的全过程（即过程性评价）。

根据"以终为始"的设计理念及教学提示，可以设计"互联网+"小学整本书阅读任务群，其中包括学生在整本书阅读前、阅读中、阅读后要完成的4个任务群、8项任务、12项任务评价。教师在线上或线下指导阅读、评价阅读，学生在线上或线下展示阅读成果，记录阅读成长的脚步。

"互联网+"小学整本书阅读任务群实践路径

阅读任务群	阅读任务	任务说明	任务评价
导读与规划	1.好书我推荐 书友一起读	教师：开展导读课。学生：根据教师整本书导读，了解这是一本什么书（了解书的特点），为什么读（了解书的价值），怎么读（了解阅读策略），建立读书共同体。	1.绘制阅读推荐海报，发布阅读云平台 2.录制阅读推荐视频，发布阅读云平台
	2.阅读有计划 书香促成长	学生：规划阅读时间，制订阅读计划。	3.线上（线下）展示优秀阅读计划
自读与伴读	3.通读整本书 边读边思考	教师：设计伴读单、伴读课件、在线阅读测评单。学生：根据教师整本书伴读指导，通读整本书。	4.整本书伴读交流 5.整本书在线交流
	4.阅读有积累 运用我能行	学生：完成阅读积累卡（如：人物记录、知识记录、语言记录等）。	6.线上（线下）展示阅读积累

167

续表

阅读任务群	阅读任务	任务说明	任务评价
梳理与探究	5. 梳理整本书能说又会道	学生：设计思维导图（结构图、情节绳、故事山等），梳理著作的章节内容与线索，厘清书的整体与局部、局部与局部之间的关系。	7. 线上（线下）展示思维导图，讲述故事 8. 线上（线下）展示手绘图谱等，交流阅读感受
	6. 阅读深思考快乐聊书吧	教师：开展整本书交流课，组织学生对作品中感兴趣的话题展开交流。 班级：录制快乐聊书吧短视频（师生聊、书友聊、亲子聊）。	9. 读书共同体：话题交流与辩论 10. 线上聊书微课（师生聊、书友聊、亲子聊），深入探究主题
活动与展示	7. 阅读有创意展示成果秀	教师：组织学生开展有创意的阅读活动，展示阅读成果。如，阅读剧场、创意表达、影视配音、辩论会等。	11. 线上+线下：学生创意阅读活动
	8. 阅读有反思我是小能手	教师：设计整本书阅读评价在线测评，综合评价与分析学生的阅读行为及成果，形成班级整本书阅读报告。	12. 线上阅读后测与评析

（四）提供阅读的策略

新课标指出，教师要引导学生了解阅读的多种策略。阅读策略是阅读者为了完成某一具体任务或者培养某一具体技能，经过慎重思考后采取的有目的的手段，表现为一定的阅读思考方式或思考程序。在阅读时运用阅读策略，能提高阅读效率，提升感受、理解、欣赏、评价语言文字及作品的能力，提升思维能力。

统编语文教材编排了四个阅读策略单元，分别是预测、提问、提高阅读的速度、有目的地阅读，此外，常用的阅读策略还有联结、图像化、比较、统整、推论、转化、监控等。教师指导学生运用阅读策略时，要根据书籍的类型和学生的学情，自主灵活地调整学习阅读策略的先后顺序。

1. 提供不同文体的阅读策略

阅读不同文体的书籍，运用的阅读策略有所不同。如预测、统整、联结等，常用于故事类书籍。提问、比较、推论等，常用于科普类书籍。

安徒生的早期作品《小意达的花儿》《海的女儿》《拇指姑娘》等大多取材于民间故事，多充满绮丽的幻想、乐观的精神，体现现实主义和浪漫主义相结合的特点。指导中年级学生阅读这些童话故事，可以运用图像化阅读策略，在书中找出让人意想不到的场景和情节，边读边想象画面，并画一画书中的场景，感受想象之美。

拇指姑娘出生了	
	花儿忽然劈啪一声，开放了。人们现在可以看得出，这是一朵真正的郁金香。但是在这朵花的正中央，在那根绿色的雌蕊上面，坐着一位娇小的姑娘，她看起来又白嫩，又可爱。她还没有大拇指的一半长，因此人们就把她叫作拇指姑娘。 ——选自《拇指姑娘》

169

2. 指导运用多种阅读策略

指导高段学生阅读中国古典四大名著、外国文学名著等，可综合运用猜读、跳读、连词成句地读、带着问题读等，提高阅读的速度。可根据学生的认知水平，灵活地、适切地运用提问、联结、比较、统整、推论等多种阅读策略，开展经典名著的主题探究。

《西游记》阅读策略举例	
联结	孙悟空三打白骨精，唐僧不但念起了紧箍咒，还将他赶走。如果是你，该怎样向师父说明情况，免受惩罚？
推论	孙悟空被唐僧赶走，请你根据唐僧的性格特点，写一写孙悟空离开之后唐僧会想什么，做什么。
统整	唐僧师徒历经九九八十一难取得真经，请你总结一下，他们取得成功的经验有哪些。
转化	唐僧师徒历经磨难取得真经，请你结合本班情况，说说学习他们怎样的团队精神。

3. 关注学情合理运用策略

指导不同学段的学生运用同一阅读策略时，要关注学情合理运用。如，预测在不同学段的整本书阅读中都可以运用，教师在指导学生运用这一阅读策略时要有所侧重。

统编语文二年级上册"读读童话故事"中的提示：看到书名，你想知道故事中的主人公有怎样的奇遇吗？先猜猜看，再打开童话故事书，我们一起来读一读。教师可引导学生看书名猜故事，主要是通过书名猜测故事主人公和情节，可做简单的记录，在完成阅读之后，再通过读书记录进行对比。采取先预测后阅读的方式，这样不但能激发学生的阅读兴趣，还渗透了阅读策略的学习，为三年级"预测"阅读策略的学习作铺垫。

统编教材三年级上册编排阅读策略单元，目的是引导学生将无意识的阅读心理，转变为一种有意识的阅读策略，并能在阅读过程中不断主动地进行预测。借助课文，学生练习在阅读中预测、验证、修正、再预测……在阅读时修正、检测自己的预测是否合理，这有利于呵护并激发学生阅读的初始期待，促进他们积极、主动地思考。预测之后的验证，会让学生体验到阅读的趣味和快乐。美国语言学家古德曼认为：阅读是一场心理语言的猜测游戏，读者是一个主动的参与者，他们根据自己已有的句法、语法和语义知识，并运用自己的背景知识对阅读文本进行猜测，寻求证实。这种模式有四个阶段：预测、抽样、验证、修正。在这个过程中，学生不仅成为阅读的积极参与者，还成为阅读的发现者和创造者。将预测这一方法在整本书阅读中要不断运用和巩固。

（五）研究项目化阅读

著名的巴克教育研究所认为，项目式学习是一种教学方法，即学生通过一段时间内对真实的、复杂的问题进行探究，从中获得知识和技能。我们引导学生开展项目化主题阅读，从不同角度指导学生探究主题，并实现跨学科阅读与交流、跨媒介阅读与交流等。对于学生普遍认为难度较大的书籍，可以研发多个项目化主题阅读。

【举例】

书目	项目化主题	书目	项目化主题
《童年》	1. 说说童年的亲人 2. 聊聊童年的故乡 3. 说说童年的朋友 4. 比比童年的生活 5. 说说童年的故事	《爱的教育》	1. 课堂那些事 2. 快乐节日多 3. 书信传真情 4. 我们毕业了 5. 我和我的国
《鲁滨逊漂流记》	1. 海国图志 2. 大航海时代的漂流记 3. 生存锦囊 4. 患难朋友 5. 成长修炼手册	《爱丽丝漫游奇境》	1. 奇境中的旅程 2. 奇境中的动物 3. 奇境中的诗歌 4. 奇境中的生活 5. 奇境中的变化

如，《鲁滨逊漂流记》项目化主题阅读——"生存锦囊"：

1. 主题探究：鲁滨逊流落荒岛，他是如何解决吃、穿、住、行等方面的问题，在荒岛顽强生存下来，并生活28年的呢？中国的先民有哪些生存智慧？

2. 课程目标：发现鲁滨逊的生存锦囊；了解中国人的生存智慧及相关文化元素。

3. 课程内容：建房的智慧；种植的智慧；制衣的智慧；造船的智慧。

4. 课程实施：通过有趣的探究，引导学生进行主题化阅读与交流、跨学科阅读与交流、跨媒介阅读与交流。

【举例】

《西游记》项目化主题阅读——探究"三段式"的故事结构

1. 主题探究

我们常说,"事不过三",《西游记》有不少"三段式"结构的故事。如,三打白骨精、三入无底洞、坎途逢三难、斗法降三怪等。这样写有什么好处呢?

2. 探究活动

(1)西游故事会。请你读一读《西游记》中"三段式"结构的故事,借助表格、情节图等梳理故事主要内容,和同学讲一讲这个故事。

示例:

《尸魔三戏唐三藏　圣僧恨逐美猴王》"三"的故事结构

白骨精三变	孙悟空三打	猪八戒三挑	唐僧三逐
变女子	当头就打		
变（　）	举棒照头就打		
变（　）	棍起处,打倒妖魔		

（2）人物说一说。结合故事中的人物语言、动作、心理活动，说说人物的特点。

如，读了《尸魔三戏唐三藏 圣僧恨逐美猴王》，我发现白骨精阴险狡诈、诡计多端；孙悟空明辨妖魔、忠诚勇敢、除恶务尽；猪八戒贪恋女色、搬弄是非、激化矛盾；唐僧肉眼凡胎、善恶难辨、一心向善、固执己见。

（3）写法聊一聊。中国古典四大名著中都有"三段式"结构的故事，如，三打祝家庄、三顾茅庐、三让徐州、三气周瑜、刘姥姥三进大观园等，请你读读相关的故事，结合自己的阅读感受，和同学交流"三段式"故事结构的好处，还可以尝试写一写"三段式"结构的故事。

第四章

小学整本书阅读教学的实践模式

"模式"（pattern）指某种事物的标准形式或使人可以照着做的标准样式。模式，也可以理解为解决某一类问题的方法论，通过这种方式，你可以无数次地使用那些已有的解决方案，无须再重复相同的工作。小学阶段整本书阅读的多种教学模式，是无数阅读研究者在长期实践过程中逐渐形成的。这些"模式"不一定是"标准样式"，但可以给有志于提升整本书阅读教学水平的教师提供一种参照性的指导方略，有助于教师按照既定思路快速做出优良的整本书阅读指导方案，达到事半功倍的效果，同时，也为探究新的整本书阅读教学模式提供帮助。本章主要介绍以下几种整本书阅读教学实践模式：

1. "篇本类"一体化递进式联读教学模式
2. "一书三课"整本书阅读基本教学模式
3. "互联网+"整本书阅读任务群模式
4. "项目式"整本书阅读模式
5. 整本书跨学科阅读模式

第一节

"篇本类"一体化递进式联读教学模式

【模式解读】根据统编教材"三位一体"编排理念，在单元整体编排框架下，以单元语文要素及《快乐读书吧》阅读提示为抓手，以《快乐读书吧》推荐的必读和选读书目为素材，引导学生将在教材单元"单篇"学习中习得的文体阅读方法、阅读策略等，迁移运用到同类文体的整本书阅读实践中，并整合《快乐读书吧》阅读指导要素，掌握同一类文体的整本书阅读方法、策略。

"篇本类"，即属于同一种文体的一篇文、一本书、一类书。如，一篇文《卖火柴的小女孩》，一本书《安徒生童话》，一类书《稻草人》和《格林童话》，都属于同一种文体"童话"。

"一体化"，指阅读方法、阅读策略的一体化。如，"寓言是生活的一面镜子"，读寓言，先要读懂故事内容，再体会故事中的道理。读属于同一文体"寓言"的一篇文《守株待兔》，一本书《中国古代寓言》，一类书《伊索寓言》和《克雷洛夫寓言》，都可以运用读寓言的阅读方法，实现"篇本类"联读的一体化。

"递进式联读"，即"篇"中学方法，"本"中练方法，"类"中用方法，在"学、练、用"的过程中，循序渐进地习得阅读方法，把握阅读规律，拓宽阅读视野，开展有深度、有广度的阅读，提升阅读质量。

【主要流程】导入学习，确定目标到课堂精读，"篇"中学法到班级共读，"本"中练法到自主联读，"类"中用法到类比分析，总结评价

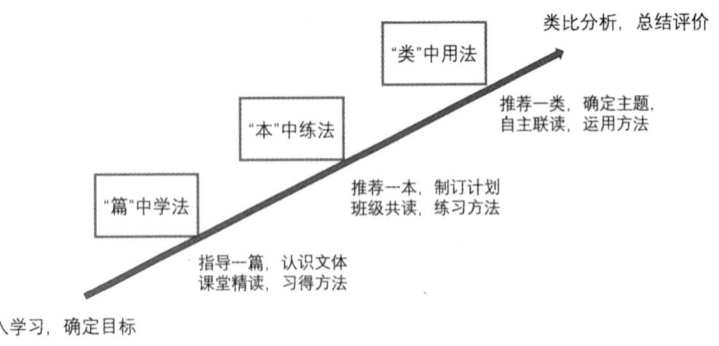

【操作要点】

导入学习，确定目标：了解单元语文要素，梳理单元编排体系，确定本单元一类文体阅读目标。如，四年级上册第四单元以神话组织单元，语文要素是"了解故事的起因、经过、结果，学习把握文章的主要内容"，"感受神话中神奇的想象和鲜明的人物形象"，编排了《盘古开天地》《精卫填海》《普罗米修斯》《女娲补天》四篇课文。《快乐读书吧》推荐阅读中国古代神话和世界经典神话，引导学生进入更广阔的神话世界，认识更多性格鲜明的人物，感受魅力无限的神奇想象，了解祖先在探索和改造世界过程中的美好向往，进一步激发学生阅读神话的兴趣。

"篇"中学法。在课堂中指导学生阅读单篇，了解文体基本常识，通过精准指导，使学生习得本类文体的基本阅读方法。如，阅读神话，可以通过摘抄、配图、绘制人物名片，感受神话中神奇的想象和鲜明的人物形象；可以利用书中插图，借助山形图，按照起因、经过、结果的顺序，讲述神话故事等。

"本"中练法。推荐阅读本单元《快乐读书吧》中的必读书目，了解《快乐读书吧》的阅读提示，进一步认识文体特点及阅读方法，通过制订计划，班级共读，开展阅读实践活动，练习本类文体的阅读方法和阅读策略。如，通过神话文体单元的学习，推荐学生阅读《中国古代神话》，了解阅读提示：远古时候人们认为神话是真实而神圣的，一定要在严肃的仪式上郑重地讲出来。神话通常气魄宏大，读的时候要发挥想象，感受其中的神奇。制订班级共读计划，开启寻"神"之旅，师生共读《中国古代神话》，并开展相关阅读活动。如，话说神话之"神"、创意读写《我和我的"神"》、我是神话讲述人、走进神话小剧场等。

"类"中用法。推荐阅读本单元《快乐读书吧》中的选读书目，自主联读，运用在本单元"单篇"和必读书目中习得的阅读方法、阅读策略，师生共同确定阅读主题，开展相关阅读活动。如，学习神话文体单元，共读《中国古代神话》后，推荐阅读《世界经典神话与传说故事·希腊神话》，学生运用之前学过的方法，自主联读，和学习伙伴自主选定主题展开阅读探究。如，希腊神仙家族关系探究、希腊神话传说的故事结构探究、希腊神话中的"神"力探究等。

类比分析，总结评价。通过对同一种文体"篇、本、类"的阅读，以及在阅读中"学法、练法、用法"，学生对本类文体特点及阅读方法、阅读策略有了基本的认识，还可以通过对比阅读、类比分析、总结评价，找出同类文体相关书籍的相同点和不同点，进一步加深对本类文体及作品的认识，并尝试学习迁移、归类、整理、提炼等研究方法，提高思辨阅读能力及审美创造能力。如，通过对神话"篇、本、类"的阅读，开展类比分析。例如人物类比分析——嫦娥与辉夜姬；与太阳有关的故事类比分析——《后羿射日》与《法厄同》——与神力有关的类比分析：黄帝、蚩尤、魑魅、旱魃、赫拉克勒斯、大力神等。

【教学实践】

循阅读航程，觅英雄足迹
——《小英雄雨来》整本书阅读教学策略

走进作品：

《小英雄雨来》记叙了抗日战争时期，晋察冀抗日根据地的儿童雨来聪明、机智地掩护革命干部，在敌人的诱惑和刺刀威逼下视死如归，多次逃出魔爪的故事，歌颂了抗日根据地儿童热爱祖国、勇敢机智地和敌人斗争的优秀品质。这是一部培养少年儿童爱国主义情操，体现中华民族不屈精神的优秀革命文化教育读本。小说中苇丛雏鸭、五谷飘香的田园风光，雨来掩护交通员、夜送鸡毛信等情节，无不体现抗日战争时期，中国人是如何奋起抵抗日本侵略者的。

作者简介：

管桦，曾任北京市文联主席，北京老舍文艺基金会会长。管桦著有长篇小说《将军河》《深渊》，作品集《管桦中短篇小说集》《管桦文集》等。他创作的中篇小说《小英雄雨来》及同作曲家合作的歌曲《快乐的节日》《我们的田野》《听妈妈讲那过去的事情》等有广泛的影响。

1940年，管桦离家奔赴抗日战场，曾做过随军记者。长年转战南北，但浓浓的乡情，给他留下了无限的眷恋。他从小亲身经历了年长他几岁的本村儿童团团长带领一群天真无邪的儿童站岗放哨，给八路军送鸡毛信，上树瞭望，捕捉敌情等。从军后，童年时代的情景，总是像演电影似的一幕幕在他脑海中浮现。就这样，他创作了以雨来为主人公的《小英雄雨来》。

文本分析：

《小英雄雨来》这部中篇小说，借雨来、战士、乡亲们与鬼子战斗的故事，塑造了一大批英雄形象。小说中的标题独具特色，在阅读时可以学习拟定标题梳理小说脉络，理解主要内容，也能解决四年级学生难以把握中篇小说内容的问题。雨来既是英雄，也是孩子，他在众多亲人、好友、战士的共同影响下，完成了多个重要任务，一步步成长为一名真正的游击队员，这是引领学生学习英雄、使自己成长的好范例。本书的环境描写也别具妙用，帮助塑造人物、凸显主题。因此，抓情节、品人物、悟环境，可以贯穿课文先导课、导读课、展示课。

《小英雄雨来（节选）》教学设计

教学目标：

一、梳理故事脉络，学习拟定小标题，把握课文的主要内容。

二、从人物的语言、动作、神态等感受雨来的英雄品质。

三、体会文中三处环境描写的作用。

教学重难点： 学习拟定小标题，概括课文的主要内容，初步感受雨来的小英雄形象。

教学准备： 课件、预学单

教学过程：

一、速读课文，巧拟标题

（一）阅读故事，学拟标题

1.自由读课文第一部分，想一想：这部分的主要内容是什么？

2.学生汇报。

3.练习用一句话概括主要内容。（预设：雨来游泳本领高。）

4.交流小结，学习概括小标题的方法。（预设：主要人物＋主要事件）

（二）学以致用，梳理文意

1.快速浏览课文后面五个部分，运用"主要人物＋主要事件"的方法拟定小标题。

2.学生读后汇报：雨来掩护李大叔、雨来上夜校读书、雨来智勇斗鬼子、大家怀念雨来、雨来机智脱险。

3.小结：《小英雄雨来（节选）》是我们小学阶段学习的最长的一篇课文。今天，我们通过用"主要人物＋主要事件"的方式拟出了六个部分的小标题，再把小标题用自己的话串联起来，就把握了这篇长课文的主要内容。

（设计意图：课文《小英雄雨来（节选）》包括6个小故事，讲述了抗日战争时期，雨来为掩护交通员李大叔，与鬼子斗智斗勇的故事。本单元的语文要素是"学习把握长文章的主要内容"。这是四年级上册新的阅读技能学习点，也是学生阅读能力的提升点。课文中的泡泡语和课后题都提示了阅读长文章的方法。此教学环节帮助学生掌握拟定小标题的方法，并梳理课文的主要内容。）

二、关注言行，感知形象

（一）再读课文，初识雨来

1. 提出问题，探究人物形象：一篇成功的小说离不开对人物的细致刻画。为什么说雨来是一个小英雄呢？请大家边默读课文边做批注。

2. 学生汇报。

预设：

（1）敌人追赶搜查时：雨来"使尽气力，才把缸挪回到原地"，"撒腿就往后院跑"，"一直朝后院跑去"，"抱着树就往上爬"。

（2）敌人训斥盘问时："捡来的！"

（3）敌人哄骗利诱时："我在屋里，什么也没看见。"

（4）敌人威胁毒打时：雨来半天才喘过气来，脑袋里像有一窝蜂，嗡嗡地叫……雨来还是咬着牙，说："没看见！"

教师相机提炼，板书：聪明勇敢、沉着冷静、不受诱惑、大义凛然、坚定不屈……

（二）聚焦三个"没看见"，感受英雄形象

1. 提示关键词句。不少同学关注了雨来被抓时的语言不多，有一个词却出现了三次。（预设：没看见。）

2. 借助表格梳理，小组合作交流思考：雨来是在什么情况下说的这句话？他都在想什么？

	雨来的话	鬼子的表现	雨来的想法
第一次	雨来用手背抹了一下鼻子，嘟嘟囔囔地说："我在屋里，什么也没看见。"	哄骗	
第二次	雨来摇摇头，说："我在屋里，什么也没看见。"	利诱	
第三次	雨来还是咬着牙，说："没看见！"	毒打	

预设：

（1）从雨来"用手背抹了一下鼻子"这个动作以及"嘟嘟囔囔"一词，可以猜测雨来想以此蒙骗敌人，可见雨来的机智勇敢。

（2）从雨来面对敌人的利诱和威逼，毫不慌乱，感受到雨来的沉着镇定。

（3）雨来第二次说"没看见"时"摇摇头"，这种冷静证明第一次是蒙骗鬼子，更凸显雨来的机智。

（4）从"咬着牙"一词，能感受鬼子的心狠手辣和雨来的坚强不屈。

3.引导学生观察表格中竖列的信息，说说自己的发现。

预设：三次"没看见"对应的是雨来和敌人三个回合的较量，敌人的态度越来越强硬，雨来面临的考验也越来越大，但是无论鬼子的态度如何，雨来的回答始终只有同样的三个字——没看见。

4.教师小结：刚刚我们通过体会雨来反复的语言，看到一个拒绝诱惑、坚强勇敢的小英雄。"没看见"这三个字多么简单，又多么有力量，这就是文字的魅力。

（三）关注侧面描写，提升思维能力

1.引导关注作者的写法，说说自己的发现。课文重点刻画雨来的英雄形象，为什么这部分关于雨来的描写只有寥寥几句话，却花了大量笔墨来刻画鬼子？

2.引导关注作者的写法，交流自己的思考。课文的第四部分集中凸显了雨来的英雄形象，那其他几部分是否可以删掉？为什么？

预设：

（1）第一部分写雨来住在还乡河边，水性特别好，这为雨来能够在鬼子的枪炮下机智脱险埋下伏笔。

（2）第二部分写雨来到夜校读书，女老师教导他："我们是中国人，我们爱自己的祖国。"这与后文雨来的血滴落在识字课本上相呼应。正因为夜校的教育给雨来播下爱国的种子，他面对敌人的威逼利诱、严刑拷打才毫不退缩。

（3）第五部分通过老人的话语"雨来是个好孩子""有志不在年高"，从侧面体现出雨来的精神品质，使人物形象更加饱满。

（4）第六部分是故事的结尾，进一步体现了雨来的机智、勇敢。同时，一波三折的故事情节，出人意料的结尾让读者更有阅读兴趣。

3.交流小结：通过前面的交流，我们发现每一个情节的设定，每一个人物的出现都有它的价值。今后，我们在阅读长课文的时候，可以前后关联起来读，这样会有更深入的体会。

（设计意图：课文抓住雨来在重点情节中的言行刻画出雨来的小英雄形象，所以，引导学生紧扣课题，从"鬼子花言巧语，雨来不被诱惑；鬼子无情毒打，雨来绝不屈服"的语言、动作中初步感知雨来的机智勇敢。再聚焦雨来的三次"没看见"、对鬼子的侧面描写、其他辅助的篇章，设计活动任务，引导学生更深刻、全面地体会雨来的小英雄形象。）

三、聚焦环境，体会主题

（一）关注景色，感受风貌

1.引导关注课文中的环境描写，揭示：人物、情节、环境是小说三要素。通过前面的学习，我们梳理了故事内容，感受了雨来的英雄形象，我们还要关注环境描写。

2.出示课件：芦花开的时候……鹅毛般的苇絮就飘飘悠悠地飞起来，把这几十家小房屋都罩在柔软的芦花里。引导思考：这是一个怎样的芦花村？

3.学生交流汇报。

4.小结：这段话既点明了故事发生的地点，又勾勒出芦花村的美丽景色，为人物出场营造氛围，也为雨来脱险埋下伏笔。

5.根据理解，为这段环境描写配上合适的音乐，并说说理由。

出示三段音乐：悲愤痛惜的音乐、沉静哀伤的音乐、舒缓美好的音乐。

（二）再寻环境，体会情感

1.再读课文，寻找文中其他的环境描写，选择合适的音乐配合朗读，体会环境描写的作用。

（1）"太阳已经落下去……在上面飘飘悠悠地飞着"。

（预设：通过联系前文，明白"红绸子""红色鸡冠花"都预示着流血牺牲。抓住这些颜色和状态描写，结合后面雨来借河脱险，他机智勇敢的形象跃然纸上。联系上下文朗读，感受环境描写烘托出此刻人们不舍、惋惜、悲痛的心情。）

（2）"还乡河静静的……虫子在草窝里叫着"。

（预设：这段文字写出还乡河的静，但这种静衬托了"人们呆呆地在河沿上立着"难过又充满期待的心情。）

2.教师小结：一切景语皆情语，透过景色，可以感受人物的心理活动。文章开篇写芦花村美丽、宁静，是为后来美好家园被破坏，雨来舍生忘死战斗做铺垫。

（设计意图：环境描写可以渲染气氛，为后文做铺垫，烘托人物的心情，引导学生借助文字、音乐品味环境，更深刻地感受人们的心情和雨来的小英雄形象。）

四、激发兴趣，推荐整本

1.提示课题中的"节选"二字，引导学生预测整本书内容。

提示："节选"说明课文只是书的一部分。猜一猜，《小英雄雨来》这本书还会讲些什么内容呢？期待下一节课吧！

2.推荐阅读《小英雄雨来》整本书。

（设计意图：由"节选"二字激发学生阅读《小英雄雨来》的热情，进而推动整本书的阅读。）

（案例提供：陈静）

《小英雄雨来》导读课教学设计

教学目标：

一、运用预测策略，通过读目录、猜情节、品人物等阅读方法初步了解小英雄雨来的成长故事，产生阅读整本书的兴趣。

二、体验阅读的乐趣，学会制订阅读计划。

三、继续探索环境描写在小说中的作用。

教学重难点： 运用预测策略，通过读目录、猜情节、品人物等阅读方法初步了解小英雄雨来的成长故事。

教学准备： 课件、推荐书目《小英雄雨来》、阅读计划表。

教学过程：

一、忆课文，初识雨来

（一）回顾课文内容，交流人物形象。

《小英雄雨来（节选）》这篇课文都学过了吧？故事围绕主人公雨来讲了哪几个小故事？文中哪些地方给你留下了深刻的印象？

预设：

小英雄雨来游泳本领高，能仰浮，不沉底。

妈妈不让雨来游泳，但他像泥鳅一样抓不住。

雨来勇敢顽强，被敌人威逼利诱，坚决不泄露李大叔的行踪。

一声枪响，雨来却没有死，太出人意料。

（二）小结人物形象，导入整本书阅读。

这些有趣的、惊险的、出人意料的故事情节让我们认识了机智勇敢的雨来。其实，雨来的故事还有很多，今天，让我们一起走进《小英雄雨来》这本书。

（设计意图：回顾课文，学生梳理课文脉络，感知故事情节的有趣、惊险、出人意料，激发阅读整本书的兴趣。）

二、看封面，初识整本书

阅读提示：阅读一本书，首先看封面。看到封面，你了解了哪些信息？

预设：

（一）书的名字。每本书封面上最醒目的就是书名。

（二）封面插图。插图能辅助我们了解书的内容。从本书的封面，我们可以看出故事发生在战争时期，主角是一名满面笑容的小战士。

（三）小说作者。

补充资料：管桦，作家、诗人。管桦从小和村里的儿童一起站岗放哨，给八路军送鸡毛信，上树瞭望，观察敌情。他18岁奔赴抗日战场，成为一名随军记者。在多年的军旅生活中，他深有感触，于是创造了雨来这个儿童战士的形象，也有了《小英雄雨来》这本书。

4.封面上的其他文字:"少年励志红色经典""小学生革命传统文化读本"。

小结:从以上内容可以看出,本书传播革命文化,激励少年成长。"红色经典"有一系列丛书,《小英雄雨来》是其中的一本。

(设计意图:关注封面,学生快速了解这本书,再次激发阅读整本书的兴趣。)

三、读目录,猜情节

(一)一读目录,明晰标题的关联

1.读标题。这本书共41章,每章都有小标题,请你选择自己喜欢的方式读标题。

2.猜测课文对应书中哪些章节。

预设:前五章的内容对应课文,讲述了一个完整的故事。书的章节可以前后联系起来读。

3.对比自己和作者拟的小标题,体会雨来的淘气、顽皮。

(1)我们给课文第一章拟定的标题是"雨来游泳本领高",而作者管桦拟定的标题是"雨来这孩子"。读一读标题,你读出了雨来的什么特点?

(预设:淘气、顽皮、捣蛋。)

(2)雨来还做了哪些调皮捣蛋的事?快速读文段,你体会到了什么?(出示第六章《军事演习》的片段)

(3)小结:多有意思啊!不过,雨来和伙伴们看似在胡闹,其实是在干一件很严肃的事。猜猜这个片段出现在哪个章节?

4.根据标题串预测故事。

(1)出示《军事演习》《愤怒的土地》这两章的图片,预测是哪个章节。

(2)从《军事演习》到《愤怒的土地》是一个完整的故事,根据标题和插图，猜测这是一个怎样的故事。

（3）学生进行预测，小组交流，全班汇报。

5.小结：读着目录，我们发现一个个前后相互关联的章节组成了一个小故事，一个个故事连起来就组成了这本书精彩的内容。

（设计意图：阅读时，引导学生根据书中的插图、文字，猜对应的标题；根据标题猜情节；根据标题猜故事。这样不仅激发学生的阅读兴趣，还把二年级的"读目录"、三年级的"预测"、四年级的"根据小标题把握文章主要内容"等阅读策略进行综合运用，提高学生的阅读能力。）

（二）二读目录，发现标题的特点

1.再读目录，思考这本书的标题有什么特点。

2.学生汇报。

预设："杜绍英""腮帮上有'酒窝'的战士"，是小说中的人物；

"雨来被抓住了"，概括了故事情节；

"这儿是中国的土地！"，是小说中人物的语言。

3.根据发现，给标题分类。

小结：拟小标题的方式多种多样，可以概括故事内容，故事情节；可以介绍主要人物；可以展现人物的精彩语言、心理活动。

4.引起阅读期待。看到这些标题，你最想读哪个章节？

小结：形式多样、丰富多彩的标题更能吸引我们阅读，我们写作时要学习这种拟小标题的方式。

（设计意图：本书目录中的小标题很有特色，也格外吸引人。通过以上环节，学生能感受本书标题的丰富多彩，也能学会拟定小标题的另一种方法。）

（三）三读目录，预测故事的情节

提问：关注标题中的人物，你最想认识谁？

（预设一：《牛车上坐着个小媳妇》）

1.出示选段1，读一读，小媳妇给你留下什么印象？

选段1：守门的警备队员，目光落在小媳妇身上，就像胶一样粘着离不开了。他心想：这么漂亮，大红的棉袄，头发在阳光下油光发亮，发髻上插着两朵粉红色的小花。脸蛋白里透红，一对俊俏的大眼睛，嘴唇还染了胭脂。她怀里抱着个孩子，从头到脚都用一条花被紧紧地包裹着。

2.猜测：如此漂亮的小媳妇，还抱着孩子，她想去干什么？（预设：探亲、访友、郊游……）

3.出示选段2，说一说：故事情节哪里出乎你的意料？

选段2：小媳妇抱着孩子下车。警备队员脑袋轰的一声，心里说："好大的两只脚啊！"没等他明白过来，小媳妇把被子一抖，孩子露出来了——原来是一架机关枪，嗒嗒地扫射起来。警备队员只叫了一声："妈呀！"倒在地上死了。

（预设二：《腮帮上有"酒窝"的战士》，可以随着情节猜测出示相关片段）

1.说一说：他的酒窝里到底有什么秘密呢？

2.交流讨论：酒窝战士受伤住进了雨来家，可那一天东屋住满了鬼子兵，怎么救酒窝战士呢？学生讨论。

3.出示环境描写，交流：雨来能顺利救出酒窝战士吗？（出示环境描写）

4.想象画面交流：面对拿着枪的敌人，雨来会怎么说、怎么做呢？

5.对比阅读，交流话题：如果雨来上次救李大叔的表现是100分，你想给雨来的表现各打多少分？说说你的理由。

6.小结：是啊，正是在一次次这样惊心动魄的战斗中，在一次次与鬼子的周旋中，他不断积累战斗经验，不断成长。（板书：成长）

191

读故事时，我们可以根据情节不断预测接下来会发生的故事，成为故事中的一员，和雨来一起战斗，一起成长。

（设计意图：不少标题以本章节的主要人物拟定。从标题人物入手，引导学生边读故事片段，边预测人物、预测情节，初识人物。这样学生不仅一直兴趣盎然，在思维的碰撞中，也在梳理逻辑，创编故事，极大地激发学生的阅读、思考、创作热情。）

（四）四读目录，交流感兴趣的内容

1.选择自己感兴趣的章节读，一边读一边预测情节。

（出示PPT：我读了_____章，我知道了_____。）

2.师生交流感兴趣的内容。

小结：雨来是个英雄，也是个孩子。随着阅读的不断深入，我们对雨来一定有更深刻的认识，雨来成长的过程也就是我们成长的过程，而这也是我们阅读的意义。

（设计意图：通过前面的学习，学生有许多预测和疑问。学生选择感兴趣的内容阅读，能在阅读中，解决疑惑，又产生新的疑惑。学生的阅读兴趣持续被激发。）

（五）五读目录，制订阅读计划

1.布置阅读任务：两周时间完成整本书阅读，进行分享交流会。

2.根据自己的实际情况，制订阅读计划，填好阅读时间和阅读章节。

（设计意图：布置阅读任务，引导制订阅读计划，更好地推动整本书阅读。）

四、感环境，体会妙用

1.出示课文中的三处环境描写，回顾这些环境描写的作用。

2.快速浏览整本书，找出环境描写，思考其作用，并完成阅读记录卡。

> **阅读记录卡**
>
> 　　环境描写是小说三要素之一，《小英雄雨来》这本书中有多处环境描写，请选择你认为最精彩的环境描写，读一读，联系上下文体会其作用。
>
> 　　书中的句子：_____
> _____
>
> 　　我的体会：_____
> _____

（设计意图：这本书中环境描写贯穿始终，体量虽不大，意义却不小。可以设计阅读单，请学生找出书中的环境描写，体会环境描写的作用。）

课堂小结：今天，我们从这些生动有趣、惊险紧张、出乎意料的情节中，从雨来经历的一件又一件的事情中，看到雨来逐渐从一个淘气顽皮的孩子成长为一个机智、勇敢的八路军小战士。课后请同学们按照自己的阅读计划花两周时间读完整本书，在阅读中更全面、更深刻地了解雨来，了解那段全民皆兵、英勇抗敌的光辉岁月，两周后我们就这本书进行分享交流。

（案例提供：陈静）

《小英雄雨来》展示课教学设计

教学目标：

一、学以致用，用所学方法梳理整本书的内容。

二、学习在不同的故事情节中，在大的社会、生活背景中更全面、更深刻地感受雨来形象及英雄群像。

三、体会环境描写的作用。

四、拓展阅读更多红色经典书籍，能感受革命先辈们的家国情怀和爱国精神。

教学重难点：全面、深刻地感受雨来形象及其成长变化。

教学准备：阅读《小英雄雨来》整本书。

教学过程：

一、再拟小标题，梳理整本书

（一）学以致用，巧拟标题

前两周，我们阅读了《小英雄雨来》这本书，知道这本书共41章，前后几个章节合起来构成一个较完整的故事。请你为书中的8个小故事分别拟定小标题。

预设：掩护李大叔；引敌入雷阵；夜寻大部队；拯救杜绍英；救"酒窝"战士；夜送鸡毛信；参战却被俘；捣敌人据点。

小结：借助上节课学会的"主要人物＋主要事件"的方法，能很快拟定8个故事的小标题，简洁又清晰。

（二）明写作顺序，理行文主线

想一想：这些故事能调换位置吗？为什么？

（设计意图：培养学生的阅读整合能力，使其通过设计归纳任务单，梳理整本书的脉络，借助"主要人物＋主要事件"的方法，拟定8个故事的小标题，了解整本书的内容，学以致用。同时，落实本单元的另一个语文要素——按一定的顺序把事情的过程写清楚。）

二、悟雨来形象，绘英雄群像

（一）全面、深入了解雨来，感人物形象

1.出示小组合作任务：雨来是小英雄，也是小孩子。他活泼顽皮，也机智勇敢；他遇敌会紧张，也在成长。请在不同章节、不同事件中，在细节描写中，更深入、全面地了解雨来、走近雨来。小组合作学习，完成下表。

读关键句段　品雨来形象		
章节	关键句	雨来特点

2.学生汇报，总结阅读方法。

预设：

（1）从第29章中，我发现雨来特别怕狼，我仿佛看到一个胆小、有点孩子气、可爱的雨来。（出示第29章的片段）

①雨来还给自己壮胆子，心里说，爸爸不是说过，狼也怕人吗？爸爸说狼还怕火呢。它敢来，我就划火。鸡毛信上插着火柴，在鞋底子上一划——嚓！

②而且，不知什么缘故，他总觉着有一只狼，在屁股后跟着他，拖着长长的大扫帚尾巴，瞪着两只红红的小眼睛，伸着鼻子，闻他的屁股。

③雨来想起这些关于狼的故事，就一边走着，一边不住地瞪大眼睛向四下里望。

（2）我觉得雨来虽像普通小孩般怕狼、胆怯，但他在送鸡毛信这样的任务面前，能勇敢挑战自己，战胜自己。（出示第29章的义段）

①雨来接过信一摸，信封上插着根鸡毛，还有几根火柴。他把红缨枪交给铁头，二话没说，拔腿就向村西走。

旷野被寒冷的夜雾笼罩，四外一片漆黑。群星在深远的高空里，一明一灭地闪动着它们宝石一般的亮光。雨来在两棵大树旁边停下来，辨别了一下方向，就离开大路，跳过一条不宽的水沟，绕过一丛矮树棵子，沿着小路走下去。

交流：这段环境描写刻画出漆黑的夜晚、茂密的森林、羊肠小道，在这样漆黑的夜晚，我们会恐惧、害怕，但雨来还是毅然决然去送信，是那样勇敢、镇定、有责任感。

（3）小结：我们联系前后文，抓住关键句段，深入品读，品出雨来作为一个十多岁的孩子，有可爱童真，但他更有责任心，是个勇敢的孩子。

3.学生学习阅读方法，继续汇报。

预设：

（1）在第28章《放羊的》中，雨来掩护受伤战士突围时，一直找叔叔说话，体现了他关心、体贴战士，同时也表现了他的紧张，没话找话说。但他遭遇鬼子，受到鬼子盘问时，又能巧妙与鬼子周旋，神情自然、镇定自若，还能随机应变。从这里可以看出他逐渐强大起来，成熟起来。

（2）杨大娃光荣参军后，雨来对从军参战充满热情，和一帮孩子寻找八路军的大部队，又被送回了家。从这里可以感受到他热切爱着自己的祖国，想守护好自己美丽的家乡。正因为此，雨来被抓后，哪怕被打，差点被杀，也一直不屈服，依然坚定、顽强。

（3）雨来很莽撞，在《钻进网里的小鹰》这章，这个糊涂蛋居然自己撞进了鬼子的天罗地网，被抓起来了。但被抓后，他不屈服，又装病躲过了敌人的残酷迫害，证明了他越来越成熟。

（4）在杜绍英叔叔指挥八路军战士袭击敌人据点时，他积极加入战斗，英勇杀敌，终于成为一名光荣的小战士。在无数次的战斗中，雨来遭遇无数风险，乃至杀身之祸，但他有坚定的信念，有执着的追求，终于梦想成真。

……

小结：雨来是个十多岁的孩子，顽皮、胆怯、鲁莽，却异常刚强、勇敢、善良、坚毅。在一个个有趣好玩的故事中，在一次次险象环生的救人过程中，他会犯错，也会遭遇失败，但他诚挚地爱着自己的祖国、家乡，这使雨来总能坚定不移地捍卫祖国的利益，勇敢无畏地和凶狠冷酷的敌人作战，并且毫无保留、热情友善地帮助八路军战士。他机智、勇敢，总能化险为夷，在战斗中不断积累经验，日趋成熟，成为一个名副其实的小英雄。

（二）梳理人物关系，思考成长影响

1.借助表格梳理人物关系，深入思考问题。人总与社会有千丝万缕的联系，人的成长离不开身边的每一个人。请再读全书，梳理雨来身边人的关系，绘制如下关系图谱，思考：顽皮、淘气的雨来成长为小英雄，文中人物对雨来的成长产生了怎样的影响？

人　物	与雨来的关系	事　件	性格特点	影　响
妈妈	亲人	掩护杜绍英被毒打	爱国、坚强不屈	言传身教
李老师	师长	在夜校教书	爱生爱国	播下爱国的种子
扁鼻子军官	敌人	抓李大叔、雨来	狡猾毒辣	痛恨敌人
……				

2.学生阅读、填表，感知英雄群像，在交流中明白：在那个全民皆兵的年代，无论男女老幼，都在用自己的方式英勇抗敌，一代代人前赴后继。正是因为老师的教导、父母的言传身教、小伙伴的影响，雨来身处这样的环境，被教育、感染、熏陶，才会走上抗战的道路。雨来是抗日战争中少年儿童的缩影。

（三）探索英雄本质，学做少年英雄

1.交流话题。通过阅读这本书，我们知道了雨来是英雄。请思考：什

197

么样的人才能称得上英雄?

预设:聪明秀出,谓之英;胆力过人,谓之雄。英雄者,有凌云之壮志,气吞山河之势,有藐视一切之能力,肩扛正义,救黎民于水火,在国家出现危难之时,总能挺身而出,为国效力,这样的人,称为英雄。

2.说一说:几千年来,中华大地涌现了哪些英雄?

预设:岳飞、文天祥、戚继光、郑成功、林则徐……

3.交流话题。说到少年英雄,你又会想到谁?

预设:雨来、王二小、张嘎、刘胡兰、潘冬子……

4.专题探究。他们为什么被称为英雄?

5.以"当代社会有英雄吗?"为主题,完成演讲稿。

引导学生结合社会、生活,查阅资料,走访探寻,深入了解在社会的方方面面为国家发展、人民幸福做出卓越贡献的人,谈谈何以为英雄。

(设计意图:通过引导学生深入阅读红色经典书籍,全面、深刻地感受真实鲜活的英雄人物形象,明白他们也是一步步成长起来的。设计关于英雄的演讲活动,把阅读和表达相连,不仅让高阶思维得到发展,同时,也让爱国、坚韧、勇敢、顽强等优秀品质内化为学生成长的力量、人生的信仰。)

三、品环境描写,悟习作密码

1.关注文中的环境描写。通过课文先导课、整本导读课,同学们初步感受书中多处环境描写的妙用。读完整本书,请学生再聚焦"还乡河",思考:作者为什么反复描写还乡河?

2.学生归纳、总结:"环境描写"能推动情节发展、渲染气氛、烘托人物形象。

(设计意图:请学生在作品中"关注环境描写,感受人物形象",由此实现阅读教学的迁移与运用，落实单元语文要素。）

四、读同类作品，悟革命情怀

1. 拓展阅读资料，探究本书主题。同学们，我们通过读《小英雄雨来》这部中篇小说，不仅读懂了雨来的故事，更读懂了雨来的成长。同学们，你们知道吗？1998年，"小英雄雨来纪念园"在作者的家乡还乡河畔落成。管桦在纪念碑上亲笔写下这样一段碑文：在那个战争年代，像雨来那样站岗放哨、手拿红缨枪、挺起小胸脯、给八路军送信、带路的情况是很多很多的……（出示碑文，请学生朗读。）

2. 小结本书主题。是呀，雨来是抗日战争中少年儿童的缩影。那个年代，不论男女老少，不论出身贵贱，他们之所以英勇无畏、前赴后继，他们之所以面对敌人依旧不屈，是因为他们有着坚定的信念：我们是中国人，我们爱自己的祖国！

3. 推荐阅读同类作品，感悟革命情怀。抗战年代，为了国家与民族，一个又一个英雄站起来了，请自由选择一本红色经典阅读，如《闪闪的红星》《小兵张嘎》《刘胡兰》，思考，潘冬子、张嘎、刘胡兰等人与雨来相比有什么异同？在情节设置、人物塑造、环境描写等方面又有什么特色？

（设计意图：红色经典让人称颂的不仅是不屈不挠的革命精神，更重要的是其给予青少年儿童成长的力量，故课内与课外要相联系。读完《小英雄雨来》，引导学生读更多同宗同源的红色作品，这样课内的必读书目和课外的更广博的经典相融，形成整本书的阅读体系，红色经典就像一条源源不断的红色河流，洗涤、浸染着每一个孩子。）

（案例提供：陈静）

跟着文字去历险，走进故事悟成长
——《汤姆·索亚历险记》整本书阅读教学策略

【走进作品】

《汤姆·索亚历险记》是一部畅销全球的儿童小说。故事发生在19世纪上半叶美国密西西比河畔的一个普通小镇上，主人公汤姆·索亚幼年丧母，由姨妈收养。聪明顽皮的汤姆受不了姨妈和学校老师的管教，常常逃学闯祸。一天深夜，他与好朋友哈克到墓地玩耍，无意中目睹了一起凶杀案的发生。因为害怕凶手发现他们知道这件事，汤姆和哈克带着另一个小伙伴一起逃到一座荒岛上做起了"海盗"，弄得家里以为他们被淹死了，结果他们却出现在了自己的"葬礼"上。经过激烈的思想斗争，汤姆终于勇敢地站出来，指证了凶手。不久之后，在一次野餐活动中，他与他的朋友贝琪在一个山洞迷了路，整整三天三夜饥寒交迫，面临着死亡威胁。但是后来他终于成功脱险，而且还和好友哈克一起找到了凶手埋藏的宝藏。汤姆遭遇困难时的乐观、自信、勇敢，感染了无数的孩子。无数的大人通过汤姆的历险故事，读懂孩子的内心世界，彻底改变与孩子的沟通方式。

【作者简介】

马克·吐温（1835—1910），是美国作家、演说家，美国批判现实主义文学的奠基人，世界著名的短篇小说大师，被誉为"美国文学史上的林肯"。马克·吐温自小家境贫寒，为了贴补家用，他在很小的时候就出去工作，这些丰富的社会经验为他积累了大量的创作素材，他的作品受到全世界读者的欢迎，同时其欢快的语言以幽默的表达方式，引发读者思考。他的代表作品有小说《百万英镑》《竞选州长》《哈克贝利·费恩历险记》《汤姆·索亚历险记》等。

【文本分析】

马克·吐温在《汤姆·索亚历险记》的序言中写道:"这部书里所记载的冒险故事,大部分都是实际发生过的;其中有一两件事情是我亲身的经历,其余的都是我儿时伙伴的故事。"正如作者所说,《汤姆·索亚历险记》是作者童年的缩影,而故事中那些迷恋财富的贪婪恶人的行径,更是当时美国社会的真实写照。看似风平浪静的小镇,其实暗藏阴谋,当时正值资本暴涨时期,疯狂地追逐财富已成整个美国社会不可遏制的风气。故事中的汤姆·索亚调皮捣蛋,不受拘束,似乎对闯祸"独有天赋",但是这正是人类心底渴望自由的童真可爱一面。马克·吐温从一个孩子的视角对不择手段地追逐名利的浮夸社会敲响了警钟,并且告诉了人们不要贪得无厌、为非作歹。

这本小说通过主人公的冒险经历,对美国虚伪庸俗的社会习俗、伪善的宗教仪式和刻板陈腐的学校教育进行了讽刺和批判,以欢快的笔调描写了少年儿童自由活泼的心灵。《汤姆·索亚历险记》以其浓厚的深具地方特色的幽默和对人物敏锐的观察,一跃成为最伟大的儿童文学作品之一,它也是一首美国"黄金时代"的田园牧歌。

《汤姆·索亚历险记(节选)》教学设计

教学目标:

一、默读课文,运用小标题梳理情节,把握课文主要内容。

二、细读课文,体会情节的精彩之处,初步感知人物形象。

三、回读课文,联系质疑,产生阅读原著的兴趣。

教学重难点: 交流精彩情节,聚焦汤姆的语言和行动,多角度感受人物形象,产生阅读原著的兴趣。

教学准备：课件、学习单。

教学过程：

一、默读课文，整体感知

（一）回顾谈话，引出课文

同学们，在前面的学习中，我们一起认识了喜欢航海和冒险，乐观顽强的鲁滨逊和淘气、顽皮的尼尔斯。这节课，我们继续踏上"名著之旅"，去认识一位新朋友，美国作家马克·吐温笔下的小男孩——汤姆·索亚。

1.了解作者简介，导入课题。

2.借助梗概，整体把握小说主要内容。

3.出示书中的五次历险，找到对应的目录。

第一次历险——第九章：坟场上的悲剧

第二次历险——第十四章：快活的海盗露营地

第三次历险——第二十五章：寻找宝藏

第四次历险——第三十章：汤姆和贝琪在洞里

第五次历险——第三十二章：成堆的黄金

4.思考交流：《汤姆·索亚历险记（节选）》对应的是哪次历险呢？

预设：第四次历险——汤姆和贝琪在洞里。

（二）梳理情节，把握主要内容

1.关注课文导语，明确学习任务。

2.借助小标题，梳理故事情节。

导语：在《鲁滨逊漂流记（节选）》一课中，我们已经学习了用小标题来梳理故事情节，请你用这样的方法梳理这篇文章的情节。

（1）出示自学要求：

①快速默读节选片段，边读边想：节选中写了哪些情节？

②抓关键词，用小标题梳理故事情节，填写学习单。

（2）学生默读后汇报小标题：回到村庄、讲历险经过、看望朋友、得知封洞。

（3）借助关键词，用小标题串联故事情节，归纳主要内容。

（设计意图：温故知新，从本单元已学的两篇外国名著入手，既巩固了学到的阅读方法，又为本节课的学习奠定了基础。由整体到局部，借助梗概和目录，先从整体上把握整本书的主要内容，再到课文节选，用小标题串联故事情节，归纳课文主要内容。）

二、聚焦情节，品读人物

(一)交流分享，感受精彩情节

引导：一个好的故事情节，能让读者沉浸其中。课文中，哪个故事情节特别吸引你？请说说理由。

(二)聚焦主要情节，初步感知人物形象

一个好的故事，除了有引人入胜的情节，还有丰满生动的人物形象。你觉得汤姆是个怎样的孩子？

1.圈画批注，填写学习单。

2.组内交流。

3.全班汇报分享：我眼中的汤姆是一个 _____ 的孩子，因为 _____ 。

预设：

（1）汤姆是乐观、勇敢、机智、有责任心的。因为当他们在山洞中迷路，贝琪感到绝望时，汤姆选择多次探路，凭借惊人的毅力和经验最终找到通道，还带回了贝琪。

（2）汤姆有点虚荣心、好面子。因为当他讲述历险经过时，虽然很虚弱，但还不忘夸张地吹嘘一番。

（3）汤姆是重情义的。因为他身体恢复好之后就立马去看望好朋友哈克。

（4）汤姆是一个讨人喜爱的孩子，因为全镇所有人都关心着他的生死。

(三)链接整本书，多方面了解人物形象

1.阅读第一章导语，交流感受。

你喜欢吃果酱吗？那是汤姆的最爱。事实上，所有的零食他都喜欢，可是波莉姨妈总是不许他多吃。我们的故事就从汤姆偷吃果酱那一幕开始。汤姆从来不是一个循规蹈矩的乖孩子，他偷吃零食，爱出风头，经常打架，还偷偷下河游泳！聪明又调皮的汤姆和教育心切的波莉姨妈之间，上演着一场又一场"侦察和反侦察"的好戏。

2.小结阅读方法。汤姆是一个有故事的男孩，他的性格也绝非单一、片面的。除了关注故事情节外，我们还可以多留意人物的语言、动作、神态或是其他侧面描写的句子，相信你会发现更多。

(四)链接生活，深入感受人物形象

1.出示作者序言。

"这部书里所记载的冒险故事，大部分都是实际发生过的；其中有一两件事情是我亲身的经历，其余的都是我儿时伙伴的故事。"

2.联系生活实际，说说身边的小伙伴。

同学们，在汤姆的身上，你能找到自己或身边伙伴的影子吗？联系自己的生活和学习，说说自己的感受，要说清楚他的性格特点，并把理由或事情叙述清楚。

3.链接阅读经验，说说书中的小伙伴。

你读过的书中，有没有和"汤姆"特点相似的人物？

预设：《捣蛋鬼的英雄冒险》中的捣蛋鬼赫拉托，他每天都在学校给老师惹麻烦。还有骑鹅旅行的尼尔斯、淘气包埃米尔、小飞人卡尔松、长袜子皮皮……

小结：马克·吐温笔下的汤姆·索亚和你们年龄相仿，他的许多离奇的想法与行为，都有你们的影子。

(设计意图：让学生采取先自主思考再集体讨论的方式，借助学习单了解汤姆的性格特征，直观感受主人公立体、多面的形象。再联系自己的实际生活和阅读经验，使学生的兴趣和表达的欲望更浓，激发阅读整本书的兴趣。)

三、联系质疑，走进原著

(一)激励思考，鼓励质疑

1.引导学生关注情节。同学们，我们所读的课文只是小说的一段节选，前面发生了什么，后面将发生什么，我们一概不知。有没有什么地方让你觉得困惑，感到奇怪？有没有完全出乎意料、让人不可思议的情节？

2.学生默读文段，交流阅读时的思考。

3.全班交流，提出自己的疑问。

预设：印江·乔埃是谁？为什么汤姆听了法官说"把洞口封上"，"脸立刻变得煞白"？汤姆、贝琪、印江·乔埃为什么要到这个原始山洞里去？他们想要做什么？汤姆是怎么使用风筝线的？他们哪来的风筝线？哈克为什么病了？他是一个什么样的孩子？汤姆和贝琪在山洞里一共待了几天？他们是怎么度过这几天的？他们还经历了哪些艰险？……

(二)点评激趣，提高阅读期待

1.引导阅读原著。同学们，要想得到解答，唯一的办法只能是找到原著好好读一读了。

2.阅读名家书评。

无须多说，只要一翻美国文学史，便知道他是前世纪末至现世初有名的幽默家。不但一看他的作品，要令人眉开眼笑，就是他那笔名，也含有一些滑稽之感的。

——鲁迅

《汤姆·索亚历险记》有真挚的情感；它描写的事件和感情从不虚假，而且恰到好处又完美和谐。

——美国文学家、批评家莱昂内尔

3.联系拓展，激发阅读兴趣。

（1）引导：当我们回顾马克·吐温一生繁若星辰的创作，其中最畅销、最受人喜爱、知名度最高的作品，却是这部一开始卖得最不好的，甚至是被禁止出售、列为禁书的《汤姆·索亚历险记》。在这本书首次出版后的一百年间，它不断再版，被翻译成各种语言，成为世界各国孩子们的必读书目，还被改编成电视剧、动画片、电影、游戏、芭蕾舞剧……

（2）观看《汤姆·索亚历险记》电影片段——出发去当海盗。

小结：让我们跟随电影，循着汤姆和哈克的足迹，一起去领略密西西比河畔那波澜壮阔、迷人绚烂的自然风光；一起去书中感受汤姆·索亚这个顽皮男孩颇具传奇色彩的成长历险记吧。

（设计意图：联系质疑，引入与原著相关的资料和书评，激发学生阅读兴趣、引发探究和思考，从而实现由一篇课文走向一本书这一教学目标。）

（案例提供：周素华）

《汤姆·索亚历险记》导读课设计

教学目标：

一、了解《汤姆·索亚历险记》的基本信息，走近作者，走进作品。

二、浏览目录和全书概述，欣赏精彩片段，初步感知人物形象。

三、运用预测等方法体验阅读之趣，制订阅读计划。

教学重难点： 初步感知人物形象，欣赏精彩片段；运用预测等方法体验阅读之趣，制订阅读计划。

教学准备： 课件、推荐书目《汤姆·索亚历险记》。

教学过程：

一、看图猜人物，激发兴趣

导入：书是我们最忠实、最有益的伙伴，读一本好书，便是与书中的一个个人物交朋友。请你看图猜人物，说说这些人物出自哪本书。

出示图片：《小王子》《大侦探福尔摩斯》《木偶奇遇记》中的人物。

（设计意图：以读过的书为切入点，激发学生的表达欲望，营造轻松和谐、愉悦的课堂气氛。）

二、初识汤姆，感受人物性格

1. 出示小说的开篇文字，播放录音，学生听读故事。

"汤姆！"

没人应声。

"汤姆！在哪儿呢？快出来！"

还是没人回答。

"我从来没见过比这孩子更淘气的！"

"好呀，要是让我逮到了，看我不把你……"

鞭子在空中摇晃——简直是危机万分——

"哎呀！您往背后瞧瞧，阿姨！"

老太太以为真有什么危险，连忙转过身去，撩起裙子，闪到一边。那孩子马上就一溜烟逃跑了，他爬上那高高的木板围墙，一翻就不见了。

"天哪，他耍的滑头从来没有两天是一样的，谁猜得到他的坏主意？他好像是知道把我折磨多久才会叫我冒火，他也知道只要能想个办法把我哄过一会儿，惹得我笑一阵，就什么事都过去了，我也就不会揍他了。"

2.在交流中感悟汤姆形象。

预设：顽劣、调皮、淘气、机灵……是个"熊孩子"。

3.猜测：这样一个熊孩子，最后却成长为全世界男孩子的偶像，他到底经历了什么？小组合作说一说。

4.读汤姆的故事，体会人物形象。

引导：周六，因为汤姆跟人打架，波莉姨妈惩罚他刷墙。面对十多米长、三米多高的墙，汤姆会老老实实干完吗？他可能会怎么做呢？请你读一读书中的故事，再演一演汤姆和小男孩本的对话：

"我说，汤姆，让我也刷几下吧。"（本）

"不行，不行！波莉姨妈对这栅栏可挑剔着哩。一千个或许两千个男孩里面也挑不出一个能干好这件事的呢！"（汤姆）

"让我试试吧，只一小会儿！换了我，我会让你试试的，汤姆。"

"本，说实在的，我倒是愿意让你刷一会儿，可波莉姨妈——"

"我会小心的，就让我试试吧。要么——我把苹果核给你。"

"行——不，本，还是不行，我怕——"

"我把苹果全给你得了！"

5.观看《汤姆·索亚历险记》电影中"光荣的刷墙手"节选片段。

6.交流：汤姆又给你留下怎样的印象？

预设：聪明、机灵……

（设计意图：该环节为导趣环节，通过播放录音、观看视频、大胆猜测等活动，激发学生对本书的兴趣，在阅读中联系生活，初步体会汤姆的性格。）

三、阅读山洞历险片段，猜测故事结局

一个个故事，一次次历险，使汤姆的身体和心智一次次成长。尤其是他在经历了山洞迷路之后，完成了真正的蜕变，从一个小男孩成长为一个男子汉。

1. 山洞迷路留下悬念。

（1）读文段，想一想，在山洞历险中，汤姆面对的是怎样的环境？

蜡烛越烧越短，两个孩子紧紧地盯着，蜡烛无情地熔化，烛芯孤零零地孤立着，微弱的火苗挣扎了几下，一缕细烟蹿上来了，接着——一片漆黑的恐怖笼罩了一切！

（2）交流：这样的环境带给你怎样的感受？（预设：黑暗、恐惧、死亡的威胁……）

（3）引导：山洞中的汤姆并没有因此而绝望，他积极地与命运抗争，对脱离困境充满了信心，并且不断地安慰、鼓励贝琪。他是如何脱险的呢？在山洞中迷路了，他可能是用什么方法找到出口的呢？请你猜一猜。

2. 小结：今天这节课，我们初步认识了汤姆·索亚。书中也给我们留下了一个又一个的谜，谜底就在书中等着你，让这些问题成为我们下一次阅读的开始。

（设计意图：通过此前一系列的环节，学生对作品、作者有了一定的了解，对阅读本书也产生了极大的兴趣，此时，选取学生极为感兴趣的"山洞迷路"章节让学生进行品读，并进行大胆预测，这既是导趣也是导思，使学生对阅读该书的兴趣达到高潮。）

四、提炼方法、制订计划

(一) 提炼阅读方法。

我们可以运用哪些方法读《汤姆·索亚历险记》?

预设:关注前言、小引;关注目录;学会质疑;不断猜测……

(二) 制订阅读计划。

时间	内容	阅读记录

(设计意图:通过本课学习,引导学生提炼和归纳阅读的方法,制订阅读计划,开启有目的、有计划、有方法的整本书阅读之旅。)

五、课堂小结

每个人心中都有一个汤姆,每个人心里都有一个珍藏的童年。这本《汤姆·索亚历险记》是一个真正的宝藏,一定不会辜负你的期待。课后,让我们带着疑问与期待,去探秘汤姆的成长之旅吧!

(案例提供:黄婧娴)

《汤姆·索亚历险记》展示课教学设计

教学目标：

1. 能按照阅读计划，阅读整本书，了解故事梗概。

2. 从汤姆成长的经历中探究他蜕变的关键情节，了解同类成长小说的一些共性特点，学习阅读这类小说的策略。

3. 产生阅读成长类小说的阅读兴趣，学会观照自我的成长经历，交流对"成长"的独特感悟。

教学准备：

1. 阅读《汤姆·索亚历险记》整本书。

2. 完成导读单。

3. 教师制作学生阅读整本书过程的微视频。

教学过程：

一、播放微课视频，回顾阅读历程

1. 谈话导入，播放微视频——"我们读《汤姆·索亚历险记》"。

2. 小结：我们借助导读单，围绕情节、人物等话题进行了交流分享，感受到了汤姆五次历险的惊险和有趣，认识了顽劣却勇敢的汤姆。今天我们继续围绕汤姆的成长话题交流，相信孩子们又能读出新的发现和收获。

（设计意图：营造宽松的聊天氛围，让学生整体回顾阅读整本书的过程和方法，获得阅读的快乐和满足。）

二、聚焦前后评价，引出交流话题

1. 出示书中人们对汤姆的不同评价，读一读。

汤姆是个坏心眼的下流的野孩子。

——镇上的大人们

一个平凡的孩子绝不能把他的女儿从洞里救出来，他希望汤姆将来成为一个大律师或是著名的军人。

——撒切尔法官

2.交流：从书中前后对比的评价中，你有什么发现？

预设1：这本书写了汤姆变化的故事。

预设2：汤姆经历一次次冒险，成长了起来。

预设3：汤姆已经从人们眼中的野孩子成长为一个真正的英雄。

小结：像汤姆的经历那样，有惊险有浪漫，有欢笑有泪水，有胆怯有勇敢，这就是成长。一部历险记可以说就是一部成长史。

(设计意图：帮助学生整体回顾书中主要情节，把握这本书的成长主题，便于引出接下来的交流话题。)

三、聚焦冒险经历，探究成长关键

1.梳理汤姆的几次冒险经历。

第一次：墓地试胆。第二次：荒岛冒险。第三次：鬼屋寻宝。第四次：洞中历险。第五次：洞中寻宝。

2.交流：你觉得哪件事对他的影响最大？为什么？

预设1：第一次墓地试胆，出庭指证凶手，对汤姆的影响是最大的。这次冒险是书中花笔墨最多、跨章节最长的故事。汤姆自从在墓地目睹一场杀人惨案后，经历一番思想斗争和良心煎熬，最终正义战胜邪恶、勇敢战胜怯懦，他勇敢出庭作证，揭露真凶。

预设2：汤姆从墓地试胆到出庭作证，他的勇气也体现了他的成长。最开始，汤姆的勇气只是为了好玩、在伙伴们面前出风头，而在法庭上作证的时候，汤姆克服恐惧、胆怯，指证凶手，这是为正义而战的勇气。

预设3：这次冒险经历让汤姆内心恐惧，担惊受怕，经历的思想斗争最为激烈，给了他精神的磨砺。

小结：这一次历险是汤姆成长的转折点。在这个过程中，他经受了精神的煎熬，得到了心灵的成长。我们从书中的关键事件中，体会到了汤姆的成长。

板书：关键事件

(设计意图：此话题联系了整本书的五次历险情节，构建了这本书前后情节的阅读链，引导学生从汤姆五次历险情节的对比阅读中思考，感受汤姆是怎样一步步成长蜕变的。学生分享多元而独特的个性感悟，逐渐走入深度阅读，这也很好地落实了本单元语文要素——就印象深刻的人物和情节交流感受。同时，学生也习得了读成长类小说的方法：在关键事件中体会人物的成长。

四、联系已读书籍，探究成长秘籍

1. 关注同类书籍，交流：类似的成长小说你读过哪些？

预设：《假如给我三天光明》《童年》《城南旧事》……

2. 小组合作交流，选择读过的一本成长小说，说说从主人公的成长经历中有什么发现或感悟。

3. 小结：在我们的成长路上，爱就是阳光，照进了我们的心底，逆境和困难也是生活馈赠我们的礼物。不要拒绝它，它会让我们成长。

(设计意图：此话题联系了学生已经读过的类似的成长小说，构建了这一类成长小说的阅读链，引导学生从一本书阅读走向一类书阅读。在这个过程中，要尊重儿童独特的感悟和体验。在小组合作的多维立体对话中，让阅读与交流并进，思想与情感共生，切实提升学生的阅读兴趣、增强学生的阅读信心、激活学生的阅读思维、提升学生的阅读能力。)

五、联系生活实际，感悟生命成长

1.交流：联系生活，在你的成长过程中，有没有这样的关键事件和引路人？

2.小结：人在成长过程中，总会经历一些关键性的事件，遇到一些关键人物帮助我们成长。读整本书，就是自我观照、自我检视的过程，让我们在阅读中获得生命的感悟，得到精神的成长。

3.读一读，说一说：草木会发芽，孩子会长大，岁月的列车不为谁停下。成长是向阳而生的温暖。

4.小结：都说在生命之路上，谁也无法拒绝成长。相信，今天的课堂也将是我们人生经历中美好的一次成长。希望你们不仅读有字之书，还读人生无字之书，获得更多成长的密码，汲取更多成长的养分，成长为自己喜爱的模样。

(设计意图：此话题联系了书本与孩子的生活，构建了书本与儿童生活的阅读链，联系了孩子的生活实际，观照儿童自我生命成长，尊重了孩子独特的成长感悟与体验，使其懂得感恩生命成长路上的一切馈赠。)

（案例提供：刘利平）

第二节

"一书三课"整本书阅读基本教学模式

【**模式解读**】《义务教育语文课程标准（2022年版）》提示："应统筹安排课内与课外、个人与集体的阅读活动，宜集中使用每学期整本书阅读课时，兼顾教师指导和学生自主阅读，保证学生在课堂上有时间阅读整本书。"如何在课堂里指导学生读书？叶圣陶在《略读指导举隅》中对整本书阅读教学分阶段实施有初步论述，以阅读前、阅读中与阅读后这三个节点进行划分。我们通过研究这三个节点的阅读指导课，形成了"一书三课"整本书阅读教学基本模式，指导学生的阅读全过程。

"一书三课"关联整本书阅读教学的三个节点，即阅读前"导读课"，阅读中"推进课"，阅读后"交流课"。三种课型的基本功能如下：

导读课，引导学生有兴趣、有目标、有方法、有计划地读。

推进课，引导学生解决困惑、更新方法、丰富认知、联结生活地读。

交流课，引导学生检测效果、梳理文本、交流主题、展示成果。

【**主要流程**】

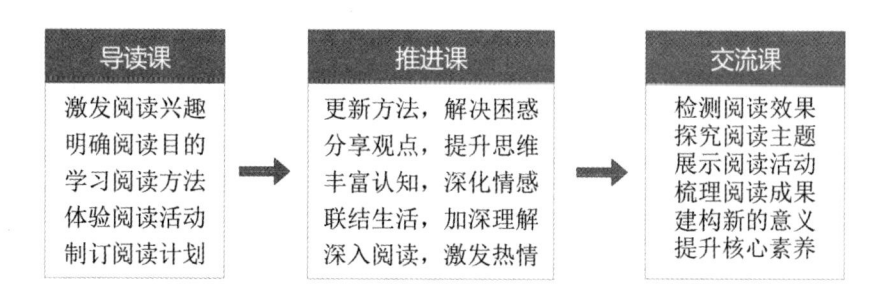

导读课	推进课	交流课
激发阅读兴趣 明确阅读目的 学习阅读方法 体验阅读活动 制订阅读计划	更新方法，解决困惑 分享观点，提升思维 丰富认知，深化情感 联结生活，加深理解 深入阅读，激发热情	检测阅读效果 探究阅读主题 展示阅读活动 梳理阅读成果 建构新的意义 提升核心素养

【操作要点】

一、导读课——"三问五读"法

三问：这是本什么书？为什么读？怎样读？

这是教师在导读课前要深入思考的三个问题，也是在导读课上要引导学生思考并解决的三个问题。如：

\<《爱的教育》"三问"\>	
（一）这是本什么书	《爱的教育》是意大利作家亚米契斯最著名的作品。这是一部最具爱心及教育性的读物，是世界公认的文学名著，更是一部人生成长中的"必读书"。 《爱的教育》采用日记体的形式，讲述了一个名叫恩利科的四年级小男孩的成长故事，因此书名又叫《一个意大利四年级小学生的日记》或《心》。全书共100篇文章，主要讲述了主人公恩利科在一学年中身边发生的各式各样的感人故事，其间穿插父母、姐姐在他日记本上写的具有深刻教育意义的书信，以及老师在课堂上宣读的精彩"每月故事"。 这是一本描写少年生活的成长小说，每一个故事都荡漾着真情，字里行间都洋溢着"爱"——大至国家、社会、民族的大我之爱，小至父母、师长、朋友的小我之爱，字字扣人心弦，处处感人肺腑。
（二）为什么读	打开这本书，你可以欣赏大自然恩赐的迷人奇观：茫茫林海里，巨大的树木遮天蔽日，粗大的树身昂然挺立，月光透过树枝洒下斑斑点点细碎的银辉；无边大海上，美丽的飞鱼常常嗖嗖地落在船上，热带地区奇妙的晚霞将厚厚的云层映照成血红色，夜晚的海面鳞光闪闪，整个大海仿佛燃烧着的熔岩；初雪降下时，铺天盖地的鹅毛大雪像茉莉花瓣似的，密集而宽大地倾泻下来，雪粒唰唰地轻打着玻璃窗，窗台覆盖着一层厚厚的白雪…… 打开这本书，你可以认识一个平凡而善良的朋友：聪明漂亮、永远第一名的德罗西，慷慨仗义、热心善良的卡罗内，心灵手巧、样样会干的科列帝，会做"兔脸"的小泥瓦匠，还有酷爱读书的斯达尔迪……他们就像我们身边的一个个伙伴，那样特点鲜明，那样个性迥异。 打开这本书，你可以从一个个故事中获得成长的力量：《伦巴第的小哨兵》告诉我们爱国；《玩具火车》叙述友谊可贵；《爸爸的看护者》书写博爱精神；《我父亲的老师》教会我们感恩……这些看似平凡，实则真实感人的故事，把我们带入了一个爱的世界，让我们在爱中受到教育。

续表

	《爱的教育》"三问"
（二）为什么读	打开这本书，你还可以感受作者新颖细腻的叙事手法，学习准确优美的遣词造句，读到引人入胜的故事情节。例如：听了父亲的话，朱里奥的心像刀割似的难受。啊，父亲再也不关心他了！而从前他只要咳嗽一声，父亲就为他担忧，现在不再疼爱他了。在这里，亚米契斯运用传神的心理描写，写出了朱里奥想为家庭分忧而被父亲误解，同时更渴望得到父亲关爱的矛盾、纠结的心理。在阅读时我们可以代入角色，一边读一边想象，与文中的人物同呼吸；可以圈点勾画，在页面的空白处随时记录自己的阅读感受和体会；读到特别喜欢的词句或段落，可以摘抄到笔记本上；在平时的写作中，可以尝试运用阅读时学到的写作方法或积累的好词佳句，通过阅读与表达相结合，提升表达能力。
（三）怎样读	1. 可以借助前言、目录、导读、名家伴读等，了解这本书的主要内容，再合理规划阅读时间，制订阅读计划，争取在预定的时间内读完这本书。 　　2. 阅读时，运用浏览、略读、精读等不同阅读方法，也可以用朗读、复述等自己擅长的方式呈现对作品内容的理解。先通读整本书，再细读每个章节，尝试概括每个故事的主要情节；也可以借助关键词句、结构图等梳理作品的行文思路；还可以查找有关意大利的资料，了解独特的民俗风情和悠久历史。 　　3. 这本小说人物众多，可以借助思维导图厘清人物关系；在此基础上，可以关注人物的语言、动作、神态，走进人物的内心世界；也可以选择一个感受最深的人物，制作人物资料卡……这些都能够帮助我们更好地读懂故事。 　　4. 针对书中感兴趣的话题和同学展开交流，与他人分享阅读收获；可以结合作品关键语句评价小说中的主要事件和人物，提出自己的观点或看法；可以联系自己的生活经历，思考成长中的困惑和感悟。

五读：激趣——知书——定标——学法——计划

这是导读课的五个主要教学环节：

1. 激趣。通过阅读游戏、名人书评等方式激发学生的阅读兴趣。

2. 知书。了解这本书的文本特点和文学价值，了解作者、创作背景等。

3. 定标。通过体验阅读活动，了解为什么要读这本书，明确阅读目标。

4.学法。在体验阅读的活动过程中，学习阅读方法、阅读策略。

5.计划。规划阅读时间，制订阅读计划。

二、推进课——"五维推进"法

五维推进：了解读情推进；解决困惑推进；更新方法推进；丰富认知推进；联结生活推进。

1.课前通过线上（线下）调查问卷，了解学生自主阅读的情况，如阅读的版本、阅读的时间、阅读的进度、阅读的困惑、阅读的方法、阅读的思考等；

2.在课堂中针对学生的阅读困惑设计阅读活动，帮助学生解决困惑，保持阅读的热情；

3.通过分享观点，提升学生思维能力，开展课中阅读活动，更新阅读方法和策略，提高阅读能力；

4.提供丰富的阅读资源，丰富学生对书中人物、故事、相关知识的了解，加深对书中内容和主题的理解，深化对书籍的情感；

5.创设生活情境，联结生活，引导学生将阅读所得与自己的生活紧密关联，通过阅读理解和运用，提高整体认知能力和综合素养。

三、交流课——"三级交流"法

"三级交流"：指三个层级的阅读交流，包括阅读成果交流、阅读主题交流、阅读思辨交流。

第一层级交流：阅读成果。主要目的是在交流中展示前期阅读成果。交流的主要形式有：阅读评测、思维导图、阅读记录、阅读剧场、阅读论坛等。

第二层级交流：阅读主题。主要目的是在交流中探究文本主题，通过梳理内容、交流话题、跨媒介阅读、跨学科阅读等形式，开展创意读写，进一步感受书籍魅力。交流的主要形式有：提出主题——梳理探究——创意读写。

第三层级交流：阅读思辨。主要目的是通过阅读前后的比较、书里书外的联结，提高学生阅读思辨能力，建构新的阅读意义。主要形式有：前后联系，交流发现——对比阅读，交流思辨——联结生活，建构意义。

【教学实践】

开一朵真善美的花
——《安徒生童话》整本书阅读指导

走进作品

《安徒生童话》是丹麦作家安徒生创作的童话集，他一生创作了160多篇童话故事，被译为150多种语言出版发行，成为跨越种族和文化的不朽经典，是全世界孩子都喜爱的童话书。1913年，周作人发表《丹麦诗人安兑尔然传》（安兑尔然即安徒生），第一次向中国读者详细介绍了安徒生的生平与创作。1914年，刘半农翻译了《洋迷小楼》（即《皇帝的新装》），安徒生童话正式进入中国。新中国成立后，叶君健、林桦和任溶溶等先后翻译了《安徒生童话全集》，使安徒生童话在中国广泛传播。

作者简介

安徒生（1805—1875）被誉为"世界儿童文学的太阳"。1956年，国际儿童读物联盟（IBBY）设立"国际安徒生奖"。1967年，由IBBY发起，将每年的4月2日确立为国际儿童图书日，这一天是安徒生的诞辰。

安徒生说："人生就是一个童话，我的人生也是一个童话。"1805年

4月2日，安徒生出生在丹麦欧登塞的一户穷苦人家里。他的父亲是鞋匠，母亲是洗衣工，安徒生度过了贫穷但快乐的童年。安徒生没有受过正规教育，先后在几家店铺里做学徒。11岁时，他的父亲去世了。14岁时，安徒生为了实现自己成为一个戏剧演员的梦想，来到了哥本哈根。在这座繁华的大城市里，他既体会到了生活的艰难，也幸运地得到一些好心人的帮助。几经磨难，安徒生写出很多经典的童话作品，在全球陆续出版发行。他的童话故事还被改编成舞台剧、芭蕾舞剧以及动画电影等。

文本分析

安徒生的早期作品大多取材于民间故事，充满绮丽的幻想、乐观的精神，体现现实主义和浪漫主义相结合的特点。如，《海的女儿》《拇指姑娘》等。安徒生的中期作品将想象与现实紧密地结合在一起，童话中幻想成分减弱，现实成分相对增强，在鞭挞丑恶、歌颂善良中，表现了作者对美好生活的追求，也流露出了忧郁情绪。如，《卖火柴的小女孩》《丑小鸭》等。安徒生的晚期作品更贴近现实，他以自己的生活感受为基础，着力描写底层民众的悲苦命运，揭露社会生活的阴冷、黑暗和人间的不平。如，《夜莺》《老头子做的事总是对的》等。

在安徒生笔下，万物都在讲述自己的童话。风吹过的树叶，鸟儿的一声声啼叫，孩子手中的小画片，被你一脚踢开的小石头……都在讲述自己的童话。读《安徒生童话》，能帮你打开想象之门，走进奇妙的童话世界；能帮助你找寻真、善、美的密码，去发现世界的美好，去找寻自己的美好人生。

走进安徒生的童话世界
——《安徒生童话》导读课

教学目标：

一、在阅读时发挥想象，感受童话世界的无奇不有，领略童话的魅力。

二、阅读《丑小鸭》，把自己想象成童话主人公，和故事中的人物一起欢笑，一起悲伤，在故事的讲述、思辨、共情中，努力做更好的自己。

教学重难点：

发挥想象感受童话世界的无奇不有；在故事的进述、思辨、共情中，努力做更好的自己。

教学准备：

课件、推荐书《安徒生童话》。

教学过程：

一、童话世界真奇妙，发挥想象知魅力

1.介绍《安徒生童话》这本书的作者、译者、编者。

2.了解阅读童话的方法之一：童话世界无奇不有，阅读时，只有发挥想象，才能真正领略童话的魅力。

3.猜读《拇指姑娘》开头，感受故事的奇妙。

从前有一个女人，她非常希望有一个丁点小的孩子。但是她不知道从什么地方可以得到。因此，她就去请教一个巫婆。她对巫婆说："我非常想要有一个小小的孩子！你能告诉我什么地方可以得到一个吗？"

"嗨！这容易得很！"巫婆说，"你把这颗大麦粒拿去吧。它可不是乡下人的田里长的那种大麦粒，也不是鸡吃的那种大麦粒。你把它埋在一个花盆里。不久你就可以看到你想要看的东西了。"

"谢谢你。"女人说。她给了巫婆三个银币。于是她就回到家来，种下那颗大麦粒。很快一朵美丽的大红花就长出来了。它看起来很像一朵郁金香，不过它的叶子紧紧地包在一起，好像仍旧是一个花苞似的。

小结：种下大麦粒，长出郁金香，一个奇妙的故事就这样开始了！

4.发挥想象读。用课件出示故事片段，想象拇指姑娘的样子，对比不同作者的拇指姑娘插画。

"这是一朵很美的花。"女人说，同时她在它美丽的、黄而带红的花瓣上吻了一下。不过，当她正在吻的时候，花儿忽然噼啪一声，开放了。人们现在可以看出，这是一朵真正的郁金香。但是在这朵花的正中央，在那根绿色的雄蕊上面，坐着一位娇小的姑娘，她看起来又白嫩，又可爱。她还没有大拇指的一半长，因此人们就把她叫作拇指姑娘。

5.引导方法：阅读时，只有发挥想象，才能真正领略童话的魅力。在童话世界里，一颗大麦粒能长出一朵大红花，花儿开放，拇指姑娘就出生了！童话世界就是这样无奇不有。

（设计理念：本环节重在引导学生发挥想象，领略童话的魅力，让学生运用猜读、验证、修正等方法，成为阅读的积极参与者，阅读的发现者和创造者；运用图像化策略，边读边想象画面，感受安徒生童话奇妙的想象力，感受想象之美。）

二、小鸭故事我能说，想象人物共悲欢

1.看图猜人物，想象丑小鸭的出生地，朗读文段，感受牧场之美。

2.借助"丑小鸭成长地图"，梳理丑小鸭成长大事记对应的时间和地点，练习讲述《丑小鸭》的故事大意。

丑小鸭成长地图

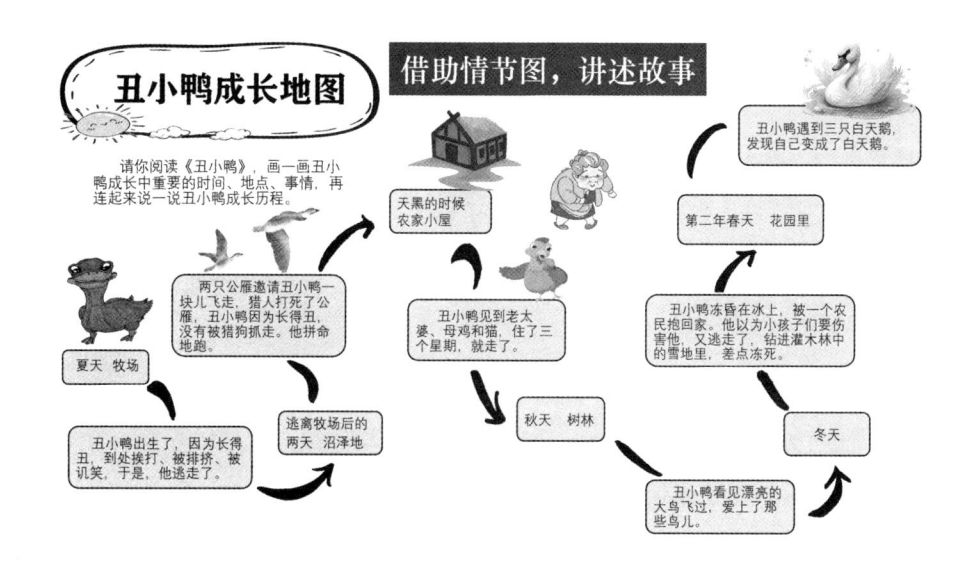

借助情节图，讲述故事

请你阅读《丑小鸭》，画一画丑小鸭成长中重要的时间、地点、事情，再连起来说一说丑小鸭成长历程。

- 夏天 牧场
- 丑小鸭出生了，因为长得丑，到处挨打、被排挤、被讥笑，于是，他逃走了。
- 逃离牧场后的两天 沼泽地
- 两只公雁邀请丑小鸭一块儿飞走，猎人打死了公雁，丑小鸭因为长得丑，没有被猎狗抓走。他拼命地跑。
- 天黑的时候 农家小屋
- 丑小鸭见到老太婆、母鸡和猫，住了三个星期，就走了。
- 秋天 树林
- 丑小鸭看见漂亮的大鸟飞过，爱上了那些鸟儿。
- 冬天
- 丑小鸭冻昏在冰上，被一个农民抱回家。他以为小孩子们要伤害他，又逃走了，钻进灌木林中的雪地里，差点冻死。
- 第二年春天 花园里
- 丑小鸭遇到三只白天鹅，发现自己变成了白天鹅。

3.在阅读中思考，丑小鸭为什么一直在逃？要寻找这个问题的答案，可以运用阅读童话的另一个方法：我们可以把自己想象成童话主人公，和故事中的人物一起欢笑，一起悲伤。

4.把自己当作丑小鸭，在阅读中体会丑小鸭心情，思考其为什么要逃离牧场。

（1）讲述故事，小组合作演一演：吐绶鸡会对丑小鸭说什么？丑小鸭会怎么想？

"他真是又粗又大！"大家都说。那只雄吐绶鸡一生下来脚上就有距，因此他就以为自己是一个皇帝。他把自己吹得像一条鼓满了风的帆船，来势汹汹地向他走来，瞪着一双大眼睛，脸涨得通红。

这只可怜的小鸭不知道站在什么地方或是走到什么地方去才好。他觉得非常悲哀，因为自己长得那么丑陋，而且成了全体鸡鸭的嘲笑对象。

（2）讲述故事，说一说丑小鸭的心情。

这是头一天的情形。后来一天比一天糟。大家都要赶走这只可怜的小鸭；

连他自己的兄弟姊妹也对他生起气来。他们老是说："你这个丑妖怪，但愿猫儿把你抓去才好！"于是妈妈也说："我希望你走远些！"鸭儿们啄他，小鸡们打他，喂鸡鸭的那个女佣人用脚踢他。

（3）理解丑小鸭的选择：与其没有尊严地活着，不如飞过篱笆逃走。

5. 把自己当作丑小鸭，练习讲述故事，体会丑小鸭心情，思考其为什么要逃离沼泽地。

（1）《安徒生童话报》刊登了一则丑小鸭的逃亡日记，并配上了插画。

（2）学生示范讲这段故事，出示讲好故事的标准：把自己当成丑小鸭，讲出人物心情，加上表情和动作。

（3）观看动画片段：丑小鸭在沼泽地遇险。

（4）回顾故事，用自己的话讲述丑小鸭遇险时的心情，连起来讲一讲故事。

（5）交流小结：丑小鸭逃离农场，遇到危险，逃离沼泽地。

6. 把自己当作丑小鸭，在思辨中体会丑小鸭心情，思考其为什么要逃离农家小屋。

（1）在丑小鸭的逃离过程中，其实有一个地方不用逃，是哪儿？——老太婆的农家小屋，这里很安全，丑小鸭为什么选择再次离开？

（2）出示老母鸡的话，思考：老母鸡理解丑小鸭吗？他们是丑小鸭真正的朋友吗？

你现在到一个温暖的屋子里来，有了一些朋友，而且还可以向他们学习很多的东西，不是吗？不过你是一个废物，跟你在一起真不痛快。你可以相信我，我对你说这些不好听的话，完全是为了帮助你呀。只有这样，你才知道你的真正朋友！请你注意学习生蛋，或者咯咯地叫，或者迸出火花吧！

（3）在阅读中交流讨论，理解丑小鸭的选择：与其没有自我地活着，不如勇敢地做自己。

7.把自己当作丑小鸭，在阅读中体会丑小鸭心情，思考其为什么要飞向天鹅。

（1）丑小鸭经历了许多磨难，终于迎来了他生命中的春天。第二年春暖花开，他来到一座大花园，见到了三只美丽的白天鹅。

（2）丑小鸭见到白天鹅，为什么感到十分难过？

（3）理解丑小鸭的选择：即使失去生命，也要追寻梦想。

8.联系生活谈感悟。

（1）丑小鸭在变天鹅的成长过程中，主要经历了三次选择。他为什么会做出这样的选择？（因为他要有尊严地活着，他要勇敢地做自己，他要追寻自己的梦想。）

（2）联系生活思考：一个人怎样才能变成真正的"天鹅"？

（设计理念：本环节以《丑小鸭》为例，引导学生在阅读童话时，把自己想象成童话中的主人公，通过故事的讲述、思辨、共情等活动，和故事中的人物一起悲欢。）

三、走近作家品梦想，阅读经典用方法

1.讲述安徒生成长故事，了解安徒生一直都在做更好的自己。

2.理解：只要你曾经在一只天鹅蛋里待过，就算生在养鸭场里也没什么关系。思考：天鹅蛋象征着什么？（梦想）

3.说写自己的梦想。引导：一个人有了梦想，就要努力去追寻。国家有梦想，人民有信仰，民族才会有希望。

4.拓展：阅读安徒生自传《真爱让我如此幸福》，了解安徒生怎样用一生见证——只要你努力做更好的自己，丑小鸭就能变成白天鹅。

5. 思考：读《安徒生童话》，想自己的人生。你将怎样书写自己的人生童话？

6. 鼓励学生再读经典《安徒生童话》，制订阅读计划，运用阅读童话的方法，完成阅读任务：

（1）《安徒生童话》充满着神奇的想象，请你画一画童话中奇特的人物或场景。

（2）用列表格或画情节图的方法，掌握一个童话的主要内容，把自己想象成童话中的人物，体会心情，并说说自己的发现和感悟。

7. 交流小结：童话王国充满了爱与美，等着你去漫游，去发现，去感悟生活的真谛和做人的道理。

总结拓展："人生就是一个童话，我的人生也是一个童话。"愿每一篇童话都闪着爱与美的光辉，照亮你的天空，我的天空。

（设计理念：本环节通过对比阅读，引导学生运用联结、统整、转化等策略，发现安徒生与丑小鸭成长的共同之处，并关联自己的生活，体会一个人要有梦想，并努力追寻。引导学生在阅读时制订阅读计划，运用本课学到的方法进行深入阅读。）

（案例提供：彭慧琴）

辨别故事中的真与假
——《安徒生童话》推进课

教学目的：

1. 交流《皇帝的新装》《豌豆公主》《夜莺》中主人公的愿望，通过对比阅读、关联生活经验，感悟什么是真，什么是假，知道怎样辨别真假。

2. 开展阅读实践活动，为童话创作小诗。

教学重难点：

通过对比阅读，关联生活经验，感悟什么是真，什么是假，知道怎样辨别真假。

教学准备：

课件，《安徒生童话》，相关影视、歌曲、诗歌等。

教学过程：

一、游戏：真心话大冒险

二、说愿望，辨真假

（一）《皇帝的新装》阅读实践

1. 出示插画，猜猜他是谁。（《皇帝的新装》中的皇帝。）

2. 阅读文段并交流思考。这位皇帝有一个愿望：穿上奇异的衣服，可以辨别出哪些人是聪明人，哪些人是傻子。有一天，他真的穿上了这件奇异的衣服，走在游行大典上，这成了一条爆炸性新闻。（出示《安徒生童话报》。）

皇帝举行游行大典，穿上了最新款的衣服！这套衣服轻柔得像蜘蛛网一样，式样裁剪好看，花纹美，色彩美。这套衣服还有一种奇异的作用，那就是凡是不称职的人或者愚蠢的人，都看不见！

3. 对比人们和小孩子的话，从书中找出理由，辨一辨：谁说的是真话，谁在说假话？

4. 交流讨论：小孩子说的是真话，越来越多的人在说真话。皇帝听了为之一震，为什么又想"我必须把这游行大典举行完毕"？

提示：皇帝为什么会为之一震呢？我们可以走进他的内心，猜一猜。也许他震惊的是自己竟然在大庭广众之下光着身子游行，让所有人看见皇帝一丝不挂的样子；也许他震惊的是自己居然会相信骗子的谎言；也许他震惊的是没有一个臣子、市民告诉他真相……如果此时，皇帝赶紧穿上衣服，会证明什么呢？对，就证明了他的愚蠢和无知。而这些是他无法接受的。想到这里我们就可以猜到他"必须把这游行大典举行完毕"的理由。他无法接受现实，只能将自己的愚蠢和无知展现到底。安徒生的讽刺真是辛辣至极啊。

5.思考：在生活中如何辨真假？

提示：用自己的观察、思考、智慧去辨别真假，而不是凭一件衣服。

（二）《豌豆公主》阅读实践

1.交流王子的心愿。在《豌豆公主》这个故事里有一位王子，他的心愿是什么呢？（多么渴望得到一位真正的公主。）

2.交流话题：有一天晚上，忽然起了一阵可怕的暴风雨，城门外来了一位公主，她说自己是真正的公主。怎么判断她是不是真公主呢？

3.阅读文段，了解老王后判断她是不是真公主的办法：

老王后走进卧房，把所有的被褥都搬开，在床榻上放了一粒豌豆。她取出二十床垫子，把它们压在豌豆上。随后，她又在这些垫子上放了二十床鸭绒被。

4.交流讨论：你认为她是真正的公主吗？

提示：可引导学生再次走进童话，看看老王后考察公主的标准是什么。原来是娇嫩的皮肤，公主睡在二十床垫子和二十床鸭绒被上，居然被下面的豌豆硌得全身发青发紫。然而，当这位公主经受风吹雨打之后，她的样子是多么难看啊！雨水沿着她的头发和衣服向下面流，流进鞋尖，又从脚跟流出来。我们可以这样理解，安徒生笔下的风吹雨打，象征着我们生活中遇到的困难，如果遇到困难就妥协，导致狼狈不堪，这样的人是你心目中真正的公主吗？

5.交流讨论：在这个故事的结尾，安徒生说，这是一个真的故事。你相信吗？

提示：可以联系生活实际，看看身边或新闻报道中，有没有只看外表不注意内心的人，有没有一遇到困难就退缩的人。你可以举出事例，说出相信或不相信的理由。

（设计理念：本环节重在引导学生思辨性阅读与交流，通过有意思的话题讨论，走进故事、关联生活，去发现故事中人物的愿望是否实现，思考如何辨别故事中、生活中的真与假。）

三、读故事，辨真假

1.出示《夜莺》情节图，由学生讲故事。《安徒生童话》里还有一个关于真假的故事——《夜莺》。这是160多个安徒生童话里，唯一跟中国有关的故事。

2.小组讨论：为什么夜莺先后两次来到皇宫，又先后两次飞走？请你从故事中找出依据，和阅读伙伴一起说一说。

夜莺→	第一次来到皇宫	第一次离开皇宫	第二次来到皇宫	第二次离开皇宫
原因→	皇帝听说宫中有一只奇异的鸟，命令侍臣把夜莺找到，为自己唱歌。			

3. 交流话题：你喜欢真夜莺，还是人造夜莺？为什么？

4. 诵读童话中关于真夜莺的文段。用课件出示：

真的夜莺唱得那么美妙，连皇帝都流出眼泪来，一直流到脸上。

当它在唱着的时候，那些幽灵的面孔就渐渐变得淡了，同时在皇帝孱弱的肢体里，血也开始流动得活跃起来。甚至死神自己也开始听起歌来，而且还说："唱吧，小小的夜莺，请唱下去吧！"

我将歌唱那些幸福的人和那些受难的人。我将歌唱隐藏在您周围的善和恶。您的小小的歌鸟现在要远行了，它要飞到那个穷苦的渔夫身旁去，飞到农民的屋顶上去，飞到住得离您和您的宫廷很远的每个人身边去。

小结：这简直就是一首真的赞歌！你发现故事中的真夜莺是一只怎样的夜莺？

5. 读了安徒生创作的这个童话故事，音乐家雅尼专门为中国人作了一曲《夜莺》，这首曲子惊艳了中国人，请你欣赏乐曲，说说你在听曲时想到了什么。

> 创作小故事：雅尼一直很喜欢夜莺，他一直想用一种乐器来模仿夜莺的声音，西方乐器却没这个功能，雅尼来到中国后，找到了一种叫"竹笛"的中国民间乐器，它的声音与夜莺简直没有差别。一首由竹笛主奏的《夜莺》感染了亿万人。《夜莺》是专门为中国人作的，符合东方人追求乐曲旋律和意境的审美特点。

6. 诵读歌词，说一说：他人创作的歌词与童话《夜莺》有怎样的联系？你能尝试创作以童话《夜莺》为故事背景的小诗吗？

歌词	我的小诗
古老的中国有一位国王 他的王宫金碧辉煌 王宫外更有一只夜莺在歌唱 她的歌声风靡东方和西方 国王把夜莺请进王宫 夜夜都在夜莺歌声中痴狂 国王是唯一听众 待夜莺如公主 给了她堆积如山的奖赏 可是王宫没有自由 自由啊 可是王宫里没有自由 苦闷的夜莺终于逃亡 逃回天真，逃回浪漫，逃回绿树林 月光星光 直到有一年，国王病中寂寞忧伤 ……	

（设计理念：本环节通过跨学科学习，引导学生基于《夜莺》这个故事，在诵读与讨论中感悟安徒生对"真"的赞美，通过欣赏音乐家雅尼创作的《夜莺》，感受故事的美、音乐的美，体会《安徒生童话》在中国的影响力。通过读写结合，引导学生创作小诗，培养文学性阅读与表达的能力。）

四、总结拓展

《安徒生童话》就像一本人生之书，引导我们走进故事，又走出故事，去辨别生活中的真与假，做一个真挚、真诚的人，去找寻自己的美好人生。

（案例提供：彭慧琴）

真善美的光辉照亮人生

——《安徒生童话》交流课

教学目的：

1.通过检测对《小意达的花儿》《老头子做的事总是对的》等童话的阅读，巩固读童话的方法。

2.交流《海的女儿》中人鱼公主的愿望，理解她做出的选择，感悟童话中蕴含的真善美。

3.通过对比阅读、跨媒介阅读等方法，体会故事中的人物在人们心中的美好形象。

教学重难点：

体会人物的善良品质；了解故事中的人物在人们心中的美好形象。

教学准备：

课件，推荐书《安徒生童话》，相关影视、诗歌等。

教学过程：

一、读童话，用方法

1.回顾阅读童话的方法和阅读任务。

2.阅读《小意达的花儿》，完成阅读闯关。

（1）《小意达的花儿》中，（　　）告诉小意达花儿每天晚上开舞会的秘密。

A.枢密顾问　　　B.约那斯　　　C.学生　　　D.苏菲亚

（2）《小意达的花儿》是安徒生独立创作的童话故事。小意达和花儿之间发生了什么故事？有位同学按照故事的起因、经过、结果，绘制了故事情节图。你能根据情节图，讲述这

①发现花儿枯萎
②听说花儿舞会
③照顾生病的花
④偷看花儿跳舞
⑤埋葬枯萎的花

小意达的花儿

个充满想象力的童话故事吗？

小结方法：把读过的童话故事的大意讲给他人听。

（3）如果你是导演，你能根据安徒生的文字想象画面，制作花儿舞会的视频吗？可以先画一画，再说一说花儿们跳舞的场景。

小结方法：童话世界无奇不有。阅读时，只有发挥想象，才能真正领略童话的魅力。

3.阅读《老头子做的事总是对的》，完成阅读闯关。

（1）《老头子做的事总是对的》中的老头子用一匹马依次交换的物品是（　　）。

A.一只羊　一只鹅　一头母牛　一只鸡　一袋烂苹果

B.一只鸡　一只鹅　一只羊　一头母牛　一袋烂苹果

C.一头母牛　一只羊　一只鹅　一只鸡　一袋烂苹果

D.一袋烂苹果　一只鹅　一头母牛　一只羊　一只鸡

（2）阅读与思考：老头子用一匹马依次交换的物品越来越不值钱，老太婆夸他做事总不会错，你认为他做得对还是错？

提示故事的创作背景：《老头子做的事总是对的》发表于1861年，当时的安徒生刚好在国外旅行兑换货币时吃了一次亏，于是他用调侃的语气和夸张的手法，讲述老头子做事总不会错的故事，影射的也许是他自己，也许是现实生活中那些穷苦的、总是吃亏的人。就像这个童话故事中的两个英国人所说："老是走下坡路，而且老是快乐。这件事本身就值钱。"

小结方法：童话世界充满了爱与美，等着我们去漫游，去发现，去感悟生活的真谛和做人的道理。

（设计理念：在整本书阅读后的交流中，开展过程性评价，了解学生的阅读情况。评价的工具可以是文字检测、情境测试、阅读记录、评价量表。）

二、聊愿望，谈选择

1.交流：在《海的女儿》这个故事里，有位美丽的人鱼公主。她的愿望是什么？ 提示：我要牺牲一切来争取他（王子）。

2.交流：她为什么会有这个愿望呢？从书中找出相关内容说一说。

3.交流：她为了实现愿望，做出了哪些选择？

提示：小美人鱼为了实现愿望，她选择去掉鱼尾，生出人腿，失去家园、亲人和最美丽的声音。

4.交流：小美人鱼付出这么大的代价，实现愿望了吗？提示：没有。

阅读文段，交流讨论：小美人鱼的心为什么会这么痛？

提示：她知道这是她看到他的最后一晚——为了他，她离开了她的族人和家庭，她交出了她美丽的声音，她每天忍受着没有止境的苦痛，然而他却一点儿也不知道。这是她能和他在一起呼吸同样空气的最后一晚，这是她能看到深沉的海和布满了星星的天空的最后一晚。同时一个没有思想和梦境的永恒的夜在等待着她——没有灵魂，而且也得不到一个灵魂的她。

5.阅读文段，说一说人鱼公主的选择是什么。

提示：人鱼公主的选择是跳进大海，化为泡沫。

6.交流讨论：她为什么会这样选择？如果是你，会做出这样的选择吗？

小结：人鱼公主牺牲一切来争取他（王子）和一个不灭的灵魂。她失去了家园、亲人、最美丽的声音，牺牲了自己的生命，成全了别人。

7.感悟真、善、美。如果故事就这样结束，那真是太让人难过了。安徒生在这样故事的结尾又给了我们希望。请看，人鱼公主要到天空的女儿那里去，她还有获得不灭灵魂的机会——用善行去创造不灭的灵魂。人鱼公主得到了吗？

8.交流讨论，联系现实生活说一说。

提示：我们相信人鱼公主一定能获得不灭的灵魂。因为，她是那样善良。她救了王子，又成全了王子的幸福。在现实生活中，她也许化作了善良的人，在帮助年迈的老人，也许在帮助没有书读的乡村孩子，也许在救助小动物，也许化作了救死扶伤的中国医生，也许在帮助身边的同学……

小结：人鱼公主的善良打动了无数的人，她的善良也走进了无数中国人的心中，因为我们中国人自古以来就认同，厚德载物，上善若水。

9.了解人们如何纪念小美人鱼，理解人鱼公主的象征意义。

（1）在丹麦首都哥本哈根市的长堤公园的海边，有一尊美人鱼的雕像，一百多年过去了，她已经成为丹麦的象征。在你的心目中，她还是什么的象征呢？

（2）人们为美人鱼绘画、创作电影，一次次讲着她的故事。

（3）诵读著名诗人顾城为她写的诗：

"为了像人那样站立、生活，你忍受着地狱般可怕的折磨。为了别人永远地幸福、相爱，又甘愿化为黎明前的泡沫。"

（4）小结：善良的人鱼公主就这样永远活在人们心中，她是善的化身，已经获得不灭的灵魂。

（设计理念：走进故事、关联生活，体会人鱼公主善良的品质；通过了解丹麦的象征——美人鱼雕像，诵读顾城为美人鱼写的诗，体会她在人们心目中的美好形象，感悟人们对"善"的赞颂与追求。）

三、观影视，聊人物

1.拓展阅读资源。小美人鱼的故事打动了无数人，人们对这一经典的童话形象进行了新的创作，迪士尼公司还出品了系列动画电影《小美人鱼》。

在电影中，爱丽儿是海中一条自由自在的小美人鱼，她向往自由，为了能和王子相爱，爱丽儿决定以自己美丽的歌声为代价，换取一双平常人类女子的腿。在好朋友的支持和鼓励下，爱丽儿不顾一切向着自己的梦想出发！

2.观看《小美人鱼》电影片段，说说电影中的小美人鱼形象和结局与童话中的人鱼公主有什么不一样。

比一比	电影中的小美人鱼	童话中的人鱼公主
样貌	电影中的小美人鱼一头红发，还有一个"跟屁虫"——严肃但经常做傻事的红虾大臣，都成为银幕上的经典形象。	那位最年幼的要算是最美丽的了。她的皮肤光滑柔嫩，像玫瑰的花瓣；她的眼睛是蔚蓝色的，像最深的湖水。不过跟其他公主一样，她没有腿，她的下身是一条鱼尾。
结局		

3.交流讨论：这部电影改编自安徒生童话《海的女儿》，对于电影的改编，你觉得如何呢？

提示：人们希望小美人鱼过上幸福快乐的生活，希望好人一生平安。

（设计理念：本环节通过跨学科学习，引导学生观看动画电影《小美人鱼》片段，通过对比阅读，发现电影和童话中的人鱼公主的不同之处，体会人们朴素的愿望：希望善良的人都能过上幸福美好的生活。）

四、说方法，聊发现

1.再次回顾阅读童话的方法。

2.出示《安徒生童话》中的人物，发现：万物都在讲自己的童话。

3.激励：愿每一篇童话都闪着真善美的光辉，让我们写出自己最美的童话。

（案例提供：彭慧琴）

话说天下大势，演义百年历史
——《三国演义》整本书阅读指导

走进作品

《三国演义》是中国第一部长篇章回体历史演义小说，描写了从东汉末年到西晋初年约一百年的历史风云，生动地展现了"黄巾起义、董卓之乱、群雄逐鹿、三国鼎立、三国归晋"等复杂政治军事斗争，其中着重描写了魏、蜀、吴三国的兴衰过程。本书的作者罗贯中"据正史，采小说，证文辞，通好尚"，他根据陈寿的《三国志》等关于三国史事的历史文献，结合有关三国时期的民间话本和传说，创作了这部小说，表达了"反分裂，求统一"的主旨思想和政治理念。打开这本书，你可以读到一段扑朔迷离的历史，一个风云变幻的故事。

作者简介

罗贯中，元末明初小说家、戏曲家。名本，字贯中，号湖海散人。他生于商贾之家，14岁时母亲病故，于是随父亲去苏州、杭州一带做生意，并跟随当时的著名学者赵宝丰学习。元朝末年，天下大乱，群雄并起，罗贯中也曾参与其中。后来，他在五十多岁时开始创作《三国志通俗演义》。明朝建立后，罗贯中放弃步入官场的机会，创作了《三遂平妖传》《残唐五代史演义传》《隋唐志传》等著作。现在除小说外，尚存杂剧《赵太祖龙虎风云会》。

文本分析

《三国演义》讲述了从东汉末年到西晋初年近百年的历史故事，书的开头和结尾都提及"天下大势，分久必合，合久必分"，表达了作者"反分裂，求统一"的美好愿望。成功地塑造了曹操、刘备、孙权、诸葛亮、关羽、张飞、周瑜等经典人物形象。书中描写的战争场面宏大壮观，人物谋略精彩纷呈。它既是一本壮美的"兵书"，也是一幅豪杰的画卷。

本书是长篇章回体历史演义，书的一回或若干回组成一个相对完整的小故事，连起来就成了一个长篇故事，有着"三分历史，七分虚构"的创作特点。如，"三气周瑜""空城计"等故事就是作者的虚构。还有些故事虽然取材于历史事件，但作者创作小说时，将历史事件进行了夸张、改造，或移花接木，或化繁为简，有些故事来源于民间话本、戏曲、传说等。书中的语言练达通俗，既继承了史书的简洁明快、隽永传神，又吸收了民间文学的粗犷泼辣、通俗生动，形成俗而不凡的语言风格。

打开《三国》辨风云
——《三国演义》导读课教学设计

【教学目的】

一、了解《三国演义》主要内容、作者信息、创作背景。

二、了解章回体小说回目特点，练习读回目，猜故事。

三、共读《豪杰桃园三结义》，练习读故事，辨人物。

【教学过程】

一、看图猜人物，走进《三国演义》

（一）出示图片猜人物，了解曹操、诸葛亮、关羽这三个人物的多重形象及多元评价。

（二）了解《三国演义》青少年版基本信息：书名、体裁、主要内容、作者、出版社等。

（设计理念：通过看图猜人物，检测学生对书中人物的了解程度，激发学生的阅读兴趣。）

二、了解章回体，学习阅读方法

（一）知特点，明方法。

1.古代长篇小说多是章回体。这些作品中，一回或若干回组成一个相对完整的小故事，连起来就成了一个长篇故事。

2.我很喜欢读回目，只要看一下某一回的标题，就可以猜出它主要讲了什么故事。怎么猜？

提示：关注回目中的人物名、事件，猜测谁做了什么。

（二）读回目，猜故事。

1.出示第一回至第五回，读一读，了解回目对仗特点，回目名概括主要人物及主要故事的特点。

第一回 豪杰桃园三结义　翼德县前鞭督邮

第二回 入京城董卓逞凶　进相府曹操献刀

第三回 战吕布三英上阵　藏玉玺孙坚背约

第四回 袁绍谋夺冀州城　王允巧施连环计

第五回 接密诏马腾起兵　救徐州刘备守信

2.再次出示封面，了解三英战吕布的经典故事，其出自本书第三回中的一个故事：战吕布三英上阵。

板书：读回目，猜故事。

（设计理念：本环节引导学生发现古代长篇章回体小说的特点，了解回目的特点，以及读回目、猜故事的阅读方法。）

三、读故事，辨析三国人物

（一）出示插图，了解图中的故事出自第一回"豪杰桃园三结义"。

（二）阅读书中关于人物的介绍，了解刘备、关羽、张飞的基本信息：相貌、出身、兵器等。

刘备，字玄德，身长七尺五寸，两只耳朵很大，双手特别长；性情宽和，少言寡语，有着远大志向。他从小丧父，对母亲很孝顺，家境贫寒，靠贩卖草鞋赚钱度日。他是汉宗室中山靖王刘胜的后人。

关羽，字云长，身长九尺，胡须长二尺，相貌堂堂，威风凛凛。

张飞，字翼德，身高八尺，豹头环眼，燕颔虎须，说话像打雷一样。世代居住在涿郡，家里有些庄园田地，经营着卖酒杀猪的生意，爱好结交天下豪杰。

（三）思考：这三人原本素不相识，性格各异，为什么会桃园三结义？

读一读三人初相识时的对话，在交流中发现：三人虽然素不相识，但志同道合，心里想的都是要为国出力，破贼安民，投军报国。

（四）朗读三兄弟的结义誓言。思考：三人为什么会发这样一个誓？

三位豪杰来到桃园焚香跪拜，结为异姓兄弟，立下誓言："同心协力，荣辱与共，救危扶困，上报国家，下安黎庶。不求同年同月同日生，只愿同年同月同日死。"

（五）出示《三国演义》开篇及曹操《蒿里行》诗句，了解东汉末年国家混乱分裂，百姓苦难重重，生活悲惨。

话说天下大势，分久必合，合久必分。

东周末年，七国争雄，秦始皇统一了天下。秦灭亡后，楚汉纷争，刘邦打败项羽建立了汉朝，使天下重归一统。可是到了东汉末年，因为皇帝昏庸无能，宦官把持朝政，加上各种天灾频繁出现，天下又陷入混乱和分裂之中。

（六）从三兄弟的誓言中，你感受到他们是怎样的人？

提示：心怀天下，同情百姓，重情重义……

（七）三兄弟实现自己的誓言了吗？出示回目名：

第二十四回　关公刮骨疗箭伤　吕蒙设计害忠良

第二十六回　登大位刘备称帝　报兄仇张飞遇害

第二十七回　刘先主亲征东吴　陆都督火烧连营

第二十八回　托孤儿先主遗诏　征南寇丞相兴师

（八）交流：从这些故事中，你发现刘备、关羽、张飞有什么特点？怎么辨析人物？

提示：三兄弟实现了报国安民的誓言，又因兄弟之义而相继死去。读故事，了解人物，要抓住人物的语言、事件，将相关回目前后联系，分析判断人物特点。

板书：读故事，辨人物。

（设计理念：本环节以本书第一回中的片段为例，引导学生在故事中发现刘备、关羽、张飞的主要特点，通过问题引导学生深入思考三兄弟桃园结义的原因，并结合相关背景资料、相关的回目，进一步了解人物品质及其命运轨迹。）

四、读首尾，知晓创作背景

（一）出示本书最后五个回目名，了解司马懿洛阳夺权，司马昭灭蜀，司马炎灭魏、灭吴，最终三分归晋，统一天下的过程。

第三十二回　陨大星丞相归天　诛魏延锦囊遗计

第三十三回　公孙渊襄平兵败　司马懿洛阳夺权

第三十四回　孙峻席间施密计　姜维背水破大敌

第三十五回 司马昭出兵伐蜀　刘后主请降受封

第三十六回 立新主孙皓无道　灭东吴三分归晋

(二)阅读《三国演义》结尾,对比开篇,发现首尾呼应的是:"天下大势,分久必合,合久必分。"思考:你希望天下是分,还是合?

(三)作者罗贯中希望是分还是合?出示罗贯中创作《三国演义》的背景,了解作品主旨:天下一统,百姓安乐。

(设计理念:本环节重点引导学生通过本书的首尾对比,并结合罗贯中创作《三国演义》的背景,了解作者"反分裂,求统一"的主旨思想和政治理念。)

五、回顾阅读法,布置阅读任务

(一)交流:初识《三国演义》,学到了哪些阅读章回体小说的方法?

提示:读回目,猜故事(人物+事件);读故事,辨人物(语言+事件)。

(二)出示阅读单,布置阅读任务:

读完《三国演义》,请你选择一个印象深刻的人物,为其设计图谱,包含人物基本信息、关键事件,以及你对这个人物的评价等,让更多的人了解这位三国人物。

(三)提出阅读期待:希望同学们既要做阅读者,更要做思辨者。

(案例提供:彭慧琴)

《三国演义》学生阅读情况调查问卷

设计理念：

《三国演义》导读课后，学生自主阅读《三国演义》一周，教师在班级发布在线调查问卷，了解读情，如阅读的版本、阅读的时间、阅读的进度、阅读的困惑、阅读的方法、阅读的思考等，在此基础上设计推进课。

我选择的《三国演义》版本是（　　）[单选题]

选项	小计	比例
青少年版（36回）	19	33.33%
原著全本（120回）	24	42.11%
两个版本都读过	14	24.56%
本题有效填写人次	57	

我的阅读时间是（　　）[单选题]

选项	小计	比例
每天读30分钟左右	26	45.61%
每天读1小时左右	8	14.04%
有时间的时候读	21	36.84%
没时间读	2	3.51%
本题有效填写人次	57	

目前，我读《三国演义》的进度是（　　）[单选题]

选项	小计	比例
全部读完了	19	33.33%
读了大部分	18	31.58%
读了一半左右	12	21.05%
读了少部分	8	14.04%
还没开始读	0	0%
本题有效填写人次	57	

读《三国演义》，我用到的阅读方法主要有（　　）[多选题]

选项	小计	比例
读回目，猜故事	22	38.6%
阅读时，做批注	30	52.63%
遇到不明白的语句，猜读大意	33	57.89%
根据人物言行评价人物	33	57.89%
借助情节图、思维导图等梳理书中内容	31	54.39%
查找资料了解书中内容	32	56.14%
能针对书中感兴趣的话题和同学交流	29	50.88%
以上方法都没用过	1	1.75%
本题有效填写人次	57	

读《三国演义》，我遇到的问题或困惑主要是（ ）[多选题]

选项	小计	比例
书中语言难理解	44	77.19%
人物形象难评价	11	19.3%
故事情节太复杂	19	33.33%
其他问题或困惑（ ）	10	17.54%
本题有效填写人次	57	

读了《三国演义》，我认为称得上"英雄"的人物有（ ）[多选题]

选项	小计	比例
曹操	31	54.39%
刘备	47	82.46%
诸葛亮	48	84.21%
关羽	51	89.47%
张飞	42	73.68%
周瑜	20	35.09%
吕布	19	33.33%
陆逊	13	22.81%
其他	11	19.3%
本题有效填写人次	57	

（阅读问卷设计与统计：彭慧琴）

煮酒三国论英雄
——《三国演义》推进课教学设计

【教学目的】

一、围绕"一言一事辨英雄"这个话题,练习辨析周瑜、张飞、赵云、陆逊、吕布、曹操、刘备等人物的特点。

二、围绕"是非成败论英雄"这个话题,从多个角度辨析关羽的人物形象及相关文化现象。

三、围绕"虚虚实实辨英雄"这个话题,辨析诸葛亮、周瑜人物形象,通过文史对比等,了解罗贯中"三分历史,七分虚构"的创作特点及三国文化的传承。

【教学过程】

课前交流:在线调查问卷情况

一、一言一事辨英雄

(一)提出交流话题:《三国演义》共描写了千余个人物,其中最令人感慨的就是各路英雄。读一读明朝文学家杨慎的《临江仙》这首词。通过课前调查问卷,发现同学们心中的英雄排行榜前八位是:关羽、刘备、诸葛亮、张飞、曹操、周瑜、吕布、陆逊。这节课,让我们走进"三国英雄会",一起辨一辨,到底谁是英雄。(板书:英雄?)

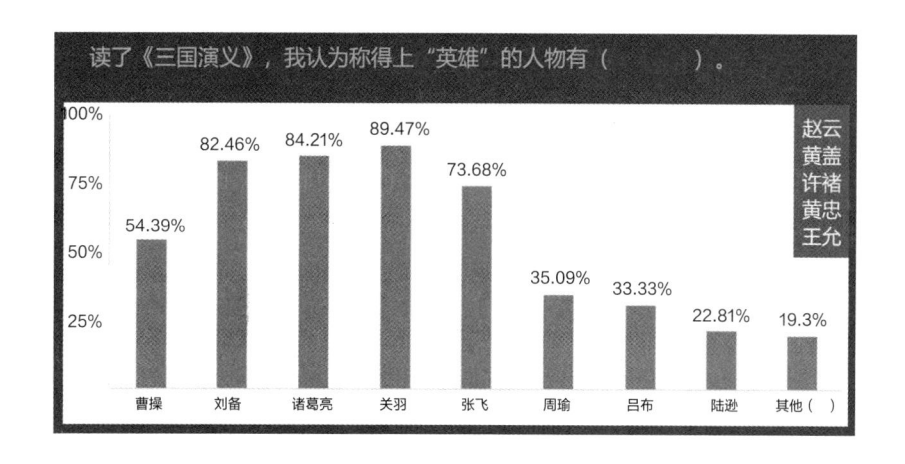

读了《三国演义》，我认为称得上"英雄"的人物有（　　）。	赵云 黄盖 许褚 黄忠 王允

曹操	刘备	诸葛亮	关羽	张飞	周瑜	吕布	陆逊	其他（　）
54.39%	82.46%	84.21%	89.47%	73.68%	35.09%	33.33%	22.81%	19.3%

（二）指导思辨方法：怎样辨英雄呢？我们可以抓住人物的言行、故事来辨一辨。

1. 一句话，辨人物

（1）用课件出示事件。说这句话的是谁？他是英雄吗？

既生瑜，何生亮！　　　　　　　　　　　　　　　　——周瑜

在交流中明晰：自私、小气的人不算英雄。

（2）借助提示说一说"三气周瑜"的故事。

（3）读一读苏轼的《念奴娇·赤壁怀古》，感受苏轼心中的周瑜形象。

遥想公瑾当年，小乔初嫁了，雄姿英发。羽扇纶巾，谈笑间、樯橹灰飞烟灭。

（4）借助视频，了解周瑜火烧赤壁中的谋略和赤壁之战在历史中的影响。

（5）再次交流周瑜的人物形象：千古风流人物，一代英雄豪杰。

2. 一件事，辨人物

（1）用课件出示事件，交流话题：做这件事的人是谁？他是英雄吗？

火烧赤壁、火烧连营、辕门射戟、单骑救主、长坂桥喝退曹军、温酒

斩华雄。

（2）交流：你心中最厉害的将领是谁？你最佩服他的地方是什么？

（3）交流"人中吕布"与"三姓家奴"，辨析吕布是不是英雄。

（4）阅读"刘备入宫称皇叔 曹操煮酒论英雄"，了解曹操、刘备如何论英雄，曹操心中的英雄标准是什么，结合人物故事、人物评价、相关诗词等，辨析曹操、刘备是不是真英雄。

（5）通过以上交流，明晰：智勇双全、信守承诺、志向远大的人算英雄，背信弃义、贪财好色的人不算英雄。

（设计理念：本环节意在培养学生的思辨性阅读与交流的能力，抓住人物的言行、事件来体会人物特点，表达自己对"英雄"的看法。）

二、是非成败论英雄

（一）思辨阅读与交流：在《三国演义》中，有这样一位英雄，他曾投降曹操，败走麦城，最后被孙权所杀。他是谁？你认为他是英雄吗？为什么？

（二）结合关羽的事迹和历史评价，辨析关羽是不是真英雄。

（三）结合关羽在长沙流传的故事、有关的地名等，探究关羽为什么在民间有着广泛的影响力。

（四）思辨阅读与交流：一言一事辨英雄，是非成败论英雄，怎样的人才算英雄？

交流并小结：

英雄有忠，忠于国家，忠于承诺；英雄有勇，叱咤风云，决胜沙场；

英雄有义，义薄云天，慷慨就义；英雄有智，神机妙算，谋定天下；

英雄有仁，心系苍生，造福百姓……

（设计理念：本环节意在培养学生的思辨性阅读与交流的能力，通过辨析人物的是非成败，回顾经典回目、经典故事，讨论谁才是自己心目中的英雄，交流中国人心目中的英雄应该具备怎样的品质，引导学生形成正确的价值观。）

三、虚虚实实辨英雄

（一）出示诸葛亮相关回目，交流：你认为他是英雄吗？

人们对诸葛亮的评价：伟大的军事家、文学家、发明家等。鲁迅却评价：状诸葛之多智而近妖。为什么？

（二）文史对比，辨析故事真假：三气周瑜、空城计。

（三）小结。《三国演义》写作特点：三分历史，七分虚构。

提示：罗贯中不仅虚构了诸葛亮的不少故事，如草船借箭、借东风等，还虚构了关羽千里走单骑等故事，一些历史学家甚至认为，貂蝉这个人物都是虚构的。

（设计理念：本环节重点交流人们对诸葛亮的评价，辨析"三气周瑜、空城计"的真与假，引导学生发现罗贯中创作《三国演义》的写作特点：三分历史，七分虚构。）

四、传承经典诵英雄

（一）思辨阅读与交流：英雄的故事真真假假，虚虚实实，为什么《三国演义》让人百读不厌，世代流传？

（二）出示胡适、鲁迅的书评，了解《三国演义》的价值。

（二）指导怎样解决阅读中的问题与困惑：经典不厌百回读。通过在线调查问卷，发现在读《三国演义》时，77.19%的同学认为遇到的问题或困惑是书中语言难理解，这该怎么办呢？

选项	小计	比例
书中语言难理解	44	77.19%
人物形象难评价	11	19.3%
故事情节太复杂	19	33.33%
其他问题或困惑（ ）	10	17.54%
本题有效填写人次	57	

交流：可以猜读、跳读，还可以向冰心奶奶学习如何去读。

此后，我拿起一本《三国演义》，自己一知半解地读了起来，居然越看越明白。虽然字音都读得不对，比如把"凯"念作"岂"，把"诸"念作"者"之类，因为只学过那个字的一半。

我第一次读《三国演义》，读到关羽死了，哭了一场，便把书丢下了。第二次再读时，到诸葛亮死了，又哭了一场，又把书丢下了。后来忘了是什么时候才把全书读到"分久必合"的结局。

——选自《忆读书》，作者冰心

4. 总结交流：本课我们打开《三国演义》，通过一言一事辨英雄、是非成败论英雄、虚虚实实辨英雄，感受到了英雄的魅力。《三国演义》的价值还在于，书中塑造的英雄形象深入人心，世世代代让人敬仰，在咱们中国人心中，英雄是什么？

5. 提出阅读期待：旧书不厌百回读，熟读深思子自知，经典不厌百回读，希望同学们再次走进《三国演义》，做一名阅读者、思辨者，做中国文化的传承者。

（案例提供：彭慧琴）

三国战役定天下
——《三国演义》交流课教学设计

【教学目的】

一、了解《三国演义》中三大战役的重要作用。

二、了解"赤壁之战"的前因后果及人物谋略。

三、讲述"夷陵之战",辨析桃园之"义"。

【教学过程】

一、梳理全书脉络,了解三大战役

(一)回顾本书"反分裂,求统一"的主旨思想和创作理念。

(二)小组合作,借助表格,梳理全书"分久必合,合久必分"的故事脉络图。

天下大势,分久必合,合久必分			
(东汉)合	(三国)分		(西晋)合
群雄纷争	赤壁之战	三分天下	三国归晋
曹为主线	吴为主线	蜀为主线	司马炎建立晋朝
魏、蜀、吴 三家初起 ↓ 各路诸侯 讨伐董卓 ↓ 诸侯混战 曹操平定北方	曹军压境 ↓ 三顾茅庐 ↓ 巧借荆州 ↓ 赤壁鏖战	拓疆建蜀 ↓ 蜀国渐强 ↓ 孔明作为	刘禅降邓艾 蜀汉亡 ↓ 司马炎废曹奂 立晋 ↓ 孙休卒、孙皓降, 吴国亡

(三)借助表格,交流总结:

1.《三国演义》是描写古代战役的典范作品,全书共写大小战争上百次,展现了一幕幕惊心动魄的战争场面。其中最重要的三大战役影响深远,为东汉末年形成三国鼎立的局面起到重要的作用。

2.小组交流总结。

战役	交战方	结果	影响
官渡之战	袁绍，曹操	袁绍大败	奠定了曹操统一北方的基础
赤壁之战	曹操，孙刘联军	曹操大败	奠定了三国鼎立的基础
夷陵之战	刘备，陆逊	刘备大败	确立三国鼎立的局面

汇报交流示例：

赤壁之战是中国历史上著名的以少胜多、以弱胜强的战役之一。公元208年，孙权、刘备联军在长江赤壁一带大破曹操大军。赤壁之战的失利，使曹操失去了在短时间内统一全国的可能性，而孙刘双方则借此战役开始发展壮大。赤壁之战形成天下三分的雏形，奠定了三国鼎立的基础。

（设计理念：新课标指出，阅读优秀文学作品，要学习梳理作品的基本内容。本环节引导学生借助表格进行了两次梳理。一是梳理全书脉络，以进一步理解作品中提出的"分久必合，合久必分"的观点；二是梳理三次重要战役的交战方、结果，以及战争所产生的影响。）

二、走进赤壁之战，了解神机妙算

（一）诵读苏轼的《念奴娇·赤壁怀古》，交流词中提到的"三国周郎""多少豪杰"。

（二）回顾课文《草船借箭》，说一说诸葛亮的神机妙算。

（三）打开《三国演义》，快速阅读有关赤壁之战的回目，梳理本次战役的前因后果，寻找"多少豪杰"的神机妙算。

交流总结：

赤壁之战	人物	计谋	结果
1	诸葛亮	激将计	促成孙刘联盟
2	周瑜	反间计 借刀杀人计	利用蒋干盗书施计 借曹操杀蔡瑁、张允
3	诸葛亮	瞒天过海计	草船借箭
4	庞统	连环计	铁索连船
5	周瑜、黄盖	苦肉计	火烧赤壁

汇报交流示例：

周瑜：反间计——借刀杀人计。蒋干是曹操手下的谋士。他因自幼和周瑜同窗读书，便向曹操毛遂自荐，要过江到东吴去做说客，劝降周瑜。周瑜设宴款待蒋干，喝得酩酊大醉后，和蒋干同榻而眠。蒋干趁周瑜熟睡，发现曹操的水军都督蔡瑁、张允写给周瑜的降书，慌忙把信藏在衣内。他偷偷回到曹营，把信呈给曹操。曹操见信大怒，杀了水军都督蔡瑁和张允。等曹操醒悟过来时，已经晚了，只好另换了两个水军都督。结果，赤壁一战，曹操水军一败涂地。

（设计理念：本环节结合经典诗词、学过的课文，引导学生了解赤壁之战的前因后果，梳理相关的人物、计谋及计谋产生的效果，进一步体会三国人物的谋略，感受古人的智慧。）

三、走进"夷陵之战"，辨析桃园之"义"

（一）挑战阅读任务一：阅读故事，梳理情节。

夷陵之战是中国古代战争史上一次著名的积极防御的成功战例，也是三国"三大战役"的最后一场。请你认真阅读《三国演义》（青少年版）第二十七回《刘先主亲征东吴　陆都督火烧连营》，梳理故事内容。

提示：可采用结构图、对阵图或故事山等多种方式对故事情节进行梳理。梳理时要关注刘备、陆逊的不同表现，不要遗漏关键信息。

（二）挑战阅读任务二：讲述故事，自评互评。

请根据梳理的夷陵之战的结构图等讲述故事，先自己讲，再讲给组内同学听，并对照评价标准进行自评和互评：

评价标准	量化评分	自评	互评
把故事的起因、经过、结果讲完整	30分		
在讲述过程中不遗漏关键信息	30分		
能加上动作语言心理等，把故事讲生动	40分		

（三）挑战阅读任务三：交流话题，评价人物。

阅读这个故事后，你有怎样的思考？你对这两个人物又有怎样的评价呢？请你拟定一两个话题与同学交流。

话题举例：

1.在夷陵之战前，孙权两次派人向刘备求和，愿意送归夫人，交还荆州，永结盟好，但刘备不肯放下兄弟之仇，执意伐吴，结果被陆逊火烧连营，大败而逃。你觉得刘备是个怎样的人？如果是你，会做出怎样的选择？为什么？

2.陆逊是书生领兵，却能大败刘备，他以弱胜强的原因是什么？

（四）挑战阅读任务四：前后联系，辨析桃园之"义"。

1.《三国演义》的第一回《豪杰桃园三结义　翼德县前鞭督邮》写道，刘备、关羽、张飞初次相识，就在桃园结为异姓兄弟，并立下誓言："同心协力，救危扶困，上报国家，上安黎庶。不求同年同月同日生，只愿同年同月同日死。"请你结合全书相关内容，说说他们三兄弟是否践行了桃园之"义"。

2.阅读资料，对于刘备、关羽、张飞的桃园之"义"，你的想法是怎样的？

交流示例：

我认为"桃园结义"的"义"，是救危济困的豪侠之义，是报国安民的国家大义，是同生共死的兄弟情义。正因为他们心中装着这样的"义"，所以，刘备"携民渡江"，在最危难的时候也不抛下跟随他的老百姓；关羽"身在曹营心在汉"，哪怕"千里走单骑"，也要与兄弟相聚；张飞挺矛立马在长坂桥上，喝退了曹军百万兵。正因为他们心中有共同的"义"，所以才相见恨晚，在桃园结义，他们重情重义，用一生去践行当年在桃园许下的誓言。

我认为"桃园结义"的"义"不能看得太重。他们兄弟三人过于看重兄弟义气，在关键时刻失去了理智，让无数士兵失去了生命，让国家陷入了险境。如果刘备、张飞不急于给关羽报仇，而是审时度势，也许就不会造成这样的局面。

（设计理念：本环节引导学生运用结构图、对阵图或故事山等多种方式梳理夷陵之战的主要故事情节，在小组内讲述故事，并自评互评；通过前后联系，辨析桃园之"义"，意在培养学生的思辨性阅读与交流的能力，辩证地看待问题。）

四、总结全课

《三国演义》不但是一曲英雄赞歌，也是一部千古兵书。对于这本家喻户晓的中国古典名著，还有无数的话题值得我们思考和交流。如，"三国谋士谁第一""三国名将排行榜""曹操的'笑'与刘备的'哭'""人中吕布"与"三姓家奴"等。期待大家做一名阅读者、思辨者，做中国文化的传承者。

（案例提供：彭慧琴）

第三节

"互联网+"整本书阅读任务群模式

【模式解读】

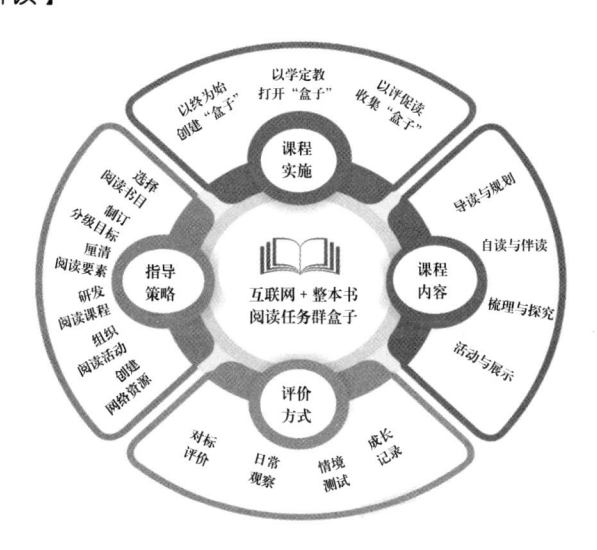

"互联网+"整本书阅读任务群课程体系图

"互联网+"整本书阅读任务群课程体系包括课程内容、课程实施、指导策略、评价方式四个模块,设计了小学阶段学生必读的文学作品、科普作品、科幻作品、表现英雄模范事迹的图书、反映革命传统的作品等36本书的阅读任务盒子。每本书在课程内容上创建4个任务群:导读与规划、自读与伴读、梳理与探究、活动与展示,每个任务群至少包括8项基础任务,12项线上或线下的任务评价。学生通过"互联网+"整本书阅读任务群,开启线上、线下的书香之旅,选书、读书、聊书,交流阅读思考,分享阅读成果，记录阅读成长；教师通过"互联网＋"整本书阅读任务群，了解每一个孩子的阅读情况，实现整本书阅读"教—学—评"一体化，引导学生积累知识，提升阅读能力，建构阅读策略，促进精神成长，也促进自己的专业发展。

【主要流程】

导读与规划 → 自读与伴读 → 活动与展示 → 梳理与探究

【操作要点】

一、以终为始，创建"互联网＋"整本书阅读任务群

根据"以终为始"的设计理念，创建"互联网＋"整本书阅读任务群的路径为"五步四环八任务"。

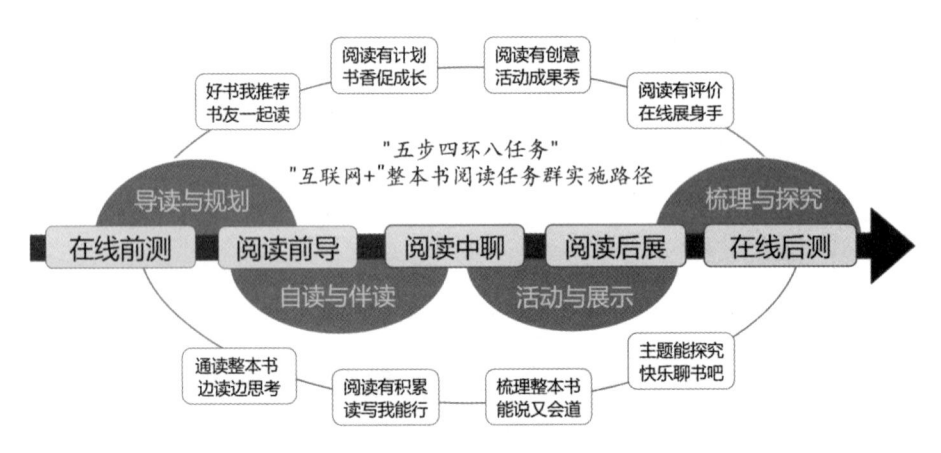

"五步四环八任务""互联网＋"整本书阅读任务群实施路径

五步：指实施"互联网＋"整本书阅读任务群的5个步骤——在线前测、阅读前导、阅读中聊、阅读后展、在线后测。

四环：指实施整本书阅读任务群的四个环节"导读与规划""自读与伴读""活动与展示""梳理与探究"。

八任务：每个阅读环节至少包含2项基础阅读任务，读完一本书，至少完成8项最基础的阅读任务。

二、以学定教，打开整本书阅读任务群

"以学定教"就是依据学情确定教学的起点、方法和策略，使每一个学生得到最优化的发展。每个学生阅读整本书的起点不同。在整本书阅读指导之前，可以通过互联网及信息技术，对学生进行阅读前测，前测的目的主要是了解学生对这本书的内容认知、问题探究以及阅读方法、阅读经验、阅读习惯等。根据阅读前测数据，教师进行读情分析，研发阅读指导课程，实现差异化阅读指导。

三、以评促读，实践整本书阅读任务群

将阅读评价贯穿整本书阅读全过程，评价主体包括老师、学生、家长。主要采取"四维"阅读评价方式：对标评价、日常观察、情境测试、成长记录。通过以评促读，帮助孩子收藏一个个整本书阅读任务群的成果，记录他们在阅读中成长的脚步。

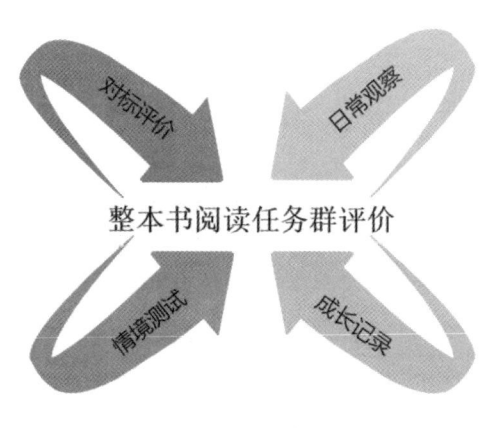

整本书阅读任务群评价

第一个维度：对标评价。针对《义务教育语文课程标准（2022年版）》及统编语文教材对每一类书籍的指导要素及阅读活动要求，设计不同学段、不同书籍的阅读评价量表，学生对照评价量表，通过自评、互评，发现问题，不断反思、改进阅读行为。

第二个维度：日常观察。观察学生在整本书阅读任务群课程实施过程中的参与度、表现欲望、实践能力，及时总结和评价，并树立榜样，如，评选"班级阅读之星"等，鼓励学生达成阅读目标。

第三个维度：情境测试。指阅读情境中的任务测评。测评内容包括阅读话题交流、创意表达、阅读活动展示、跨学科阅读研究等，测试目的是了解学生在阅读整本书过程中的"阅读与鉴赏、表达与交流、梳理与探究"的能力，针对学生在阅读任务情境中表现出的阅读素养、研究兴趣、创新能力等进行评价。

第四个维度：成长记录。收集学生在整本书阅读过程中富有个性的作品，以及某项才能的展示、展开的专项研究、读书笔记等，记录每位阅读者的成长足迹。

阅读评价的工具主要包括：在线阅读前测、阅读规划单、阅读评价量表、在线阅读后测、在线阅读论坛、阅读海报、角色日志、可视化思维导图（结构图、情节绳、故事山等）、创意阅读活动档案等。

【教学实践】

走进西游大世界
——《西游记》阅读任务群指导策略

走进作品：

《西游记》是中国古典四大名著之一，是中国第一部浪漫主义长篇神魔小说。本书取材于"玄奘天竺取经"这一历史事件，在民间传说和话本、戏曲的基础上加以创作，主要讲述孙悟空、猪八戒、沙僧、白龙马保护唐僧西行取经，一路降妖除魔，化险为夷，最终到达西天，取得真经的故事。

作者简介：

吴承恩，字汝忠，号射阳山人。他自幼聪慧，喜欢读野言稗史，熟悉古代神话和民间传说。《淮安府志》记载他"性敏而多慧，博览群书，为诗文下笔立成"。但他一直科考不利，直到四十多岁才被补上"岁贡生"，后流寓南京，长期靠卖文补贴家用。六十多岁时，因母老家贫，他勉强出任长兴县丞，由于看不惯官场的黑暗，不久便愤而辞官，以卖文、经商为生，贫老而终。

文本解析：

1. 想象奇幻，讲述了曲折离奇的神魔故事。

本书富有想象力，创造了一个充满奇幻色彩的神魔世界。有光怪陆离的天上神国、幽雅宁静的佛祖圣境、富丽堂皇的水晶龙宫、八百里翻波涌浪的流沙河……小说的情节曲折离奇，唐僧师徒四人历经九九八十一难，方才取得真经。降妖伏魔的过程，总是一波三折，作者"每作一波，常三过折笔"，大闹天宫、三打白骨精、车迟国斗法、三调芭蕉扇、真假美猴王等经典情节跌宕起伏，深深吸引着读者。

2. 人物鲜明，塑造了丰富多元的人物形象。

小说塑造了丰富多元的经典人物形象：一是唐僧师徒；二是神仙菩萨；三是妖魔鬼怪等。书中很多神魔往往是自然性、神性与人性的结合。如，孙悟空既有自然的"猴"性，长相与动作像猴；也有"神"性，能驾筋斗云，有火眼金睛、七十二般变化，法力高强；还有着"人"性，知道拜师学艺，守护同族，称兄道弟等，在人们心中，他明辨是非，疾恶如仇，是正义、智慧和勇敢的化身。正如鲁迅的评价"神魔皆有人情，精魅亦通世故"。

3. 内涵丰富，传递着中国传统文化的精神力量。

《西游记》深受儒、释、道等中国传统文化思想的影响。如，本书开篇词写道："覆载群生仰至仁，发明万物皆成善。"石猴在水帘洞称王时，劝众猴"人而无信，不知其可"，这句话就出自孔子的《论语·为政》。孙悟空在菩提祖师门下学艺，祖师告诫他"世上无难事，只怕有心人""修行的人，口开神气散，舌动是非生"。本书中多次提到"心猿"，如"五行山下定心猿""心猿归正"，意指成长的过程中要"定心"。孙悟空头上戴着"金箍儿"，象征着"劝人学好的佛法"，唐僧所念的"紧箍咒"，即"定心真言"。当师徒四人取得真经，悟空头上的"金箍儿"便消失了。《西游记》这本书，在字里行间传递的是中国传统文化的精神力量。

《西游记》阅读任务群目标

1. 自主制订阅读计划，坚持阅读，并通过赏读回目，猜读情节，整体感知故事内容，初步体会章回体小说的创作特点。

2. 将借助资料、前后联系、对此阅读、批注等阅读策略运用到《西游记》的阅读实践中，通过思维导图、表格、结构图等方式梳理书中的地点、人物、情节，深入了解故事内容，养成良好的阅读习惯。

3. 品读作品精彩的语言，感知鲜明的人物特点，感受人物形象魅力，能针对作品中感兴趣的话题展开交流，并乐于分享自己的阅读收获与成果，在阅读中感受中国文化。

【任务规划】

阅读阶段	阅读任务分解
导读与规划 （1课时）	任务一：了解创作背景等，学习阅读古代章回体小说的方法。 任务二：浏览整本书目录，把握全书内容和结构。 任务三：制订阅读计划，可以采取图文结合的形式。
自读与伴读 （2周，课外完成）	任务一：通读整本书，圈画喜欢的词句。 任务二：边读边思考，提出问题，并在班级交流。 任务三：阅读摘抄，赏析、积累西游语言。
活动与展示 （1课时）	任务一：妙说西游风物，讲述西游风光与法宝。 任务二：走进西游剧场，创编故事演一演。 任务三：绘制人物名片，讲述人物故事，评说西游人物。
梳理与探究 （1课时）	任务一：梳理全书故事结构，探究"三"的故事结构。 任务二：梳理人物成长之路，探究心路悟成长。 任务三：探究西游故事中的中国文化。

【活动过程】

一、导读与规划

【明确任务】

通过在线阅读前测，教师发现学生了解《西游记》，主要是借助影视剧、动画片，对于书中主要人物形象、阅读古典名著的方法、《西游记》全书结构等认识较为模糊。因此，教师引导学生在课堂完成以下任务：

阅读阶段	阅读任务分解
导读与规划 （1课时）	任务一：了解创作背景等，学习阅读古代章回体小说的方法。 任务二：浏览整本书目录，把握全书内容和结构。 任务三：制订阅读计划，可以采取图文结合的形式。

【任务说明】

1.教师通过"西游闯关"小游戏，引导学生了解《西游记》的创作背景和作品价值，建构对整本书的认知。

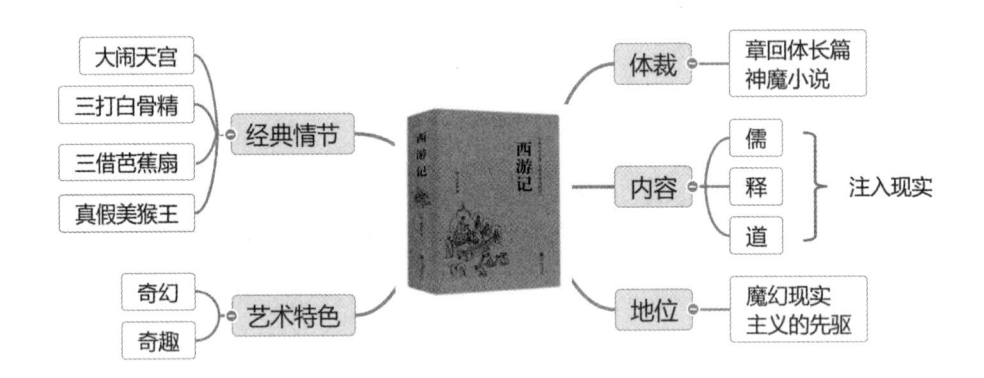

经典情节：大闹天宫、三打白骨精、三借芭蕉扇、真假美猴王

艺术特色：奇幻、奇趣

体裁：章回体长篇神魔小说

内容：儒、释、道——注入现实

地位：魔幻现实主义的先驱

2.学习阅读古代章回体小说的方法。

（1）学习《快乐读书吧》中提示的阅读方法：读回目，猜故事。

古代长篇小说多是章回体。这些作品里，一回或若干回组成一个相对完整的小故事，连起来就成了一个长篇故事。我很喜欢读回目，只要看一下某一回的标题，就可以猜出它主要讲了什么故事。

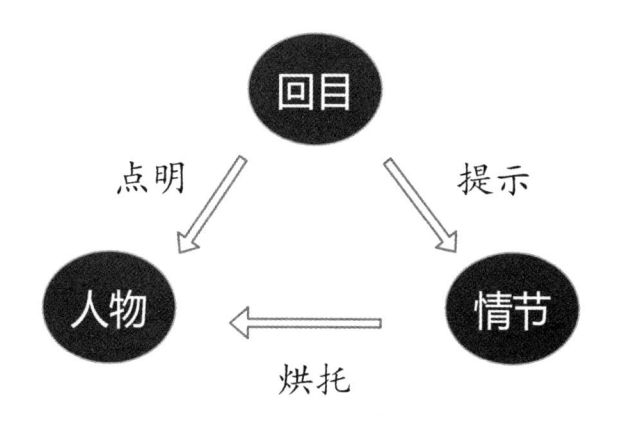

如，读一读以下三个回目：

第五十九回 唐三藏路阻火焰山 孙行者一调芭蕉扇

第六十回 牛魔王罢战赴华筵 孙行者二调芭蕉扇

第六十一回 猪八戒助力败魔王 孙行者三调芭蕉扇

通过交流发现回目的基本特点：两句对仗，结构相似。回目点名人物，提示情节，情节烘托人物特点。把三个回目连起来猜一猜，可以猜出这三回讲述的故事是：孙悟空三借芭蕉扇。

（2）回顾在五年级下册第二单元名著单元中习得的阅读方法。

联系上下文猜测词句的意思；遇到难理解的词句，不用反复琢磨；借助资料了解人物；多元评价人物；结合看过的电影、电视剧，加深理解。

（3）运用以上方法，阅读《西游记》中孙悟空三借芭蕉扇的情节，想象神通广大的孙悟空与同样变化多端的牛魔王斗法的精彩情形。

3.推荐学生阅读《西游记》原著版。小组合作，浏览整本书回目，把握全书主要内容，制订两周内读完整本《西游记》原著的计划。

《西游记》全书结构一览图

回目	主要内容		主要情节
第一至七回	大圣小传		猴王出世，求学问道→龙宫借宝，冥府除名→官封弼马，一战天将→看管桃园，大闹天宫→二战天兵，斗法二郎→赌斗如来，身压五行
第八至十二回	玄奘小传		如来传佛法，观音劝众徒→泾河龙王触天条→魏征梦斩龙王→太宗地府还魂→唐王弘扬佛法→观音寻觅取经人→唐僧得度，西天取经
第十三至一百回	西天取经	师徒齐聚（第十三至二十二回）	出城逢虎，折从落坑→五行山悟空拜师→鹰愁洞收白龙马→失却袈裟，收黑熊精→高老庄收降猪八戒→黄风怪阻，请求灵吉→流沙难渡，收得沙僧
		经受考验（第二十三至三十一回）	四圣显化，考验师徒→五庄观中，难活人参→三打白骨精，一贬孙悟空→黑松林失散→宝象国降妖
		团队磨合（第三十二至五十八回）	平顶山大战金角银角大王→乌鸡国救主→大战红孩儿→黑河沉没→西洋龙子捉鼍龙→车迟国斗法→通天河遇金鱼精→观音救难现鱼篮→金兜洞战青牛精→子母河受孕→女儿国留婚→琵琶洞受苦→真假美猴王→二贬孙悟空
		师徒齐心（第五十九至九十七回）	三借芭蕉扇→合战九头虫→荆棘岭打杀植物精→小雷音寺遇难→稀柿同八戒立臭功→朱紫国行医→降妖救后→盘丝洞斗蜘蛛精→黄花洞败蜈蚣精→狮驼岭战三魔→比丘国救小儿→陷空山收白鼠精→悟空夜剃灭法国→八戒打杀豹子精→凤仙郡冒天止雨→孙大圣劝善施霖→玉华县收徒→举办钉耙会→竹节山遭难→青龙山打杀三犀牛→天竺国嫦娥收玉兔→铜台府监禁→地灵府活寇洪
		取得真经（第九十八至一百回）	功成行满→凌云渡脱胎→取得真经→老鼋补难→径回东土→五圣成真

二、自读与伴读

【明确任务】

学生自主阅读《西游记》，完成以下阅读任务：

阅读阶段	阅读任务分解
自读与伴读 （2周，课外完成）	任务一：通读整本书，圈画喜欢的词句。 任务二：边读边思考，提出问题，并在班级交流。 任务三：阅读摘抄，赏析、积累西游语言。

【任务说明】

1. 学生通读整本书，边读边圈画喜欢的词句。教师不定期提醒学生自读任务，跟进了解学生的阅读进度。

2. 在阅读时，学生可以自由地提出问题，并在班级交流，交流时间为语文自习课、课前3分钟。

3. 学生在阅读时摘抄喜欢的词句，赏析、积累西游语言。

【活动举例】

《西游记》语言积累与赏析

（1）请你读一读下列富有想象力的文字，从文字中找一找现实生活的影子，再说说作者想象的奇妙之处。

（2）读《西游记》，摘抄精彩的语言，赏析语言之妙。

情节	描写	赏析
悟空看管蟠桃园	园中共有桃树三千六百株，前面一千二百株，三千年一熟，人吃了则成仙得道；中间一千二百株，六千年一熟，人吃了可以长生不老；后面一千二百株，九千年一熟，人吃了可与天地齐寿。	桃子是现实生活中常见的水果，在作者的想象中变得特别神奇。一是桃树的数量奇，一个桃园居然有三千六百株桃树。二是桃子的成熟时间奇，现实生活中的桃子一年一熟，但蟠桃园中的桃子有的三千年一熟，有的六千年一熟，还有的九千年一熟。三是桃子的功效奇，吃了三千年一熟的桃能成仙得道，吃了六千年一熟的桃可以长生不老，吃了九千年一熟的桃可与天地齐寿。真是太神奇了！
孙悟空大战二郎神	悟空看到自家猴群四处惊慌逃窜，心里发慌，转身就走。二郎神紧追不舍，悟空只好变成一只小麻雀飞走。二郎神却早已识破，摇身变作饿鹰，飞去扑咬。悟空急忙抖动身子，变作一条鱼儿跃入水中，二郎神则变作鱼鹰去叼鱼。悟空又急忙变作一条蛇钻进草丛，二郎神随即变成灰鹤来啄蛇……	

西游人物	人物描写
唐僧	丰姿英伟，相貌轩昂。齿白如银砌，唇红口四方。顶平额阔天仓满，目秀眉清地阁长。两耳有轮真杰士，一身不俗是才郎。 凛凛威颜多雅秀，佛衣可体如裁就。晖光艳艳满乾坤，结彩纷纷凝宇宙。朗朗明珠上下排，层层金线穿前后。兜罗四面锦沿边，万样稀奇铺绮绣。八宝妆花缚钮丝，金环束领攀绒扣。佛天大小列高低，星象尊卑分左右。

三、活动与展示

【明确任务】

小组合作，从下列三项任务中选择其中的一项任务，合作完成，在课堂内，小组展示阅读成果。

活动与展示 （1课时）	任务一：妙说西游风物，讲述西游风光与法宝。 任务二：走进西游剧场，创编故事演一演。 任务三：绘制人物名片，讲述人物故事，评说西游人物。

【任务说明】

1. 从三项任务中选择一项任务，小组合作完成。如，小组合作完成任务三，先给书中人物分类：唐僧师徒、神佛、妖魔。小组合作选择其中的一类，手绘印象最深刻的人物形象，制作人物名片，结合人物外貌、言行、故事等，制作课件，在班级讲述人物故事，评说西游人物。

2. 班级策划"大话西游"阅读会，班级成员合理分工，确定活动流程、节目单。

3. 在课堂展示小组阅读成果，评选最佳阅读小组。

	"大话西游"活动展示与评价		
小组成员		
评价维度	评价标准	总评
小组合作	全员参与 ☆☆　部分参与 ☆☆　个别参与 ☆	
活动展示	妙说西游风物 1. 能结合文段讲述奇妙之处。☆ 2. 讲述生动，吸引人。☆☆	
	西游小剧场 1. 创编《西游记》中一个经典的情节，能基于原著适当改编。☆ 2. 台词、服装、动作符合人物特点。☆☆	
	评说西游人物 1. 能结合故事讲述人物特点。☆ 2. 能结合书中文段、联系现实生活评价人物特点。☆☆	

【活动举例】

妙说西游风物	
西游奇景	导游词
西梁女国	各位游客,欢迎来到西梁女国。在这个国家里,全是女子,不见一个男子。城外有一条子母河,还有一座迎阳馆驿,驿门外有一个照胎泉。城里的女子二十岁以上,才敢去喝子母河的水,喝水之后,她们就会觉得肚子痛,好像有了胎儿。三天后,女子来到迎阳馆外的照胎泉边照自己。如果照见泉水中有两个影子,就能生下双胞胎。在《西游记》第五十三回讲了这样一件趣事:唐僧师徒前往西天取经,有一天来到西梁女国城外,唐僧和八戒因为口渴,喝了子母河中的水,竟然怀了胎儿。唐僧吃惊得变了脸色,大喊:"徒弟啊,这可怎么得了?"猪八戒扭着腰撒开胯直哼:"爷爷呀,要生孩子,我们却是男子,孩子从哪里生出来呢?"孙行者笑着说:"古人云:瓜熟自落。要是到了那个时节,就从胁下裂个窟窿,孩子从那儿钻出来吧。"八戒听他们这样一说,战战兢兢,忍不住疼痛叫道:"罢了,罢了!死了,死了!"沙僧也笑:"二哥,莫扭,莫扭!小心弄出个胎前病。"听到这里,想象一下当时的画面,你是不是觉得很有趣呢?
火焰山	

西游法宝知多少			
法宝名称	使用者	特殊功能及威力	原型及归属
如意金箍棒	孙悟空	此宝有二丈多长,斗来粗细,重一万三千五百斤,能大能小,甚至可以变得像绣花针,藏在耳朵里面。	这宝贝镇于海底,也不知几千百年,唤做天河镇底神珍。
紫金葫芦	平顶山金角大王、银角大王	把这宝贝的底儿朝天,口儿朝地,叫他一声,他若应了,就装在里面,贴上一张太上老君急急如律令奉敕的帖子,他就一时三刻化为脓了。	

西游小剧场	
活动说明	小组合作选择《西游记》的经典片段，进行角色扮演，还可选择1986年版《西游记》中的相关片段，对照表演，结合原著文字，评一评哪组的表演最生动形象，台词、服装、动作最符合原著中的人物形象。
活动案例	《三打白骨精》剧本（部分）

旁白：一日，唐僧师徒来到山中，只见峰岩重叠，涧壑湾环。虎狼成阵走，麋鹿作群行。千尺大蟒，万丈长蛇。大蟒喷愁雾，长蛇吐怪风。道旁荆棘牵漫，岭上松楠秀丽。常言道：山高必有怪，岭峻必生精。果然，有妖精来也！

白骨精：哈哈哈！造化！造化！东土和尚取大乘，本是金蝉子化身，若要吃他一块肉，长生不老真正好！

白骨精化为寻常女子：长老，我这青罐里是香米饭，绿瓶里是炒面筋，特来此处无他故，因还誓愿要斋僧。

八戒：师父！吉人自有天报！快吃快吃！

行者：呀！师父，你面前这个女子，莫当她是个好人。妖精哪里走！吃俺老孙一棒！

唐僧：阿弥陀佛。善哉，善哉！

行者：头疼！头疼！莫念！莫念！师父有话便说。

唐僧：有甚话说！出家人时时要方便，念念不离善心，扫地恐伤蝼蚁命，爱惜飞蛾纱罩灯。你怎么步步行凶，打死这个无辜人，取将经来有何用？你回去罢！

悟空：师父——师父——

旁白：尸魔三戏唐三藏，悟空三打白骨精。圣僧恨逐美猴王，历经磨难取真经，取真经！

四、梳理与探究

【明确任务】

1. 教师在课堂上组织学生梳理故事内容，如《西游记》全书结构，西游经典故事情节的结构。

2. 教师引导学生在课堂内探究西游话题。如，"云路与本路""磨难与成长""个人与集体""文化与传承"等。

| 梳理与探究
（1课时） | 任务一：梳理全书故事结构，探究"三"的故事结构。
任务二：梳理人物成长之路，探究心路悟成长。
任务三：探究西游故事中的中国文化。 |

【任务说明】

1.从三项任务中选择一项任务，小组合作完成。

2.班级策划"大话西游"阅读会，班级成员合理分工，确定活动流程、节目单。

3.在课堂上展示小组阅读成果，评选最佳阅读小组。

【活动举例】

梳理结构，讲述故事

唐僧师徒四人历经九九八十一难，方才取得真经。降妖伏魔的过程总是一波三折，跌宕起伏，深深吸引着读者。"每作一波，常三过折笔"，作者在讲故事时，或让取经的困难升级，或让师徒之间的误会加深，或以假乱真……不断推动情节的发展。

《西游记》故事情节的基本结构样式是：妖怪出场→唐僧被抓→营救唐僧。

如，孙悟空大战红孩儿是《西游记》中的经典情节，以下三个回目讲述了这个故事：

第四十回 婴儿戏化禅心乱 猿马刀归木母空
第四十一回 心猿遭火败 木母被魔擒
第四十二回 大圣殷勤拜南海 观音慈善缚红孩

阅读这三个回目，梳理出故事情节的基本样式，再讲一讲这个故事。

故事情节	结构样式	相关描写
大战红孩儿	妖怪出场	这山中有一条涧，叫作枯松涧，涧边有一座洞，叫作火云洞，那洞里有一个魔王，神通广大。他是牛魔王的儿子，罗刹女养的。曾在火焰山修行了三百年，炼成三昧真火，却也神通广大。牛魔王使他来镇守号山，乳名叫作红孩儿，号叫作圣婴大王。
	唐僧被抓	孙大圣情知是怪物弄风，急纵步来赶时，那怪已骋风头，将唐僧摄去了，无踪无影，不知摄向何方，无处跟寻。
	营救唐僧	火云洞大战→心猿遭火攻→师兄弟惨败→八戒遭欺骗→龙王来帮忙→身陷火云洞→悟空扮牛魔→红孩儿险上当→大圣拜南海，观音缚住红孩儿

借助表格，可引导学生梳理故事中的经典情节，练习讲述故事。

故事情节	结构样式	相关描写
	妖怪出场	
	唐僧被抓	
	营救唐僧	

梳理人物历程，探究成长密码

《西游记》又名《西游释厄传》，"厄"即灾难，所以《西游记》也可以理解为个人的遭难和救赎。阅读时，可以梳理唐僧师徒的人生历程，了解他们分别犯下什么错误，遭受怎样的惩罚，最后才取得真经，修成正果，探究他们成长的密码。

人物	前身	所犯错误	遭受惩罚	修成正果	成长密码
唐僧	如来二徒弟金蝉子	不听说法，轻慢大教	被贬东土，出生几杀，满月抛江，寻亲报冤	旃檀功德佛	心地善良意志坚定
孙悟空	石猴				
猪八戒	天蓬元帅				
沙和尚	卷帘大将				
白龙马	西海龙王三太子				

在师徒几人中，孙悟空的人生经历较为复杂，在西天取经的过程中，他不断成长，从最初的随心所欲、顽劣好斗、不服管教，到最后的收心敛性、勇敢机智、有情有义。小说中称他为"心猿"，回目中的"心猿"即孙悟空，如，"第七回 八卦炉中逃大圣 五行山下定心猿"，取经过程也是心猿不断归正的过程。在阅读过程中，可以让学生绘制孙悟空成长曲线，探究"心猿归正"的成长密码，了解人的成长，既需外力，也需内力。

示例：孙悟空成长曲线图

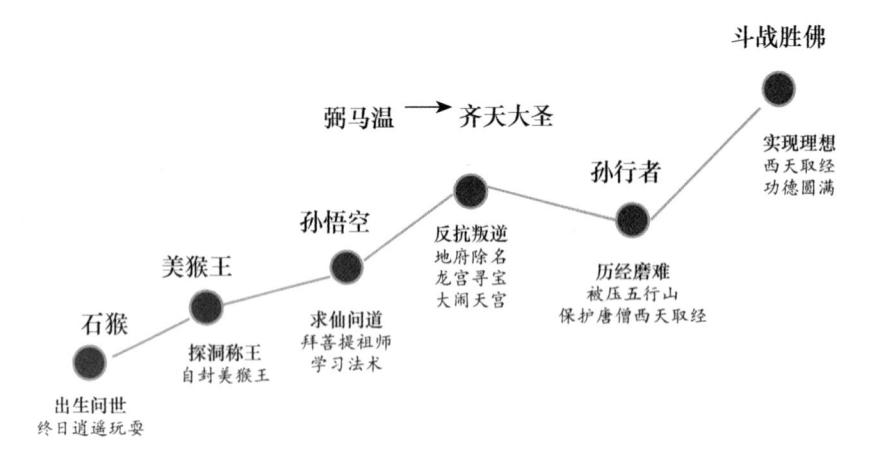

石猴
出生问世
终日逍遥玩耍

美猴王
探洞称王
自封美猴王

孙悟空
求仙问道
拜菩提祖师
学习法术

弼马温 → 齐天大圣
反抗叛逆
地府除名
龙宫寻宝
大闹天宫

孙行者
历经磨难
被压五行山
保护唐僧西天取经

斗战胜佛
实现理想
西天取经
功德圆满

示例：孙悟空定"心猿"

定"心猿"	外力	压镇	压在五行山下思过
		归正	在良好的团队中受教育，受影响
		严师	师父指引和约束，用紧箍咒管教
		历练	历经磨难
	内力	目标	保护师父，西天取经
		意志	《第二十七回 尸魔三戏唐三藏 圣僧恨逐美猴王》那大圣闻言，连忙跪下叩头道："老孙因大闹天宫，致下了伤身之难，被我佛压在两界山；幸观音菩萨与我受了戒行，幸师父救脱吾身；若不与你同上西天，显得我'知恩不报非君子，万古千秋作骂名'。"
		感悟	《第四十三回 黑河妖孽擒僧去 西洋龙子捉鼍回》行者道："老师父，你忘了'无眼耳鼻舌身意'。我等出家人，眼不视色，耳不听声，鼻不嗅香，舌不尝味，身不知寒暑，意不存妄想——如此谓之祛褪六贼。你如今为求经，念念在意；怕妖魔，不肯舍身；要斋吃，动舌；喜香甜，嗅鼻；闻声音，惊耳；睹事物，凝眸；招来这六贼纷纷，怎生得西天见佛？"

《西游记》中的神佛文化

《西游记》中的神仙菩萨包括了中国古代宗教信仰的各个方面，其中有的来自道教，也有的来自佛教，还有的来自民间信仰。

最上层的神佛是玉皇大帝和西天如来佛，在他们之下是相当复杂的神灵谱系。在玉皇大帝相关的谱系中，有王母娘娘、太上老君、四值功曹、千里眼、顺风耳等。在如来佛相关的谱系中，有观音、文殊、普贤、弥勒等众多菩萨。在地上，又有山神、土地公之类；在水中则有水神、龙王等。基本上，这些神佛都是人间朝廷及其权力机构的翻版。

在《西游记》中，许多神佛既是设难者，也是解难者，他们帮助孙悟空降妖除魔，保护唐僧西天取经。如，如来佛收服了金翅大鹏雕、六耳猕猴；弥勒佛收服了黄眉怪；观音菩萨收服了黑熊怪、红孩儿、金鱼精、赛太岁；太上老君收服了金角大王、银角大王、独角兕大王等。这些神佛的故事中，也蕴含着丰富的中国文化。在阅读时，可引导学生梳理与神佛有关的故事，探究中国文化。

示例：

神佛	相关故事	探究中国文化
菩提祖师	他住在西牛贺洲的灵台方寸山、斜月三星洞。美猴王刚投菩提祖师门下时，祖师见他天性聪悟，给他取名悟空，又教他长生的法术、七十二般变化和筋斗云。	菩提祖师门前的石碑上刻着"灵台方寸山，斜月三星洞"，这两行字是字谜，合起来就是"寻心"。这说明我们要成长，首先要找到自己的本心。只有不忘初心，才能负重远行。
观音菩萨		

（案例提供：彭慧琴）

第四节

"项目式"整本书阅读模式

【模式概述】

整本书阅读的项目式学习,让阅读从零散、机械走向整体、灵活,实现深度阅读,能充分调动学生阅读兴趣,提高学生阅读的能力和解决问题的能力。在活动设计中,教师和学生在充分阅读整本书的基础上,共同设计出高质量的驱动问题,并围绕驱动问题对整本书进行深入研究,将书中零散的信息进行整合,获取系统而完整的认识,而后进行创造性活动,通过小组合作取得具有融合性、创新性和趣味性的成果,并将成果进行公开展示。项目活动的过程,就是培养学生探究性阅读和创造性阅读能力的过程,也是提升学生语文素养和促进学生全面发展的过程。

【整体流程】

确定项目主题 → 设计驱动问题 → 明确核心目标 → 成立项目小组 → 执行项目流程 → 展示项目成果 → 实施综合评估

【实施要点】

1.确定项目主题

选择适宜的、有价值的项目主题,不但能激发学生的阅读兴趣,促进深度阅读,还能综合运用跨学科知识解决真实问题。项目主题的确定有三个重要依据。"现实依据"是该主题与真实生活的联结,对解决此问题具有重要性和现实意义；"课标依据"是该主题与《义务教育语文课程标准（2022年版）》中对应的阅读能力点、高阶思维训练点的联结；"教材依据"是该项目与语文教材的联结。如"《三国演义》整本书阅读"项目式学习（简称"三国"项目）的现实依据是，学校要让"每一面墙都开口说话"，提议孩子们自己设计创作文化墙；教材依据为五年级下册第二单元"走进中国古典名著"中的《三国演义》整本书阅读；课标依据是学段目标中能通过学习了解梗概、描述内容、表达感受、受到激励等要求，以达到"积累整本书阅读经验，养成良好阅读习惯"的目的。

2.设计驱动问题

驱动问题是整本书阅读项目式学习的关键，在设计时要密切联系课程标准和单元学习目标，从学生的兴趣点出发，调动学生对项目持续探究的热情，确保项目顺利完成。驱动问题中的情境创设要与真实世界相联系，与学生的阅读认知相结合，将阅读活动融入项目活动当中。如"三国"项目的驱动问题是：我们如何设计并制作一面以"三国"为主题的历史文化墙？通过这个项目，学生学习中国古典名著单元，能掌握阅读古典名著的方法，并对《三国演义》整本书进行深入阅读，研究情节、人物、兵法、兵器、地理、美食、服饰等文化，设计并制作班级历史文化墙。这样的驱动问题，基于课程标准、教材单元和真实需求，学生在完成项目的过程中，要学会阅读、分析、解说、设计、评价，并将设计成果公开展示，实现跨学科学习，提升语文学科核心素养和各项能力。

3.明确核心目标

整本书阅读项目式学习有三个层面的目标。"学科学业目标"的呈现与学科知识和技能相关的学习目标，"核心素养目标"的列举与本项目相关的学生发展核心素养、学科核心素养中的目标，"项目成果目标"对项目阶段成果和终极成果提出的目标。如"三国"项目的学科学业目标要求学生学习和运用阅读古典名著的方法，运用习得的精读、略读、跳读、回读等阅读策略和技巧进行阅读，同时学会了解故事梗概、完成读后感等；核心素养目标突出探究性阅读和创造性阅读的能力、搜集与整合信息能力、表达与沟通能力、批判性思维和创造性思维能力、鉴赏与评价能力、问题解决能力方面的目标；项目成果目标除了设定历史文化墙要达到的目标之外，还对读后感、人物档案、地图绘制等提出目标要求。

4.成立项目小组

项目小组的建设非常重要，教师可以在入项前根据学生的特点提前建组，也可以在入项后根据学生的意愿按照不同的项目任务分组，还可以在课堂上采用随机方法分组。提前建组有利于优化成员组合，避免"拉帮结派"和"个别孤立"的现象；按照意愿分组，能充分发挥学生的长处，提高参与度和积极性；团建游戏随机分组，可以调动学习气氛，增加同学的熟悉度。如"三国"项目，在驱动问题确定好之后，通过学生自愿分组和班干部调节相结合的方式进行了分组，分为"设计师""小作家""小画家""小厨师""小工匠"组。团队成员确定后，再引导学生团队进一步明确团队成员的"职务"、任务及分工，很多情况下，一个成员要担任多种角色，或者多个成员担任一个角色。

5.执行项目流程

项目执行的目的是集中推进项目进程，保证项目产品能够按预期计划产出。紧扣阅读项目的驱动问题，将一次完整的项目式学习分解成若干任务，进一步降低学习的难度和问题的复杂程度，提升实施中的可操作性。如"《木偶奇遇记》整本书阅读"项目（简称"木偶"项目），师生在入项时对项目任务进行了分解：阅读童话，确定主题——整体规划，确定分工——精读整书，赏析细节——团结协作，创意制作——阶段成果，修正提升——成果展示，反思复盘。在项目进行过程中，教师可以提供充足的学习支架，以及人员、场地、技术、应急等支持，确保项目有序推进。

6.展示项目成果

成果展示将学生的学习过程和学习成果通过多种形式展现出来，是整本书阅读项目式学习的意义所在，常见的成果有阅读记录、图片、音频、视频等记录型成果；有思维导图、调查报告、习作论文、手抄报等研究型成果；有文创制品、出版物、读书分享会等展示型成果。如"木偶"项目开发了基于《木偶奇遇记》整本书阅读的"木偶系列产品"，并通过这些产品的义卖筹集爱心资金。此项目成果丰富：有大型的"木偶小剧场"成果，包含剧本、服装道具、舞台背景、主持稿、评价表、节目展演等；有"木偶上市场"成果，包含方案、手工产品、入场券、招牌、介绍推广文案、价格表等，仅闯关部分就创立了"小木偶音乐厅""小木偶吟诵堂""小木偶冒险岛"等五个小"门店"。售卖所得钱款都存入班级的爱心基金，用于资助他人。这些研究成果形式多样，紧扣学习目标，而且充满趣味性。

7.实施综合评估

整本书阅读项目的评价应贯穿整个项目过程，教师需要在学生进行个性化阅读、合作探究和成果展示等实践活动前，紧扣核心目标设计好合适的评价量表，从学业发展、素养发展与成果效能的角度进行评价。如"木偶"项目设置的三个评价量表，知识性评价针对学业发展目标，采用探究单、检测单、阶段性产品、活动等方式来呈现核心知识掌握情况；过程性评价针对学生的能力发展目标，对学生的问题解决、协作沟通、思维创新等行为表现进行评价；成果性评价对团队成果和个人成果、阶段成果和最终成果进行评价。除此之外，评价主体倾向于多元化，一类是参与者的评价，如教师、学生、项目指导者和专业指导者；一类是观察者的评价，如家长、学校领导、支持机构、群众等。

除此之外，教师和学生会在项目实施过程中构建整本书项目式学习的课程文化，如"三国"项目中军事奇才们的智慧文化，"木偶"项目中涉及的传统艺术"木偶剧"文化，能对学生的学习情绪和学习心态产生积极深远的影响。

木偶来了！

项目主题：木偶来了！

阅读书目：《木偶奇遇记》

实施年级：一年级

融合学科：语文、美术、数学、道德与法治、音乐、体育、综合实践活动

设计老师：陈环宇、狄娟、熊瑛

一、项目依据

（一）教材依据

统编教材一年级下册编排了很多与童话有关的内容。如第三、七、八单元以及《和大人一起读》中的童话故事。第一单元口语交际要求学生能认真倾听故事，借助图片听懂故事内容，记住故事主要情节，讲出故事主要内容。

（二）课标依据

《义务教育语文课程标准（2022年版）》提出的第一学段学生需要达到的阅读与鉴赏目标是：阅读浅近的童话、寓言、故事，向往美好的情境，关心自然和生命，对感兴趣的人物和事件有自己的感受和想法；在听故事、

看影视作品后，能复述大意和感兴趣的情节；能较完整地讲述小故事，简要讲述感兴趣的见闻。通过此项目学习，希望学生能积累整本书阅读经验，养成良好阅读习惯，做终身阅读者。

（三）现实依据

学生通过阅读《木偶奇遇记》，了解故事内容，并且在阅读后制作文创产品、表演木偶剧、举办文创市场。班级设立"福虎袋"基金的目的是通过项目筹集善款，帮助有困难的同龄人。

二、驱动问题

阅读《木偶奇遇记》后，如何开创"木偶系列产品"，筹集第三笔"福虎袋"基金，过一个有意义的六一儿童节？

三、项目描述

本项目以《木偶奇遇记》整本书阅读为起点，学生在阅读和创作中"走近木偶""了解木偶""爱上木偶"，自创"木偶系列产品"，进行木偶剧表演，筹划"木偶上市场"的活动，筹集"福虎袋"基金善款。

四、项目目标

1.学科学业目标：阅读《木偶奇遇记》整本书，乐于交流分享阅读心得，认真听他人讲话，学会抓住重点提取信息；在真实的语境中明白游戏规则，在交际互动中初步学习条理表达。

2.核心素养目标：在阅读和动手实践的过程中，保持阅读兴趣，有探究欲，小组会规划并分工协作，遇到困难能主动沟通交流，进行辩证性思考，大胆创新；对服装、招牌的色彩、款式等能从不同角度进行审美思考，具有一定的审美鉴赏能力和审美情趣。

3.项目成果目标：紧扣书本的木偶剧表演，富有创意的文创产品，有序有趣的木偶市场，筹集基金善款。

五、项目实施过程

阅读童话 → 整体规划 → 精读整书 → 团结协作 → 阶段成果 → 成果展示
进入项目　确定分工　赏析细节　创意制作　修正提升　反思复盘

（一）阅读童话，进入项目

将童话单元与口语交际的"听故事·讲故事""一起做游戏"进行整合，以故事中的"朋友"为话题引出《木偶奇遇记》，激发学生对整本书阅读的兴趣，使学生在口语交际与游戏中对木偶充满期待，兴致盎然地开启项目。

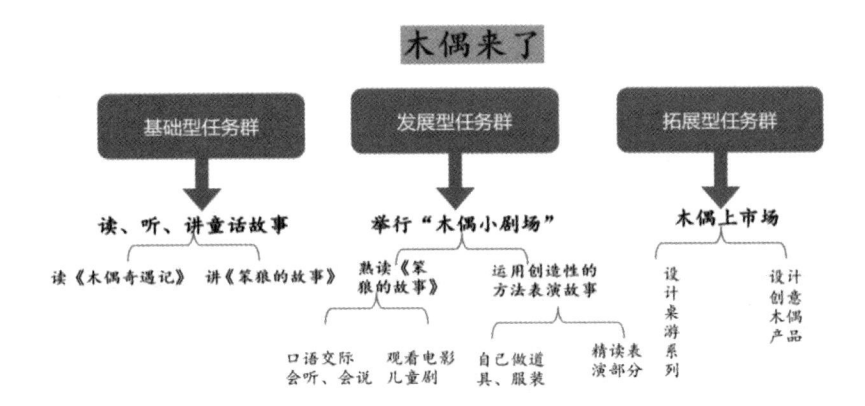

木偶来了

- 基础型任务群：读、听、讲童话故事
  - 读《木偶奇遇记》 讲《笨狼的故事》
- 发展型任务群：举行"木偶小剧场"
  - 熟读《笨狼的故事》
    - 口语交际 会听、会说
    - 观看电影 儿童剧
  - 运用创造性的方法表演故事
    - 自己做道具、服装
    - 精读表演部分
- 拓展型任务群：木偶上市场
  - 设计桌游系列
  - 设计创意木偶产品

（二）整体规划，确定分工

为了更好地了解故事内容，学生利用课余时间阅读书籍，观看木偶电影和儿童剧，激发"演木偶"的热情，并利用课间召开小组会议，研究角色表演，小组进行自主分工，商议并实施本组计划。一共分成五个组，任务分工如下：

剧本研读组：阅读《木偶奇遇记》后，开展"小小朗读者""小小故事家"活动；观看《木偶奇遇记》电影，讲述精彩电影片断。

木偶形象设计组：负责木偶形象构思，搜集、交流相关资料，邀请美术老师示范画木偶,并张贴展示木偶绘画作品、设计木偶手账本。

创意桌游设计组:负责木偶卡牌玩法、内容的设计,研究木偶桌游玩法并设计桌游版面,然后进一步介绍、推广木偶桌游。

木偶剧表演策划组:负责制作演出道具、设计演出服装及舞台布景,指导演员利用课间时间进行排练。

市场营销组:负责介绍、售卖小木偶的文创产品;负责介绍、组织"木偶丢沙包"以及"小木偶套圈"的游戏;负责介绍"木偶竹竿舞"以及"木偶教你来舞龙"的游戏体验。

(三)精读整书,赏析细节

全班共读《木偶奇遇记》,学生在交流分享中发现小木偶在变成男孩的过程中遇到的困难,一起探讨如何将这些"困难"变成飞行棋的"关卡",然后群策群力,制作木偶飞行棋、卡牌、跳跳棋等,在实践中多角度、多途径地了解小木偶。

(四)团结协作,创意制作

小组共议并思考本组创意,再分工合作构图、选材、配色等,设计制作小木偶系列文创作品。相关小组通过设计卡牌、制作道具了解学生对故事情节的认识程度,并根据情节创设有障碍、需闯关的小木偶系列游戏,让大家在情景中体验小木偶成长为男孩的不易。

小组分工后,各小组在组长的带领下迅速行动,并根据在活动中的反馈在老师的协助下不断优化调整,跟进评价机制,学生的状态也在不断调整中进步。

1.剧本研读组——童"声"童话诵木偶

(1)小小朗读者

全班共读《木偶奇遇记》,每晚把自己的朗读视频按学号发到班级微信群，学生观看视频，并摘抄书中好词语，与小组同学进行交流，展示手抄报。最后，为每个积极参与的同学颁发一个小木偶作为奖品。

（2）小小故事家

学生按学号，每天午读时轮流给全班同学讲木偶故事，并且在优化大师里进行"小小故事家"的评分，优秀"小小故事家"代表班级参加湖南省"曹灿"杯朗诵比赛，进入半决赛的则奖励小木偶一个。

（3）观看木偶电影

利用课余时间，全班一起观看电影《木偶奇遇记》，分小组交流观影感受，绘出心中小木偶。全班对小木偶绘画进行评比，选出有创意的小木偶作为文创产品的设计元素。

2.形象设计组——惟妙惟肖绘木偶

读完整本书之后，"木偶形象设计组"开始讨论：故事中的木偶有哪些经典动作和难忘的故事？木偶的服饰有什么特点？什么颜色搭配更好看？他们邀请美术老师进行课堂指导，评比最可爱小木偶，优秀作品将选作同学们的帽子或其他文创作品上的图案。

3.桌游设计组——独具匠心创木偶

学生读完《木偶奇遇记》后发现木偶在变成男孩的过程中遇到了很多困难，于是大胆发挥创意把这些困难设计成关卡，做成有意思的木偶闯关形式的卡牌桌游。他们还利用美术课讨论、思考，尝试设计新颖的木偶手账本，创作班级特色文创作品。

（五）阶段成果，修正提升

各小组的作品完成之后，在班上进行展示，任课教师和学生对作品进行点评并提出修改建议，各组最终整理形成修改方案，对作品进行修改与优化。

木偶小剧场排练过程的问题与修改

问题类型	问题（一）	第一次调整	问题（二）	第二次调整
剧本问题	剧本中的角色分配不匀。	舞台背景中的动植物也可以演。	演员没有语言动作很无趣。	童话中的动植物也有思想，可以给它们添加语言动作。
舞台上背景问题	背景画纸张太大，无法立起来。	把背景纸加厚，粘在黑板上。	背景画固定在黑板上，更换背景费时，且易掉下来。	把背景画贴在大纸箱上，只要换一下边就可以快速更换背景，省时、省力。
服装和道具问题	自己做衣服太难。	用卡纸做，用双面胶粘贴。	纸制的衣服容易坏。	用环保袋做，然后简单装饰。

木偶上市场过程的问题与修改

问题类型	问题（一）	讨论后调整	问题（二）	讨论后调整
文创作品开发商品问题	如果售卖作品，需求量太大怎么办？	每个同学设计一个产品，然后统一印刷。	印刷的批量太多，卖不完；低于限定批量，成本价高，估计无人购买。	把同学们设计的小木偶变成贴纸，贴在本子上做装饰，降低成本且锻炼同学们的创新能力。
木偶上市场的场地问题	在小操场进行，没有仪式感。	在校外中央绿洲进行。	中央绿洲人流较大，路口多，有安全隐患。	邀请家长做安全督导员。
木偶上市场的时间问题	儿童节前夕，隔壁学校发生重大交通事故	推迟一周	中考期间不能喧哗，影响隔壁中学	再推迟一周

（六）成果展示，反思复盘

整个筹备过程，都是学生利用课余时间，进行小木偶文创设计、木偶上市场的活动，学生经过"木偶音乐厅"进入"木偶大市场"，在"木偶丢沙包"等系列活动中完成了整本书的阅读交流。学生完成各种游戏后，向路过"木偶大市场"的每一个顾客进行木偶小商品的推荐，介绍木偶卡牌、桌游的多种玩法，小顾客们玩上瘾后，可以用现金购买这些文创商品，所赚到的钱存入"福虎袋"基金。

成果一：木偶小剧场

通过几轮的整本书共读，小组成员对表演木偶故事已经非常熟练了，他们与语文老师商议，自选表演片段，自由分组，然后确定各小组演员，成立木偶小剧组，共同布置舞台，设计服装，选定主持人和评委，并设置特别奖励，遇到困难就请教语文老师、美术老师及家长。老师提前联系长沙琴岛演艺中心相关人员，借用他们的《木偶奇遇记》专场舞台，作为学生排练节目的奖励，优胜团队第一组可以在琴岛演艺中心的舞台进行一次团队展示，第二组则到后台对专职木偶演员进行采访。

成果二：木偶上市场

木偶上市场筹备时间很长，学生要为大市场的每一个产品进行设计，要与同学合作进行市场的布置。活动后因特殊原因延期，因此大家把"木偶上市场"的方案，修改成了"木偶上市场，赋能促双减"的年级期末检测活动。

1.筹备木偶上市场、确定方案

怎样让学生的表达在真实的大市场的语境中产生？如何让"福虎袋"基金更好增值？学生们与家长、老师进行反复探讨，确定方案。

2.木偶上市场的具体安排

（1）设计入场券：将每班的小木偶形象设计最受欢迎的作品合在一起制作成与众不同的入场券，增强学生们的活动参与感。

（2）设计市场招牌：为了让产品大卖，盈利更多，学生们再次找到美术老师指导木偶市场的招牌设计。

（3）确定小组人员名单：根据学生的各自特点进行分组，确定每个小组的成员。

（4）确定每组任务：两组负责木偶文创产品售卖，两组负责"木偶丢沙包"和"木偶套圈"的游戏介绍，还有两组负责传统游戏和文化的介绍与推广。

3.木偶市场上岗培训

每组同学的任务不一样，组长进行组内任务分工，每个同学必须听从安排。每组由组长带领大家进行练习，尽量让每个学生在与人交流时表达流畅。

4.确定开市时间、地点

为了让真实市场的体验感更强，最后决定在校外中央绿洲及露天广场进行。

5.设置特别奖励

"木偶上市场"这个活动影响很大，被"掌上长沙"及时报道，点击量达到11万多次。学生获得班级"福虎袋"基金专用荣誉证书，获胜团队获得西瓜作为奖励。

六、项目评价

从立项到验收项目成果，知识性评价与过程性评价贯串整本书阅读实践活动的全过程，有助于学生发现问题并及时改正，成果性评价则是从不同角度对学生的"产品"给予肯定与鼓励。

1. 知识性评价（优秀3星，良好2星，合格1星）

单元目标及项目评价内容	评价标准	自评	互评	师评
阅读整本书，用自己喜欢的方式向他人介绍故事情节及书中人物。	对感兴趣的人物和事件有自己独特的感受和想法，并乐于与他人交流分享。			
	在阅读中积累词语，会提出自己的困惑。			
在真实的语境中明白游戏规则，在交际互动中初步学习流利表达。	能完整、清晰地介绍游戏卡牌、桌游的规则，做到条理清晰。			
	能与同伴合作布置交流表达的环境。			
能认真听他人讲话，了解讲话的主要内容。	能认真倾听同伴的介绍。			
	能复述同伴所说的规则。			
初步养成乐于交往、友善待人的行为习惯。	能积极参与木偶剧的排练，并发表自己的想法。			
	能愉快地与同伴一起按步骤进行木偶上市场的布置。			
从服装、招牌的色彩、款式等不同角度进行审美思考，提高学生的审美鉴赏能力和审美情趣。	能在老师的指导下参与设计并制作自己的表演服。			
	能有创意地设计木偶系列文创产品。			
	能积极参与木偶上市场的招牌设计。			

2.过程性评价（优秀3星，良好2星，合格1星）

评价维度	评价标准	小组互评	师评
合作	积极参与小组的活动		
	团结、友爱、无争吵		
执行	认真完成自己的任务		
	耐心、细致地协助小伙伴		
成果	能按时提交作品或按要求完成任务		
	有创意、有不一样的思考		

3.成果性评价（优秀3星，良好2星，合格1星）

成果一：

木偶小剧场		
成果	评价内容	评价依据
团体成果	最具创意奖	根据实施过程及活动展示情况，学生给喜欢的小组打星
	最默契合作奖	
	最团结友爱奖	
	最具人气奖	
个人成果	木偶形象创意师	对展示的作品，学生互评，老师点评
	创意道具设计奖	
	创意服装设计奖	
	小木偶舞台背景设计奖	

成果二：

木偶上市场		
成果	评价内容	评价依据
团体成果	团队合作奖	根据实施过程及活动展示情况，学生给喜欢的小组打星
	热情招待奖	
	细心收银奖	
	潜力无限奖	
个人成果	能说会道销售员	对展示的作品，学生互评，老师点评
	小木偶游戏推广员	
	奇思妙想桌游设计师	

书中品三国　墙上布华章

项目主题：书中品三国　墙上布华章

阅读书目：《三国演义》

实施年级：五年级

融合学科：语文、美术、数学、劳动、综合实践活动

设计老师：成瑞雪、李新星、刘超春

指导老师：熊瑛

一、项目依据

（一）教材依据

统编教材五年级下册第二单元以"走进中国古典名著"为主题，单元目标是初步学习阅读古典名著的方法，学习写读后感。《快乐读书吧》推荐学生阅读整本中国古典名著，认识经典人物，品读精彩故事。教师指导学生运用单篇课文中习得的精读、略读、跳读、回读等阅读策略和技巧，

阅读《三国演义》整本书。

（二）课标依据

《义务教育语文课程标准（2022年版）》提出的第三学段学生需要达到的阅读与鉴赏目标是：阅读叙事性作品，了解事件梗概，能简单描述印象最深的场景、人物、细节，说出自己的喜爱、憎恶、崇敬、向往、同情等感受，受到优秀作品的感染和激励，向往和追求美好的理想。通过此项目的学习，希望学生能积累整本书阅读经验，养成良好阅读习惯，做终身阅读者，让书中内容、人物常在自己的心中"经过"，把握好文本的主要内容，积极向同学推荐并说明理由。

（三）现实依据

苏霍姆林斯基说过："让学校的每一面墙壁都开口说话。"以往的文化墙内容大多由学校管理者来决定，而最应该参与的学生成为被动的接受者。本次项目化学习，重视学生自主学习能力的培养，让学生主动参与墙面设计，大胆创作，将自己学到的语文知识灵活运用起来，成为真正的校园管理者。

二、驱动问题

如何设计并制作一面以"三国"为主题的班级历史文化墙？

三、项目描述

通过"设计并制作'三国'历史文化墙"项目，学生学习中国古典名著单元，掌握阅读古典名著的方法，并对《三国演义》整本书进行深入阅读、合作探究，了解三国故事，知晓三国英雄，研究兵法、兵器、地理、美食、服饰等文化。学生围绕"单元主题""项目化学习方式"共研共学，实现跨学科学习，让学习真实发生，从而提升语文学科核心素养和实践能力。

四、项目目标

1.学科学业目标：学习阅读名著的方法，在阅读书籍，查找资料，整理、运用资料的过程中，感受中国古典名著的魅力，感受语言文字的精妙独到和中国古代人物的智慧，并提升学生乐学善学、勤于反思的能力。

2.核心素养目标：语文课程核心素养包括"文化自信""语言运用""思维能力""审美创造"四个方面。本项目通过让学生阅读中国古典名著《三国演义》，领会中华文化的博大精深，继承和弘扬中华优秀传统文化，提高他们对祖国传统文化的认识，增强民族自豪感；在理解、欣赏、评价古典名著中，感受英雄相惜的情义之美，运筹帷幄的智慧之美，沙场鏖战的画面之美，从而提升他们的审美鉴赏能力。

3.项目成果目标：通过阅读《三国演义》，了解三国故事，知晓三国英雄，研究兵法、兵器、地理、美食、服饰等文化，设计并制作一面以"三国"为主题的班级历史文化墙。

五、项目实施

（一）整体实施过程

班级后墙急待装点 → 整书阅读确定成果 → 整体规划明确分工 → 分工合作动手操作 → 师生评价修正提升 → 成果展示感悟反思

（二）成立项目小组

第一组：奇思妙想设计师

本组任务	任务及分工	成员	组长
系统了解三国，根据地图或思维导图规划墙面	搜集信息，整理筛选		
	绘图，集体评议优化		
	墙面整体规划		

第二组：妙笔生花小作家（读后感）

本组任务	任务及分工	成员	组长
认真阅读《三国演义》，写好读后感	写读后感，搜集优秀习作		
	修改读后感		
	张贴习作		

第三组：妙手丹青小画家（地图、书签、人物卡）

本组任务	任务及分工	成员	组长
认真阅读《三国演义》，了解主要人物、地图等	制作书签		
	绘制地图		
	制作人物卡		

第四组：色味俱佳小厨师（馒头、酸辣粉）

本组任务	任务及分工	成员	组长
认真阅读《三国演义》，了解三国时期的美食并尝试制作	阅读书籍，了解美食		
	看短视频，询问家长与老师了解制作方法		
	自己尝试制作		

第五组：心灵手巧小工匠（兵器模型）

本组任务	任务及分工	成员	组长
认真阅读《三国演义》，了解三国时期各人物使用的兵器	搜集信息，购买橡皮泥		
	找材料，做兵器		

（三）具体实施过程

环节一：心无旁骛，阅读"三国"

1.导读激趣，提出问题

本次项目化学习是在"大单元整体教学"的视域下进行设计的。因此，在进行项目化学习的同时，也要体现单元的整体性，确保一体化学习的有效推进。所以在开课之初，教师将单元导语和《快乐读书吧》进行整合，做了一个"名著知多少"问卷调查表。在阅读导读课上，教师出示调查结果并小结共同的问题，然后大家一起讨论：我们该如何创新设计并制作一面历史文化墙，辅助深度阅读，品鉴人物形象，领略经典魅力，提升个人的审美品味呢？

2.阅读目录，制订计划

（1）小组合作，讨论并制订整本书的阅读计划。

（2）小组汇报，投票选择最优阅读计划，并鼓励同学主动阅读。

学生回顾《三国演义》，进行头脑风暴，自由阐述阅读感受和本书主题关键词，明确自己的观点，并依据阅读感受，初步制订阅读计划。

（3）教师提供项目化学习进度表，小组拟定自己的进程表。

学习流程	主要任务	学习方式
起始阶段	学习名著阅读方法	师生学习
阅读阶段	制订阅读计划，自主阅读《三国演义》	独立阅读
策划阶段	设计文化墙板版	组内学习
研讨阶段	全班研讨确定最终设计方案	师生学习
实施阶段	分组制作"作品"	组内学习
装饰阶段	思考以什么方式"上墙"	组内学习
展示阶段	成品"上墙"	组内学习

环节二：奇思妙想，确定方案

本单元所属学习任务群分别是"文学阅读与创意表达"与"整本书阅读"，阅读训练要素是初步学习阅读名著的方法。从课标出发，按照"大观念，大任务，大活动"的理念，教师以"走进名著"为主任务，把本单元的学习内容统整为"遇见名著""对话名著""畅享名著"三大任务，通过整合重组，调整课时顺序，引导学生初步学习阅读名著的方法，借助阅读链接和资料袋以及补充内容等，领略名著的魅力，从而激发学生阅读名著《三国演义》的兴趣。阅读整本书时，教师引导各组成员设计文化墙的各个板版内容。每组文化墙内容确定之后，教师组织学生对各组的设计方案进行投票选择，最后全班一致选用最优设计图。

环节三：书海畅游，充实内容

设计方案确定之后，学生按照自己之前制订的阅读计划表开始认真阅读《三国演义》整本书。阅读完之后，全班同学按照小组分工任务表，各自完成本组的任务。阅读分享会上，"妙笔生花小作家"组的成员们分析书中的人物形象，梳理与主要人物相关的典型情节，并发表自己的感悟，一篇篇读后感用词精准，语言流畅，气势恢宏，真是精彩纷呈。"心灵手巧小工匠"组的作品最具创意，他们从废弃的纸箱寻找灵感，积极讨论并向美术老师请教，制作出一件件栩栩如生的刀枪剑戟。"色味俱佳小厨师"组的"小吃货"们，制作出来的酸辣粉色香味俱全，令人垂涎欲滴。"刘备摔阿斗——收买人心""草船借箭——巧用天时"……像这样的歇后语，在《三国演义》这本书中数不胜数，为了积累这些歇后语，"妙手丹青小画家"组制作了精美的书签，他们在玩中快乐学习，增长智慧。

环节四：师生评价，修正提升

各小组的"作品"基本成型之后，老师组织学生并邀请相应的学科老师进行作品品鉴会。大家对这些作品分别提出自己的建议，小组长认真记录，并请教专业老师改进的方法。在同学们的点评中，在专业老师的建议下，各小组再一次修改本组的作品，力争让每一份作品更出色。

环节五：群策群力，"彩码"上墙

每个小组的作品基本成型之后，大家就对自己所负责的板版进行设计，有的小组采用制作二维码的形式，让自己的作品更具吸引力；有的小组采用录制音频的形式，让自己的作品更加丰富多彩；有的小组给自己的成品画上边框，让自己的作品更加美观。

环节六：群策群力，成果展示

各组作品完成之后，大家集合在一起进行墙面装饰，有的设计主标题，有的负责排版，有的负责粘贴，有的负责邀请师生，有的负责播放音乐，有的充当讲解员进行讲解。大家忙得不亦乐乎！

六、成果展示

文化墙设计、布置结束之后，吸引了全校师生的眼球，大家对文化墙的排版布局、内容选定、创新元素纷纷称赞！有的老师拿出手机扫描二维码收听学生的精彩讲解；有的学生认真阅读读后感，并发表自己的看法；有的学生对兵器非常感兴趣，纷纷发表自己的见解。

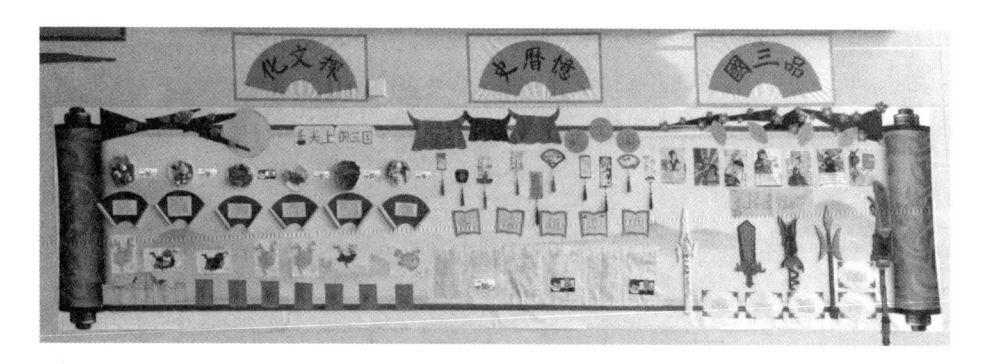

七、项目评价

1. 知识性评价

	内 容	评价标准	自评	互评	师评
知识性评价	学会制订阅读计划	会根据老师提供的项目化学习计划表制订个人阅读计划表			
	掌握古典名著的阅读方法	能熟练运用联系上下文、跳读、猜读、借助资料和影视作品等方法读懂《三国演义》			
	分享阅读感受和心得体会	读完之后能在小组和班内大胆谈自己的阅读感受			
	养成良好的阅读习惯	按照阅读计划读书,每天阅读三十分钟到一小时			

2. 过程性评价

	内 容	评价标准	自评	互评	师评
过程性评价	认真阅读,积极参与	积极参与到小组承担的版面设计活动中			
	积极沟通,主动合作	积极与团队成员交流自己的想法,和团队成员一起完成小组任务			
	大胆质疑,求实创新	积极思考与创新,有好的创意及时在组内分享			

3. 成果性评价

	内容	评价标准	互评	师评	家长点评
成果性评价	文化自信与传承	能用自己的语言介绍《三国演义》的主要内容和章节内容，并对三国文化有深深的认同和民族自豪感			
	审美鉴赏与创造	阅读《三国演义》，读懂作者对于人物塑造、环境刻画、情节叙事的写作技巧，并能运用在自己的习作当中			
	文化墙设计与呈现	文化墙设计简约而不简单，各个版面排版精美，整体美观			

第五节

整本书跨学科阅读模式

【模式解读】

整本书跨学科阅读模式，是学生在充分阅读整本书之后，提出有研究价值的话题或问题，寻找与这个话题或问题相关的其他学科内容，建立学科关联，运用多学科知识探究问题，解决问题，在语文实践活动中，联系课堂内外、学校内外，拓宽语文学习和运用的领域，打破各学科知识相互独立的现状，追求课程内容、学生生活、语文实践之间的协调和融通。围绕整本书阅读中的话题或提出的问题，开展阅读、梳理、探究、交流等活动，在综合运用多学科知识发现问题、分析问题、解决问题的过程中，提高语言文字运用能力。

【主要流程】

确定研究主题→建立学科关联→制订研究目标→小组合作探究→拓展学习资源→对标完成任务

【操作要点】

1.确定研究主题。跨学科学习不仅是为了丰富认知，更为了学会"如何发现问题""如何分析问题""如何解决问题"。整本书跨学科学习首先要在阅读中发现问题或建构话题。如，米·伊林的《十万个为什么》，全书采用在屋内旅行的方式，围绕六个"旅行站点"，针对屋内常见的事物提出了许多令人意想不到又饶有趣味的问题并加以解答，深入浅出地将生活中蕴含的科学原理娓娓道来，形式新颖独特，结构清晰完整。书中提出的问题贴近生活，容易唤起学生的好奇心和探究欲，利于激发他们阅读科普作品的兴趣与热情，启发学生观察和思考日常生活中的事物和现象。在阅读中可以引导学生提出问题：书中说的科学现象是真的吗？怎样做一名优秀的科普小作家？

2.建立学科关联。如阅读《十万个为什么》，探究怎样做一名优秀的科普小作家，关联的学科有语文、科学等。阅读《团圆》，探究过年的习俗，关联的学科有语文、劳动、音乐、美术、信息技术等。

3.制订研究目标。整本书阅读任务群的目标定位要关注这几点：（1）着眼于"跨"，拓宽学习领域。（2）聚焦"问题探究"提升能力。（3）立足现实，发掘整体育人价值。（4）增强跨学科学习的计划性和目标意识。

4.小组合作探究。建立学习小组，引导学生在广阔的学习和生活情境中学语文、用语文，提高交流沟通、团队协作和实践创新能力。注意引导学生掌握问题探究的基本步骤和方法，学会提炼、表达、呈现学习成果，着重培养学生综合运用多学科知识解决实际问题的能力。

5.拓展学习资源，增强跨学科学习的综合性和开放性。充分利用图书、互联网等资源，社区、文化场馆等，为学生开展跨学科学习提供必要的支持；也可以结合学校和社区开展的文化活动进行语文跨学科学习。

6.对标完成任务，重视多样化学习成果的展示。在整本书跨学科学习的过程中，学生会形成多样化的学习成果，既有表现类成果，如音频、视频、照片、海报、绘制的作品、组织的活动等；也有解释说明类成果，如，演示、研究报告、演讲、辩论等。评价时要以这些学习成果为依据。教师可以针对主要学习环节和内容制订评价量表，邀请相关学科教师、家长、社会人士参与评价。评价要关注学生综合运用多学科知识思考问题、解决问题的态度和能力。评价以鼓励为主，既充分肯定学生的发现和创造，又引导学生自我反思提升，不断提高跨学科学习的质量。

【教学实践】

品科普之妙　跨学科探索
——《十万个为什么》整本书阅读教学策略

走进作品

　　《十万个为什么》是苏联著名作家米·伊林创作的一本科普读物，书名取自英国作家卢·吉卜林的一句话"五千个在哪里，七千个怎么办，十万个为什么"，当时的《十万个为什么》仅5万字。这本书用屋内旅行记的方式，对日常生活中的许多事物提出饶有趣味的问题，并进行有启发性的解释。书中内容包罗万象，融汇古今，向孩子们展示了一个五彩缤纷的科学知识世界，启发儿童主动思考，大胆想象，充分发挥自己的智慧和创造力，引领儿童渴望求知，让他们在求知路上快乐前行。

作者简介

　　米·伊林（1896—1953），毕业于列宁格勒工艺学院，是苏联科普作家、儿童文学作家。米·伊林自幼酷爱阅读，喜欢大自然和做实验。他学识渊博，一生从未间断过对知识的追求。他每写一本书，要读几十本书和几百篇科学论文。为了写《人怎样变成巨人》，他在几年内学习了历史学、考古学、语言学等各种学科的书籍。米·伊林的创作态度非常严谨。他的科普小说知识性强、内容丰富、行文流畅，他善于把文学和科学结合起来，用文艺的笔调、生动的比喻、典型的事例和诗一样的语言，娓娓动听地讲述科学知识。他的代表作品有《十万个为什么》《书的故事》《钟表的故事》等。

文本分析

　　《十万个为什么》是一本科普书，内容包罗万象，融汇古今。在书中，作者提出了许多看似简单，却不那么容易回答的问题。比如：为什么我们要吃肉？什么材料最坚固又最不坚固？有没有硬的液体？不碎的玻璃是什么样的？这些小问题深深地吸引了作者，也会引起我们的深思。作者用浅显易懂却有启发性的语言，娓娓动听地向读者进行解释和叙述。文章运用了大量的说明方法，如下定义、做解释、分类别、举例子、打比方、作比较、列图表等，其目的就是想让读者对事物特点和作者想要介绍的科学知识留下深刻的印象。尽管运用了大量的说明方法，但对所说明的内容从不任意夸大或缩小，而是实事求是。文章语言还具有科学性，这是科普性说明文所具有的特点。

我国著名科普作家高士其夸赞米·伊林的这本书："内容丰富，文字生动，思想活泼，段落简短。"这本书不仅内容有趣，语言也非常生动。作者以"为什么"的形式提出问题，用通俗生动的语言将抽象、深奥、枯燥的科学知识形象而浅近地表达了出来。

《十万个为什么》导读课教学设计

教学目标：

一、初步感知《十万个为什么》的魅力，产生阅读科普作品的兴趣。

二、在阅读科普作品时，针对不懂的问题，能运用多种方法解决。

三、能自主规划阅读过程，在多种创意阅读任务中感受到科普阅读的乐趣。

教学重难点：

一、初步感知《十万个为什么》内容上的科学丰富，语言表达上的生动有趣。

二、自主阅读科普作品，遇到不理解的科技语或问题时，能试着用课上学过的方法解决。

教学准备： 课件、《十万个为什么》书籍、干冰、热水、洗手液、发酵好的面团、火柴、手机

教学过程：

一、魔术表演，激趣导入

同学们，上课前，我想先为大家表演一个魔术：

（一）教师演示：干冰＋热水，会发生什么？学生观察、谈感受。

（二）演示：加入一滴洗手液，又会发生什么？学生观察、体验。

（三）交流：在刚才的魔术表演中，你的脑海中产生了哪些问题？

小结：当我们想要探究一个科学奥秘时，可以阅读科普类书籍。

（设计意图：利用干冰实验集中学生的注意力，激活学生的探索欲、求知欲，激发学生对科学的兴趣，对科普阅读的期待。）

二、名著初见面

（一）走近作者

这节课我要推荐给你们的科普书，就是大名鼎鼎的《十万个为什么》。书名还藏在一首小诗里。

1. 出示：

　　五千个在哪里，七千个怎么办，十万个为什么。　　——吉卜林

2. 思考：吉卜林会是这本书的作者吗？

3. 介绍书名来历：吉卜林是英国著名诗人，诺贝尔文学奖得主，米·伊林读了这首小诗，特别喜欢，就把"十万个为什么"作为这本书的书名。

4. 走近作者，尝试在书中找一找作者信息。

小结：大家都很会读书，很有阅读经验，看封面、封底、导读等都能增进我们对作者、对一本书的了解。

（设计意图：一首小诗，有趣而让人印象深刻。两位作者，因阅读与创作而联系在一起。以此激发学生思考和感悟，引导学生在趣事中形象感受读书的作用，自主寻找作者信息，自然收获阅读方法。）

（二）看封面，交流关键信息

（三）读目录，说说自己的发现

引导：目录是一本书的缩影，请翻开书，找找这本书的目录有哪些特别之处。预设：站点的形式、提问的方式、前言和序等，都很特别。

（设计意图：遵循整本书阅读的方法，从看封面入手，提醒学生关注封面信息，养成良好的阅读习惯。阅读目录，形象感知本书的独特，对本书内容有整体上的了解，同时养成读目录的良好习惯。）

三、感知"科学性"，学习阅读策略

（一）学习查资料

1.引导：有人说"伊林就是一位万能博士"，请快速浏览目录，找找有没有你感兴趣的问题，找到后请用笔做个小标记。

2.学生自由交流。

小结：90多年后，这本书依然可以打开我们对于科学认知的大门。（板书：科学）让我们选择一个最感兴趣的话题继续聊聊。

3.出示问题：水能否炸毁房屋？

（1）学生大胆猜测这个问题的答案。

（2）自主观察目录，找篇目页码，打开书阅读，查找答案，简要批注。

（3）交流文中不理解的地方。

示例：运用信息技术查资料，理解"纤维"。

请学生上台演示用手机中的软件查资料，教师随机引导筛选资料的方法，帮助学生了解资料的种类，同时播放关于纤维的视频。

4.小结：通过查资料，我们快速认识了纤维这个厉害的神奇小子。利用信息技术查资料是阅读科普书籍时必不可少的方法，大家一定要多实践、多运用。

（设计意图：以"水能否炸毁房屋"为例，按"猜测答案——文中找答案——遇到不理解之处时怎么办"的步骤设计，遵循科普阅读的思路。重点落在"理解科技术语"的环节，既巩固课内所学的方法，又由学生示范用信息技术查找资料、筛选资料、理解资料，教师对科普阅读中经常遇到的难以理解的科技术语进行具体有效的指导。）

（二）学习"做实验"和"提问"

1. 初读文段，激趣质疑。

引导：科学果然无处不在，米·伊林用发现的眼光、探索的精神为我们揭开了身边很多事物的奥秘，衣食住行，无所不包。

（1）观看视频，了解面包制作过程。

（2）交流：你觉得面包制作过程中最神奇的是什么？

（3）小结：原来面团是因为放了酵母而变大。那酵母又是如何让面团变大的呢？请读一读米·伊林在书中是怎么解释的。

（设计意图：带领学生阅读《为什么面团加入酵母后会发胀》，通过各种形式激趣、促思、质疑，使学生巩固从目录到内容再到边读边批注的阅读方法。）

2. 再读文段，实验论证。

（1）引导：米·伊林说酵母让面团变大，你们真的相信作者的解释吗？让我们现场做实验，亲眼见证米·伊林的说法到底是真还是假。

（2）小组合作：填写实验报告单。

做实验需要有严谨的科学研究精神，让我们先简单填写一张科学实验报告单，请在文中快速圈画相关内容的关键词。

实验报告单	
实验目的	
实验器材	
实验过程	
结果预测	
实验结果	

（3）请两位学生上台配合老师完成实验。

小结：耳听为虚，眼见为实。动手实验也是一种特别的读书方法，去做做好玩的实验，你会深入感受这本书的独特魅力！

（设计意图：进行跨学科教学，将创新实践与深度学习相结合，学生动手操作，亲眼见证，从而深入读书，既证明了科普读物的严谨性，又激发了学生的阅读兴趣，更使学生习得了做实验这种独特的读书方法，培养了学生的科学研究精神。）

（4）持续质疑，学会提问。

引导：我们现在吃的面包和90多年前的相比，已经有了很大的发展。联系你对面包的观察和感受，关于面包，你还能提出哪些新问题？

小结：我们在读这本书时，还要想想米·伊林笔下的科学知识有没有新变化、新发展，我们要学习米·伊林对知识孜孜不倦的追求精神，你一定也可以提出新的问题，产生新的思考。

（设计意图：从课内到课外，从90多年前到今天，让学生深切感受到科技的发展和时代的变化，引导学生在读书过程中主动查一查、问一问，书中谈到的一些科学问题，现在有什么新的研究成果，同时也切实明白更多的答案不在书中，而在身边、在未来，需要他们自己努力去寻找答案。）

（三）学习"用知识"，实践出真知

引导：看来这本书挺有用的，让我们了解水的威力，做出美味的面包，那它还能不能解决我们生活中的一些难题呢？

1. 播放音频：母亲与孩子因为穿衣问题产生争执的对话。

2. 明确问题：知道他们在就什么问题产生争执吗？

3. 阅读原文、查找答案。

4. 实际操练、解决问题。

小结：每一个问题的背后，都隐藏着智慧的火花。大家要试着活学活用，这样很多生活中的实际难题就迎刃而解了！

（设计意图：《十万个为什么》中所介绍的科学知识就在我们身边，设计该环节，使学生感知本书的魅力不仅在于科学内容丰富，还在于这些科学知识可以解决我们的实际困难，激发学生在阅读科普读物时能边阅读边思考、边思考边运用。）

四、品出"文学性"，体会趣味表达

（一）自由创作大PK。

出示图片：热气腾腾的灶台。学生观察，并试着用自己的话说说眼中的这幅画面，比比谁说得更生动。

（二）阅读米·伊林的文字，感受语言之妙。

1. 出示米·伊林原文：请大家大声、自由地朗读，充分感受这段文字的特点。

小结：米·伊林的表达生动又活泼、幽默又有趣，这本书不仅科学丰富，还散发着文学的魅力呢！（板书：文学）

2. 厨房趣配音。

播放趣味动画，动画中有烹饪中产生的各种声音。请一位同学配音，并谈感受。

（设计意图："自由创作——朗读感受——形象感知"，环环相扣，层层深入，尤其是利用"动画＋音效＋现场配音"的创意形式，让学生学起来兴致勃勃，印象深刻。）

3.拓展朗读，持续感受。

像这样的语言，书中还有很多，出示相关语段：

面团活了，它开始动起来，不断向上生长，想要漫过那只碗。

从上往下看，它并不圆，两边拉长，像牙痛的人那肿胀的脸颊。

炉子燃烧着，但里面却没有火。空气从哪里进去，烟就从哪里出来。这是什么？

小结：米·伊林活泼有趣的语言值得我们一品再品，同时，米·伊林还是个讲故事的高手，他把科学与文学巧妙结合起来，用文艺的笔调、诗一样的语言、丰富的事例，娓娓动听地讲述着科学知识，最终成就了这部经典之作！

（设计意图：由一个片段到多个片段，由一个内容到多个内容，由一种"趣"到多种"趣"，进一步引导学生感受米·伊林文字的魅力。）

五、走出课堂，持续阅读指导

（一）引导：结合我们刚才所学，走出课堂，你准备怎么阅读这本书呢？

（二）布置创意任务清单：

1.阅读计划列一列：每天读上几页，每天给自己的阅读状态打星，让阅读有保证、更高效。

2.科技术语晒一晒：请你将读懂的科技术语整理成"科技术语词汇表"，附在书后。

3.科学实验做一做：做一个实验来验证某一个问题，一边做实验一边讲解实验的过程和原理，录制成视频。

4.趣味文字抄一抄：米·伊林的语言风趣幽默，将科学和文学融合在一起。你觉得哪些内容特别有趣呢？把它们摘抄下来，并简短地写一写阅读这几段话的感悟吧！

5.问题清单列一列：在阅读过程中你提出了哪些新的问题，产生了哪些新的思考呢？记录下来，制作属于你自己的"十万个为什么"。

（三）布置阅读任务：在接下来的一个月中，请大家边阅读《十万个为什么》，边尝试完成以上这些创意阅读任务，可以分组合作进行，也可以挑选自己感兴趣的完成。阅读的过程是一个收获的过程，期待你们在交流课上的精彩表现！

（设计意图：根据《十万个为什么》的文本特点，实践和巩固各种读书方法，让阅读成果更为立体可见，设计此任务清单，让学生在后续的阅读中能有更多的阅读收获。）

六、交流结课，表达期望

引导：今天，我们初识了《十万个为什么》，科普作品是为我们打开未来之门的钥匙。科技改变未来，未来在你们手中，让我们一起阅读吧。

七、板书设计

《十万个为什么》导读课

（案例提供：田甜）

《十万个为什么》交流课教学设计

教学目标：

一、能感受到阅读科普作品的乐趣，乐于分享课外阅读的成果。

二、掌握具体的阅读方法，并主动阅读更多科普作品。

三、进一步提升科学探索精神，适应未来的需要。

教学重难点： 乐于分享课外阅读的成果；掌握具体的阅读方法，能主动阅读更多科普作品。

教学过程：

一、课前活动

（一）在交流中引导：同学们，上课前，我们先来一场科学知识竞赛。男女生各派出五名代表，接力完成知识竞赛，得分高的一方获胜。获胜的一方每个人都可以得到一张神秘抽奖券。

（二）竞赛结束后小结：同学们，这些有趣的科学知识，都来自一本书——《十万个为什么》。这节课我们再次走进《十万个为什么》。

（设计意图：《十万个为什么》是一本科普类作品，课前用知识竞赛的形式，带领学生回顾书本中的知识，激发学生的积极性，以便于在轻松的课堂氛围中聊书。）

二、分享成果，感受乐趣

（一）回顾阅读过程，播放"班级阅读历程"的视频。

（二）回顾阅读课所学，激发学生对于阅读分享的期待。

（设计意图：模拟米·伊林在《十万个为什么》中以站点的形式来串联科学问题，抓住学生阅读收获中最值得分享的点，再次以站点的形式串联课堂，给学生创设阅读分享的平台。）

（三）学生分享示例：

1.科学术语站

（1）小组分享阅读收获。

（2）小结：我们的生长、发育离不开维生素，平时喝的酸奶中含有大量的乳酸菌，原来，科学一直都在我们身边。我们通过查找资料，联系生活，从而与科技术语近距离接触。

（设计意图：阅读科普类作品的时候，可能会遇到一些不理解的科技术语，学生可以运用导读课上学过的方法试着去理解，在交流课上可以让各小组来分享自己掌握的科技术语。）

2.科学实验站

（1）引导：在阅读的过程中，我们不仅读懂了科技术语，还学到了许多新知识，米·伊林总能通过做实验来说服读者，让我们也忍不住动手做实验来验证。你们做过哪些实验呢？请小组分享。

（2）小结：用书上学到的知识解释日常生活中遇到的现象，真是生活的有心人。老师也有一个发现，竹子加热后沥出的小水珠就是鲜竹沥，具有清热化痰的功效。这是不是一个意外的收获？希望大家都能够学科学、爱科学，更要用科学。

（设计意图：米·伊林在《十万个为什么》中常常用有趣的实验向我们说明科学的道理，在阅读的过程中，学生们也会忍不住想要动手做实验去验证。让学生在课堂上做实验、播放学生做实验的视频，大大满足学生的展示欲，同时激发学生进一步思考，激发学生对科学的兴趣。）

3.趣味文字站

（1）引导：米·伊林通过实验带我们见证奇迹、收获惊喜，其生动有趣的语言更能让我们在阅读时兴味盎然。

（2）小组交流书中有趣的文字。

（3）小结：米·伊林总能用生活中熟悉的事物和场景来描述科学知识，

或者把科学知识融入有趣的故事中。

（4）叶永烈评价米·伊林：他把科学与文学融合在一起，用文学的笔调描述科学。

（5）小结：科学、文学与生活融合在一起，就是这本书最大的魅力。

（设计意图：米·伊林的《十万个为什么》虽然是一本科普读物，但是内容有趣、贴近生活，语言也非常生动。此设计带领学生进一步感受文本特点，领悟书本的魅力。）

4.问题清单站

（1）引导：在整个阅读的过程中，我们都在不断地提出问题、解决问题，一个个问题将我们引入阅读深处。

（2）小组分享问题清单。

小结：在阅读中我们要勇于质疑，敢于提问，并且继续探究。米·伊林的这本书是90多年前创作的，书中谈到的一些科学问题，现在已经有了新的研究成果。有些问题我们一时无法解决，但是随着时代的发展、科技的进步，通过一代又一代人的努力和实践，我们一定会有新的研究成果。

（设计意图：书中提出了许多有趣的问题，学生的阅读过程也是不断思考的过程，随着时代的发展和科技的进步，学生也会不断地提出新的问题，并且尝试去解决。通过问题清单站的分享，激发学生的质疑精神、探究精神以及对科学持续的热情。）

三、总结方法，拓展阅读

（一）引导：米·伊林的《十万个为什么》引入中国后，激发了几代人对科学作品的创作热情，他们不断思考、提问、研究，写出了中国版的《十万个为什么》。

（二）出示书中的"为什么"，学生猜测、交流答案。

猫为什么要和老鼠过不去？为什么暖宝宝会自己发热？为什么海水是蓝的，浪花却是白的？为什么一棵树能值20万美金……

3. 小结：这些问题的答案都藏在中国版的《十万个为什么》中。值得一提的是，刚才提出的很多"为什么"都是通过各种形式向全国少年儿童征集来的，也就是说全国的少年儿童都是《十万个为什么》的"作者"。如果你也想提出"为什么"，成为《十万个为什么》的"作者"，那就去读书吧。

（设计意图：由一本书推荐一类书，促使学生继续阅读，再次激发学生对科学的热情，同时鼓励他们也成为《十万个为什么》的"作者"，问出属于自己的"十万个为什么"。）

（案例提供：罗益群）

跨越学科，体验中国民间故事
——《中国民间故事》跨学科学习指导策略

走进作品

民间故事是一个地区、一个国家、一个民族的共同记忆。《中国民间故事》这本书凝结了中华民族优秀文化的精神基因，积淀了中华民族共同的价值追求。书中有田螺姑娘、梁山伯与祝英台、八仙过海、花木兰从军、张良拾履、九色鹿、长发妹、阿凡提……这些都是中国民间故事中的经典。

走近作者

中国民间故事源远流长，从远古时代就开始口口相传，是劳动人民共同创造和拥有的文化瑰宝。这些故事没有固定的作者。一代代劳动人民把自己对美好生活的期盼，对真、善、美的向往和追求，化成了一个个民间故事。你讲，我听；我讲，他听。就这样口耳相传，代代相传。如，《白蛇传》是中国古代四大民间故事之一。初唐时就有了和尚降伏白蛇的原始传说。故事初步定型于明代冯梦龙的《警世通言》中，成熟盛行于清代，是中国民间集体创作的典范。民间故事的收集、整理和出版，凝聚着民间文学工作者的心血。

文本分析

作为一种口头艺术，民间故事一般有固定的类型和重复的段落，这是为了在讲述中方便记忆，同时加深听众的印象。民间故事寄托着人们朴素的愿望：正义却弱小的主人公总是能够打败强大的对手，心地善良的穷苦人最终会丰衣足食，过上幸福的生活。

读《中国民间故事》，我们可以在阅读中体会民间故事想象丰富、情节夸张、语言口语化、便于讲述等特点；在阅读中了解故事中的人物、景物、宝物、动物、创造发明物等。可以创造性地讲述故事，做民间故事的传讲人；还可以体验由民间故事衍生的中国歌曲、戏曲、剪纸、壁画、民风、民俗等，在阅读和生活中感受民间故事承载的多元传统文化，在跨越学科的主题探究与交流中，讲好中国故事，做中国文化的传承者。

中国民间故事中的文化
——《中国民间故事》跨学科任务群设计

一、确定研究主题：中国民间故事中的文化

主题是整个跨学科学习的关键。《中国民间故事》整本书跨学科学习的主题为"中国民间故事中的文化"。本主题的确定，一是源于学生大多喜爱读中国民间故事，讲中国民间故事；二是源于民间故事蕴含着中国文化，通过对这一主题的探究，可以进一步感受到中国文化的独特魅力；三是源于不同学科之间同一主题下的内在关联。美国学者舒梅克早在1989年

就提出了跨学科教学的定义，他认为教学将跨越学科界限，把课程的各个方面组合在一起，建立有意义的联系，从而使学生在广阔的领域中学习。如，小学五年级上册道德与法治、音乐、美术、科学等学科，均有与"中国民间故事中的文化"相关联的内容。通过对这一主题的学习，并运用双向反馈机制，可以引导学生在语文实践活动中联结课堂内外、学校内外，开展阅读、梳理、探究、交流、体验等活动，了解并传承中国民间故事中的文化，提高语言文字运用的能力。

二、关联学科

语文、道德与法治、音乐、美术、科学、传统体育等。

三、学习目标

（一）设计《中国民间故事》在线阅读前测题，了解同学们关于这本书的内容认知、阅读方法、问题探究、阅读经验、阅读习惯、跨学科知识等，并根据在线调研情况，完成简单的调查研究报告。

（二）策划组织班级"中国民间故事中的文化"体验活动，通过多种形式了解蕴含在中国民间故事中的中国元素，撰写活动简稿，发布在网络媒体上。

（三）和学习伙伴合作开展"中国民间故事中的文化"探究活动，设计并完成"中国民间故事中的文化"手抄报，主题自拟。

（四）参加与中国民间故事相关的文化采风活动，采访身边的人，了解家乡的民间故事所蕴含的中国文化，讲述和推广家乡的民间故事。

四、学习任务框架

任务一 完成一份在线调查研究报告	和学习小组设计阅读前测题;制作并发布在线阅读前测海报;完成在线阅读前测数据分析等。
任务二 体验一次与中国民间故事相关的文化活动	策划与中国民间故事相关的文化体验活动;体验中国民间故事中的中国文化;展示中国民间故事相关的文化活动成果等。
任务三 探究一种与中国民间故事相关的文化现象	确定与中国民间故事相关的文化现象研究主题;合作探究一种中国民间故事中的文化现象;小组撰写小课题研究报告等。
任务四 参加一次有关长沙民间故事的采风活动	策划有关长沙民间故事的采风活动;完成有关长沙民间故事的采风报告;交流有关长沙民间故事的采风成果等。

五、实践过程

任务一 完成一份在线调查研究报告

(一)发布活动任务。

亲爱的同学:

中国的民间故事源远流长,从远古时代就开始口口相传,是劳动人民共同创造和拥有的文化瑰宝。我们将开展以"中国民间故事中的文化"为主题的跨学科学习。在阅读《中国民间故事》这本书之前,你能挑战完成以下学习任务吗?

1.和学习小组的同学设计《中国民间故事》阅读前测题，了解同学们关于这本书的内容认知、阅读方法、问题探究、阅读经验、阅读习惯、跨学科知识等。

2.和老师及其他组的同学一起探究，优化各组设计的前测题，共同设计一份适用于五年级学生的《中国民间故事》阅读前测题，制作阅读前测海报，推送给学校五年级的同学。

3.和学习小组的同学一起分析阅读前测的数据和信息，完成《中国民间故事》阅读前测调查报告。

（二）小组设计阅读前测题，从五个维度设计关于"中国民间故事中的文化"的跨学科活动的在线前测题。

（三）利用"问卷星"发布阅读前测题，制作跨学科阅读前测海报。每个同学扫码答题，在线提交问卷。

（四）师生共同分析"中国民间故事中的文化"跨学科阅读前测数据。

"中国民间故事中的文化"跨学科阅读前测分析报告

杨雨霏　彭慧琴

本问卷共设置了10道选择题，包括单选题和多选题，从阅读经验、阅读方法、阅读内容、阅读期待与阅读习惯等方面展开调查，旨在为《中国民间故事》的跨学科阅读提供学情依据。以下为400多份在线问卷的各项数据分析：

1. 你阅读过《中国民间故事》整本书吗？（　　）　[单选题]

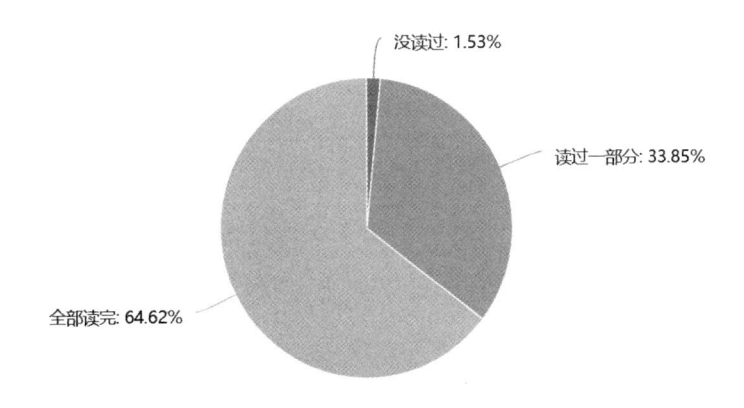

没读过: 1.53%
读过一部分: 33.85%
全部读完: 64.62%

数据显示，64.62%的学生已经全部读完，占比最高，这些学生是将来展开整本书阅读教学时教师可以充分利用的宝贵"资源"。已读过一部分的学生占比33.85%，相信通过有效的阅读指导和同伴互助，他们能快速加入到阅读主力军队伍中。只有1.53%的学生从未读过，这些学生是在整本书阅读过程中教师要重点关注的阅读"困难户"，教师要帮助他们制订切实可行的阅读计划并提供有效的阅读方法，也可以邀请其他学生与他们结成阅读同伴，并在适当的时候请他们来分享阅读心得，以此来确保任何一个学生都不掉队。

2. 你是从哪些渠道了解到这本书的？（　　）　[多选题]

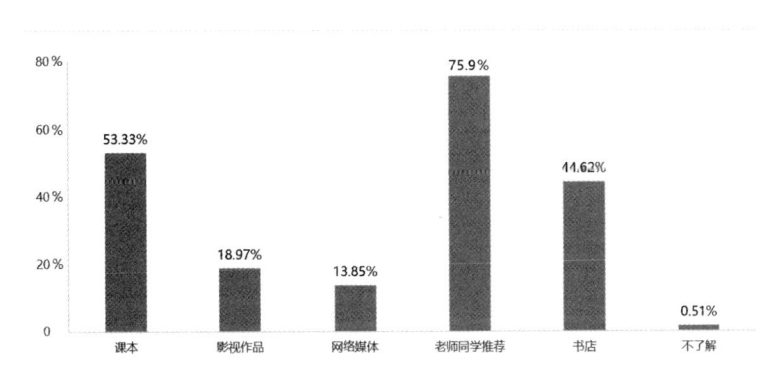

渠道	百分比
课本	53.33%
影视作品	18.97%
网络媒体	13.85%
老师同学推荐	75.9%
书店	44.62%
不了解	0.51%

数据显示，学生对《中国民间故事》的了解主要来源于老师同学推荐，占比75.9%；其次是课本，占比53.33%；第三是书店，占比44.62%。而影视作品仅占比18.97%，网络媒体占比13.85%，还有0.51%的同学不了解。从数据可以看出，学生通过媒体途径了解民间故事类的作品的情况比较少，主要还是来自学校老师同学的推荐。中国民间故事有利于中国传统文化的传承，值得阅读。我们应寻找到更多资源展开教学，引导学生通过除语文学科外的多种学科途径对这本书给予关注。

3.看到目录，你对哪个故事最感兴趣？（   ） [多选题]

选项	比例
真假夜明珠	53.85%
十二生肖的故事	66.67%
三条遗嘱	37.44%
聪明的阿凡提	55.38%
赵州桥的传说	36.41%

任何教学都应该以精准的学情调研为起点，而非教师的想当然。学生们最想学习的内容是《十二生肖的故事》和《聪明的阿凡提》，十二生肖与学生本人息息相关，对相关内容也较为熟悉，《聪明的阿凡提》激发了学生的阅读兴趣。因此，进行导读课的时候可以从这两篇文章入手带领学生探究和分享。《真假夜明珠》和《三条遗嘱》分列第三、第四，分别占比53.85%和37.44%，看来这样的标题较为吸引学生。《赵州桥的传说》这篇文章，学生的选择相对来说少一些，占比36.41%。通过阅读前测，我们

可以准确地了解到学生的兴趣点，从而更好地开展阅读教学。

4. 你知道中国四大民间故事是哪四个吗？（　　）　[多选题]

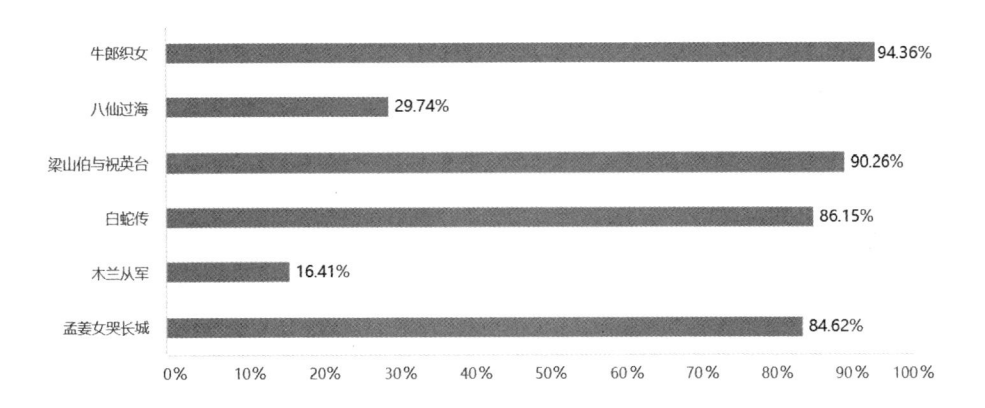

选项	百分比
牛郎织女	94.36%
八仙过海	29.74%
梁山伯与祝英台	90.26%
白蛇传	86.15%
木兰从军	16.41%
孟姜女哭长城	84.62%

这道题考察学生对整本书常识的了解，29.74%的同学选择《八仙过海》，16.41%的同学选择《木兰从军》，回答错误。这说明在教学时还是需要对这个问题进行解答。

5. 人们称刘三姐为"（　　）"。[单选题]

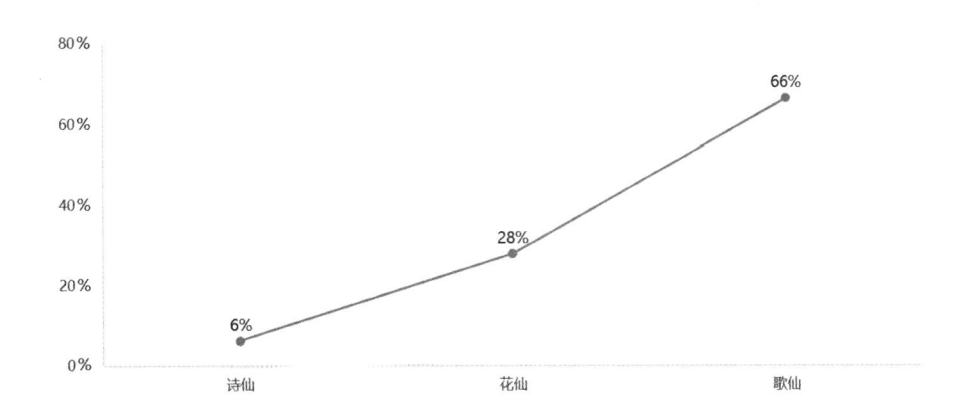

选项	百分比
诗仙	6%
花仙	28%
歌仙	66%

这道题考察学生对文章内容的了解，大部分学生还是能答对，正确选

321

项"歌仙"占比66%，是所有选项中最高的。但是选择"花仙"和"诗仙"的学生分别占比28%和6%，说明小部分学生对《中国民间故事》里面的相关内容印象较为模糊，甚至是一无所知，教师需要重点关注并加强指导。

6.除了文字,中国民间故事还在通过哪些形式继续流传？（　　）[多选题]

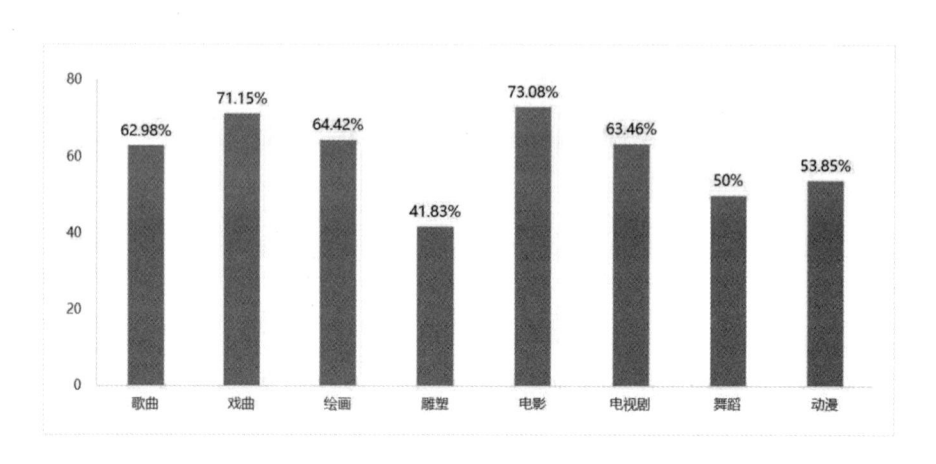

	歌曲	戏曲	绘画	雕塑	电影	电视剧	舞蹈	动漫
占比	62.98%	71.15%	64.42%	41.83%	73.08%	63.46%	50%	53.85%

数据显示，73.08%的学生认为中国民间故事通过电影流传，63.46%的学生认为通过电视剧流传。电影、电视剧是学生接触最多，最感兴趣的，教师在教学中可以搜集相关资源，引导学生阅读书籍。还有71.15%的学生了解到戏曲中的中国民间故事，这令人欣喜，说明传统文化并没有被人遗忘。在日常的学习生活中，62.98%的学生通过歌曲，64.42%的学生通过绘画来了解中国民间故事，这也为小学整本书阅读的跨学科学习指明了一定的方向。除此之外，动漫、舞蹈和雕塑也分别占比53.85%、50%和41.83%，说明学生对各种形式的传播途径都有一定的了解，有利于教师为阅读教学拓展资源，丰富内涵。

7. 阅读《中国民间故事》这本书，你想运用哪些阅读方法？（　　）　[多选题]

选项	比例
梳理故事的起因、经过和结果，把握故事的主要内容。	82.76%
说一说故事中的人物形象特点。	70.44%
画一画思维导图或情节图。	49.26%
展开想象，补充故事细节。	59.11%

数据显示，大部分学生能根据课本要求，掌握长故事的阅读方法，"梳理故事的起因、经过和结果，把握故事的主要内容"占比最多，为82.76%。其次，"说一说故事中的人物形象特点"占比70.44%。"展开想象，补充故事细节"占比59.11%。"画一画思维导图或情节图"占比最少，为49.26%，说明学生对这个方法较为陌生，可以多加训练，也可以作为跨学科学习的重点研究内容。

8. 你最喜欢开展哪种方式的阅读活动？（　　）　[多选题]

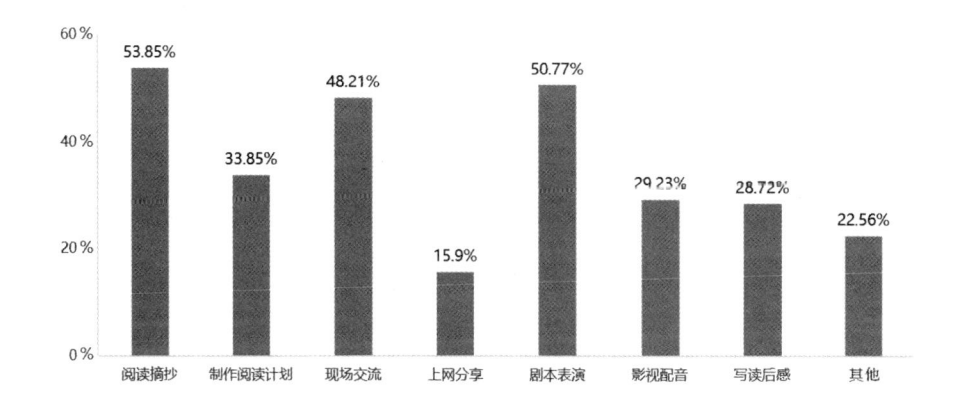

阅读摘抄	制作阅读计划	现场交流	上网分享	剧本表演	影视配音	写读后感	其他
53.85%	33.85%	48.21%	15.9%	50.77%	29.23%	28.72%	22.56%

《中国民间故事》整本书阅读的指导，课堂教学时间有限，需要开展一些活动来推动学生的阅读。数据显示，最受学生认可的是传统的"阅读摘抄"活动，占比53.85%。其次是趣味性强一点的剧本表演和现场交流，占比分别为50.77%和48.21%。而受条件的限制，选择影视配音的学生仅为29.23%。由于趣味性不够，选择制作阅读计划和写读后感的学生也不多，占比分别为33.85%和28.72%。占比最少的是上网分享，仅为15.9%。如何开展丰富多彩的阅读活动，激发学生的学习兴趣，提升阅读素养？我们可以综合考虑泛读、略读、细读、研讨、辩论、分享等多种阅读活动，突出学生学习的主体地位，高效达成阅读目标。

　　9.你想和谁一起读这本书？（　　）　[单选题]

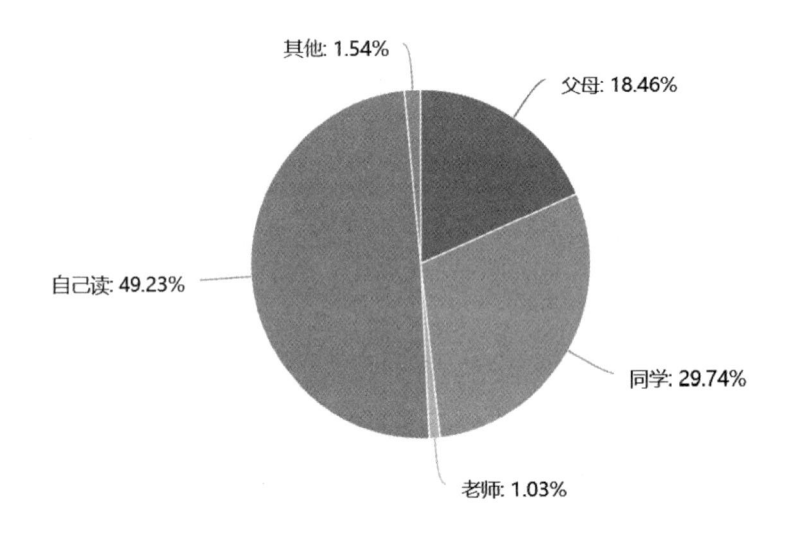

其他:1.54%
父母:18.46%
自己读:49.23%
同学:29.74%
老师:1.03%

　　在整本书阅读指导中，教师的主要角色是学生阅读的领读者、陪伴者、促进者和帮助者。令人意外的是共读者的选项中，老师的占比仅为1.03%。学生更愿意自己读，和同学读，和父母读。在学生心中，老师是权威的象征，所以在共读时，老师应该走近学生，和学生共成长。

10. 你每天的课外阅读时间是（　　）。　　[单选题]

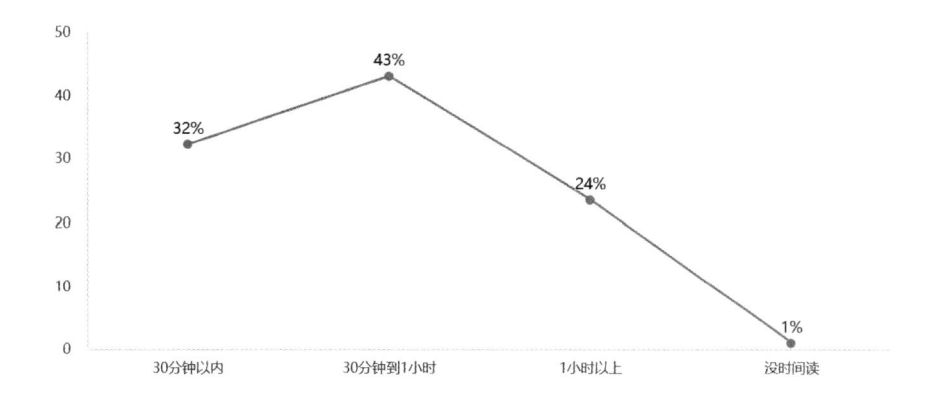

```
50
        43%
40
  32%
30
              24%
20
10
                        1%
 0
 30分钟以内  30分钟到1小时  1小时以上  没时间读
```

从调查结果来看，43%的学生能坚持每天阅读30分钟到1小时，每天阅读30分钟以内的学生占比32%，每天阅读1小时以上的学生占比24%，有了良好的阅读习惯。但还有1%的学生没时间每天进行课外阅读，令人担忧。教师在进行整本书阅读教学时应指导学生制订好阅读计划，有序推进，并达成教学目标。

（五）制订学生自主阅读方案。

阅读时间	形式	主要阅读任务
1节课	读前指导	1. 了解书籍的关键信息，如封面、目录，中国民间故事的主要来源、基本类型等。 2. 回顾课堂内习得的创造性复述方法，练习创造性讲述民间故事，关注语言表达的特点。 3. 了解中国民间故事流传的多种形式。 4. 制订阅读计划。
1周	自主阅读	1. 按计划读完《中国民间故事》整本书。 2. 选择一个最感兴趣的故事，完成跨学科自主阅读任务单。

附：

"中国民间故事中的文化"跨学科自主阅读任务单	
我选择的故事题目	
我了解的传承方式	电影□ 电视□ 戏曲□ 剪纸□ 绘画□ 建筑□ 其他□
故事中的主要人物	人物主要特点
我梳理故事情节运用的工具	列表格□ 画情节图□ 绘思维导图□ 其他□
我的故事情节梳理成果	情节完整□ 信息准确□ 语言简洁□ 布局美观□
故事的主要情节	

任务二 体验一次与中国民间故事相关的文化活动

（一）发布活动任务。

亲爱的同学：

　　读完《中国民间故事》，我们要能创造性地讲述故事，了解故事中的人物、景物、宝物、动物、创造发明物等，体验由民间故事衍生的中国歌曲、戏曲、剪纸、壁画、民风、民俗等。让我们在阅读和生活中去感受民间故事所承载的多元传统文化，做中国文化的传承者吧。你能挑战完成以下学习任务吗？

　　1.参加班级组织的"中国民间故事中的文化"体验活动，拍摄活动照片，制作活动剪影，分享学习收获。

2.通过讲述、表演、绘画、演讲、手抄报等方式传承中国民间故事中的传统文化，让更多的人了解中国民间故事中的文化。

（二）参与体验活动，班级分享收获。

"中国民间故事中的文化"班级跨学科体验活动	
体验活动主题	中国民间故事中的愿望□ 中国民间故事中的智慧□ 中国民间故事中的名人□ 中国民间故事中的宝物□ 中国民间故事中的民族□ 中国民间故事中的民俗□
体验活动的参与	全班参与□ 部分参与□ 个别参与□ 家长参与□
体验活动的方式	创意讲述□梳理探究□表演展示□采访调查□其他□
体验活动的成果 （文字说明）	

（三）展示"中国民间故事中的文化"跨学科体验活动成果。

班级开展文化体验活动后，学校制订"中国民间故事中的文化"跨学科体验活动展示方案，各班在活动中展示相关体验成果。

【活动设计】

1.中国四大民间故事探究活动记录

（1）情境任务

中国四大民间故事《白蛇传》《牛郎织女》《梁山伯与祝英台》《孟姜女哭长城》不仅在口头讲述、书本中流传，还有着丰富多样的艺术表现形式。现在请你担任民间故事传承人，通过查阅资料、访问调研等方式，记录你的发现吧。

（2）活动记录

中国民间故事	故事发源	与故事相关的景点和物产	相关的习俗	艺术表现形式
白蛇传	初唐	西湖断桥、镇江金山寺、雷峰塔、雄黄酒、灵芝	古人在端午节喝雄黄酒	戏剧、电影、电视剧、芭蕾舞、绘画……
牛郎织女	西周末年			
梁山伯与祝英台	东晋			
孟姜女哭长城	最早追溯到《左传》			

通过以上调查研究，我发现中国四大民间故事有以下共同特点：

___

___

___

2."中国民间故事中的智慧"跨学科体验活动记录

（1）情境任务

中国民间故事蕴含着中国老百姓的智慧。阿凡提用智慧惩罚巴依老爷，巧姑用智慧让一家人过上了丰衣足食的生活，鲁妹和鲁班用智慧发明创造，包公用智慧断案如神，徐文长用智慧题画改诗，杨慎用智慧以草鞋换布鞋……请你读一读中国民间故事，了解智慧人物，体会人物的智慧之处，并和学习小组的同学共同策划如何推广故事中的人物智慧，在班级展示。

（2）活动记录

"中国民间故事中的智慧"小组合作推广记录	
小组选择的故事	
手绘故事主人公（　　）	人物简介（名片）
摘抄最能体现人物智慧的文段	
"中国民间故事中的智慧"推广活动策划	
推广范围（线上或线下）： 选择推广的网络平台＿＿＿＿＿＿＿＿＿＿ 线下推广的地点人群＿＿＿＿＿＿＿＿＿＿ 推广形式： 推广目的： 活动分工：	

3. "中国民间故事中的宝物"跨学科体验活动记录

（1）情境任务

亲爱的同学：

中国民间故事中藏着许多的宝物。这些宝物，有的是仙人所赐，有些是无心偶得；有的能让人梦想成真，有的神通广大……围绕宝物，有人夺、有人寻、有人藏……请你阅读《中国民间故事》，小组合作，开启寻宝之旅吧。

（2）活动记录

"中国民间故事中的宝物"小组合作寻宝之旅	
发挥想象画一画宝物的样子或相关情节	中国民间故事中的宝物档案
	名称
	相关故事
	来历
	神奇之处
我发现，如果"宝物"走进我们的现实生活……	

任务三　探究一种与中国民间故事相关的文化现象

（一）确定与中国民间故事相关的文化现象研究主题。

发布任务：

亲爱的同学：

中国民间故事凝结了中华民族优秀文化的精神基因，积淀了中华民族共同的价值追求。故事中还藏着不少有趣的文化现象，留给我们许多思考。请你再次走进《中国民间故事》，挑战以下任务吧：

1.提出自己的问题，和学习小组的伙伴开展小课题研究，通过上网搜索、请教他人、查找资料等方式，探究中国民间故事中的文化现象。

2.和学习小伙伴一起完成中国民间故事小课题研究报告，参与班级优秀"民间故事小课题研究报告"评选。

（二）合作探究一种中国民间故事中的文化现象。

在这个过程中，教师指导学生共同探究一种中国民间故事中的文化现象，引导学生发现中国民间故事中的多种文化现象。班级组建研究小组，自选要探究的主题，合作展示研究。

案例：

活动：探究一种中国民间故事中的文化现象

我们的发现：中国民间故事中的动物蕴含着丰富的中国元素

探究的主题：中国民间故事中的"中国风"动物

探究活动记录表：

寻找中国民间故事中的"中国风"动物

1.绘制一枚与中国民间故事中的动物相关的书签

活动路径：阅读《中国民间故事》，选择故事中的一种动物，查找图书、上网搜索或请教他人，搜集相关资料，了解相关的中国元素，填写下表，再和学习小组的同学制作一枚蕴含中国元素的书签。

动物	寓意	相关故事	诗词（谚语）	民俗
喜鹊	报喜、吉祥	《牛郎织女》《喜鹊报喜》	喜鹊叫，好事到。柔情似水，佳期如梦，忍顾鹊桥归路。	春节的窗花图案有"喜鹊登梅"，暗示着喜鹊送喜、喜在眉梢之意。
绘制书签设计图					

2.讲一讲中国民间故事中的"中国风"动物

活动路径:开展班级"中国民间故事会",讲述中国民间故事中的"中国风"动物。

任务评价:

我能讲:中国民间故事中的"中国风"动物		
评价内容	自评	互评
选择的动物出自中国民间故事		
至少蕴含1个中国元素		
能有创意地讲述故事		

3.小组合作撰写有关中国民间故事小课题研究报告

活动路径:回顾搜集资料的基本方法(查找图书、网络搜索、请教别人);学习写简单的研究报告(包括问题的提出、研究方法、资料分类整理、研究的结论);小组合作开展研究,整理资料;得出研究结论,撰写研究报告。

(三)小组作业呈现。

例:关于《白蛇传》中端午节饮雄黄酒的习俗的研究报告

1.问题的提出

中国四大民间故事之一的《白蛇传》中有这样一幕:白素贞在端午节喝下了雄黄酒,现出了原形。端午节饮雄黄酒的习俗流传至今,除了《白蛇传》,此习俗还在哪些文章中被提到过?它的来历是什么?雄黄酒的用法是什么?它真的能喝吗?带着这些疑问,我对《白蛇传》中端午节饮雄黄酒的习俗做了一次研究。

2. 研究方法

（1）查阅书籍。

（2）进行网络搜索。

（3）询问身边的人。

3. 资料整理

与雄黄酒相关的资料	内容
有关雄黄酒的习俗	陆游的《乙卯重五诗》中提到"旧俗方储药,羸躯亦点丹";《清嘉录》记载"研雄黄末、屑蒲根,和酒饮之,谓之雄黄酒";汪曾祺在《端午的鸭蛋》中提到"喝雄黄酒。用酒和的雄黄在孩子的额头上画一个王字,这是很多地方都有的"。
雄黄酒的来历	一种说法是为了纪念屈原,百姓为了防止水兽伤害其遗体,向江中投粽子、倒雄黄酒;还有的说法是为了祛病防疫,因为雄黄酒有驱虫解毒的功效,古人在端午节饮用并涂抹,以驱邪避灾、祈求安康,此习俗流传至今。
探究雄黄酒	雄黄酒是一种传统饮品,但从健康角度来说,应谨慎饮用。不过在传统习俗中,少量饮用雄黄酒可以驱虫解毒、辟邪祈福,主要是取其象征意义。

4. 研究结论

（1）许多诗句和文章都提到了端午节饮雄黄酒的习俗。

（2）端午节饮雄黄酒的来历有不同说法。

（3）雄黄酒必须慎用。

任务四　参加一次有关长沙民间故事的采风活动

活动一：策划有关与长沙民间故事的采风活动

发布任务：

亲爱的同学：

"采风"就是到民间去采集各种信息。采风活动,不仅能深入了解中国民间故事中蕴含的民间文化，还能拓宽文化视野，提升自己的综合素养。民间故事来自生活中每一个平凡而有趣的人。你的家人、小区里的叔叔阿姨、生活中结识的朋友……都可以成为你的采访对象。请你再次走进《中国民间故事》，挑战以下任务吧：

1. 参与长沙民间故事采风活动，撰写"长沙民间故事采风报告"，参与班级交流展示活动。

2. 通过多种形式创造性地讲述长沙民间故事，传承家乡的民间故事。

活动二：完成有关长沙民间故事的采风报告

活动流程：独自采风（或小组合作采风）；（可小组合作）完成采风报告；参与班级采风报告评选。

【采风报告单】

到家乡采风去	
采访人	
被采访人	
采访时间	
采访地点	
故事名字	
故事内容	

【采风活动评价】

评价项目	评价标准	自我评价 ☆☆☆	小组评价 ☆☆☆
参与态度	积极参与采风活动		
	乐于合作，愿意倾听他人想法		
完成质量	采风报告的信息记录完整		
	采风故事的关键信息记录清楚		

活动三：交流有关长沙民间故事的采风成果

活动流程：组织采风汇报活动；创造性讲述在采风活动中了解的长沙民间故事；归类整理采风资料

【采风资料整理】

资料分类	采风故事
关于人物的民间故事	《关公捞刀》《易公织履》《顺治帝与福临镇》……
关于地名的民间故事	《定王台》《化龙池》《马栏山》《关公坝》《九马奔槽》《易公仙与草鞋湾》……
关于山水的民间故事	《九间房——天生一个仙人洞》《影珠山的传说》《天鹅抱蛋——离娘山上的奇石》……
关于庙宇的民间故事	《关帝庙的传说》《守一斋与太乙游龙拳》《八仙台》《皮箩坡》……

（案例提供：彭慧琴）

第五章

小学整本书阅读教学的评价体系

阅读评价应该做到：要综合考察学生在阅读过程中的感受、体验和理解，要关注其阅读兴趣和价值取向，阅读方法与习惯，也要关注其阅读面与阅读量，以及选择阅读材料的能力。重视对学生多角度、有创意的评价，构建科学有效的阅读评价体系，达到"以评导读，以评伴读，以评测读，以评促读"的目标。切实提升学生的语文核心素养，是整本书阅读教学的重要组成部分。

整本书阅读评价指通过适合儿童身心发展规律的方法、途径对整本书的阅读计划、活动过程及结果等有关问题做出判断，并促进整本书阅读及课程发展。应该包含以下特点：

第一，整本书阅读评价是一个有目的、有计划的活动过程。

第二，整本书阅读评价的主要内容是依据课程目标和阅读目标进行价值判断。

第三，阅读评价的根本目的是促进课程目标和阅读目标的实现，以及促进学生阅读素养的提升。

第一节
小学整本书阅读评价概述

整本书阅读评价对提高整本书阅读效果，提升学生阅读素养具有重要的意义和价值。随着整本书阅读教学正式进入小学语文课程，越来越多的老师开始关注阅读评价。本节主要从评价特点、评价原则两部分对小学整本书阅读评价进行概述。

一、小学整本书阅读评价的基本特点

《义务教育语文课程标准（2022年版）》指出：注意考察阅读整本书的全过程，以学生的阅读态度、阅读方法和读书笔记等为依据进行评价。教师可以围绕读书的主要环节编制评价量表，制作阅读反思单，引导学生从阅读方法、阅读习惯等方面进行自我反思、自我改进。由此可见，整本书阅读教学评价应拓宽评价视野，综合运用多种评价方法，合理设计评价活动，全面关注学生在整本书阅读过程中的表现以及阅读能力的发展情况。

小学整本书阅读教学评价的主要目的是促进学生和教师在整本书阅读中双线发展，具有适切性、过程性、多元性和促进性的特点。

1. 适切性。整本书阅读评价目标的确定要依据新课程标准、核心素养的目标要求，遵循语文学习的基本规律。阅读评价内容既要着眼于学生的阅读全过程，也要从学生整本书阅读能力的进阶过程出发，依据学生的现有水平，有针对性地选择评价重点，实现评价的发展功能。此外，评价工具的选择以及任务的设置要切合总体目标，体现任务之间的内在逻辑。

2. 过程性。新课程标准重视过程性评价。整本书阅读时间跨度长、阅读容量大、内容相对宽泛，学生的阅读过程是一个长期发展的动态过程，阅读评价不要只关注终结性评价，还应关注整本书阅读的全过程。随着学生整本书阅读的启动，应统筹安排评价内容，在"选书""预读""通读"和"研读""展示"的全过程中关注学生的行为表现。教师可以根据阅读进程分阶段评价，持续激励；也可以通过建立针对学生个体的阅读档案，从阅读目标、阅读量、阅读方法、阅读活动、阅读表现、阅读成果等方面记录学生的阅读历程。

3. 多元性。小学整本书阅读评价的主体除学生、语文教师和家长以外，还可以是其他学科教师、学生同伴、学校图书馆管理员、社区工作人员等。评价主体的多元化能带给学生不同的评价视角，有利于形成自由开放的评价氛围，助力学生全面客观地了解自己的阅读状态。作为评价过程中的主体之一，教师可以妥善利用评价语言、科学研制评价量表、设计阅读反思单等引导学生进行自我观测、自我反思、自我评价；学生是整本书阅读的主体，可以通过自我提问、同伴对话、师生对话，了解自己的阅读状态和阅读倾向，有意识地改进阅读方式；家长可以通过"亲子共读"帮助学生扩大阅读面、增加阅读量，养成每日阅读的好习惯。

在评价方式上，整本书阅读评价不局限于纸笔测试，可采用观察、阅读档案、阅读量表、阅读活动等评价方式，不仅能了解到学生的阅读成果，而且也能关注到学生的兴趣、态度、思维、情感状态，从而全面了解学生在阅读过程中的知识积累、策略建构、能力提升和精神成长。

4. 促进性。阅读评价的目的是促进目标的达成，提升学生的阅读能力，科学合理的评价标准，能帮助学生监测和反思自身阅读状态。学生根据不同评价主体、不同方式的评价，从不同角度发现自身问题，进一步明晰阅读的目标，提升当前的阅读状态和阅读质量，设立日后进一步发展的方向，并进行反思和调整；通过多元、动态的阅读评价，学生不断得到外在的激励，保持积极的阅读动机和状态，实现最优发展。与此同时，阅读评价还有"以评促教"的功能，教师也应通过评价结果反思教学过程，发现自己教学的优势和问题，不断反思、改进，从而提升阅读教学质量。

二、小学整本书阅读评价的原则

确立小学整本书阅读评价的原则，既要遵循基础教育的一般规律，又要注重小学整本书阅读课程自身的规律与特点。

1. 客观性与主观性结合

客观性原则，是指对学生的阅读进行评价时，要尊重客观事实，进行科学的价值判断，不能主观随意。比如，在对阅读时间、阅读数量、阅读内容的评价上，不能因照顾学生情绪或以评价者的主观意愿而随意改变评定条件，随意降低或提高评价标准。但阅读评价又是一个以激发学生阅读兴趣为主的过程，因此在阅读习惯、阅读策略及阅读效果等方面的评价又以主观评价居多。

2. 全面性与差异性结合

评价学生的阅读水平绝不是一竿子到底的，评级的方案需要对学生进行综合性的考量，全面关注语文素养的各个方面，并使评价面向全体学生。但在开展阅读评价的过程中，学生的初始阅读水平、个人阅读素养、爱好等表现出差异。基于不同学情，教师应与学生及时沟通，对阅读的"后进生"可适当放低要求，适时鼓励，或特别设定时间进行评级考核，以促进其达到同年级的阅读水平。

3. 激励性与督促性结合

小学生的心理特征和年段特点，决定着激励性的评价更能促进学生发展。在评价体系内，应主要以鼓励、表扬等积极的评价方式从正面引导，树立书香榜样。当然，一味鼓励也失之偏颇，尤其是在低、中学段的学生中，养成良好的阅读习惯需要一定的外部刺激支持，比如通过打卡记录、任务驱动等督促性评价措施，增加其持续阅读的动力。

4. 开放性与主导性结合

阅读是学生的个性化行为，大语文时代，阅读的内容丰富多彩，阅读的形式不拘一格，阅读评价的机制也应开放灵活。评价的标准要具有激励性和灵活性，充分尊重学生的个性化阅读，能最大限度激发学生的阅读积极性和主动性。评价方式要具有多元性和开放性，学生自评、同伴互评、家长评价、教师评价等评价方式中的不同评价主体要多方参与。但是，阅读的最终目标是提升学生的阅读能力，促进学生精神世界的成长，在尊重个性、开放评价的同时，教师必须正确引导，在重要环节和关键部分起主导作用。

5. 过程性与终结性结合

整本书的内容领域广阔，不仅可以丰富学生的学科认知，还可以打开学生视野，让学生认识更广袤的世界。因此，整本书阅读在提升语文素养的同时，对学生心性的涵养、精神的成长均能起到良好的促进作用。故此，整本书阅读的评价体系不仅要有终结性评价，也要有关注阅读兴趣、阅读体验、阅读习惯、阅读能力、个性化创意阅读方式等过程性评价。

第二节

小学整本书阅读评价问题的审视

为更全面且深入地了解小学整本书阅读评价的具体情况，笔者面向湖南省内不同学校的教师开展线上问卷调查，问卷中的问题涵盖小学整本书阅读评价的开展情况，包括整本书阅读的评价意识、评价目标、评价主体、评价方式、评价实施等多个方面。来自湖南长沙、株洲、怀化、常德、邵阳等多个地区的877位小学语文教师参与了问卷调查，收到有效问卷877份。其中51.88%的受访者工作的学校位于城市，29.53%位于乡镇，14.82%位于农村，还有3.77%位于偏远山区。受访者当中，低、中学段的教师居多，占70.24%，高学段教师占29.76%。针对问卷调查结果进行具体的分析后，发现小学整本书阅读评价存在以下问题：

一、评价意识淡薄

调查呈现：

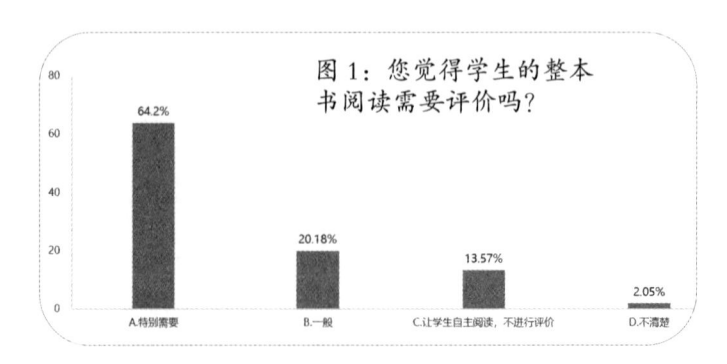

图1：您觉得学生的整本书阅读需要评价吗？

- A.特别需要：64.2%
- B.一般：20.18%
- C.让学生自主阅读，不进行评价：13.57%
- D.不清楚：2.05%

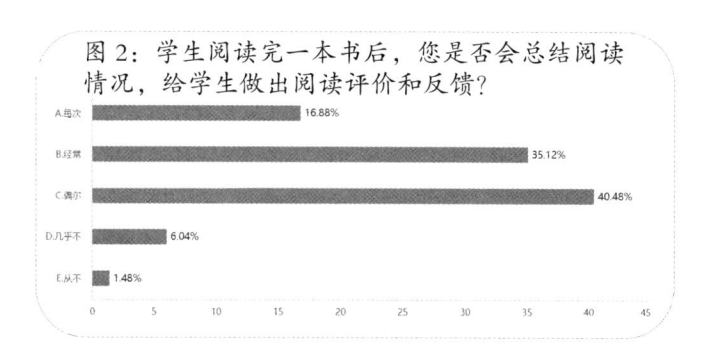

图2：学生阅读完一本书后，您是否会总结阅读情况，给学生做出阅读评价和反馈？

- A.每次 16.88%
- B.经常 35.12%
- C.偶尔 40.48%
- D.几乎不 6.04%
- E.从不 1.48%

数据分析：根据图1、2的调查数据和相关访谈显示，大部分受访教师每周会开展整本书阅读教学，小部分受访教师只布置学生自主阅读，从不开展整本书阅读教学，也有教师不定期开展整本书阅读教学，通常是一个学期开展一次《快乐读书吧》的整本书阅读教学。35.8%的教师认为阅读评价不是很重要或不重要。教师"偶尔"给予学生评价和反馈占比最高，还有的教师对于学生的阅读情况几乎不进行评价。

问题探究：随着新课程改革的推进，《义务教育语文课程标准（2022年版）》明确整本书阅读为语文学习任务群之一，并系统地对整本书阅读提出了具体的要求，教师们逐渐关注整本书阅读的教学，并有了一定的评价意识。但整体来说，教师的评价意识还比较淡薄。其原因有：

1.应试观念主导，忽视课外阅读。

部分教师和家长教育理念陈旧，应试观念较强，重视学习成绩，没有认识到课外阅读的重要性，不支持也不配合学校让学生"看闲书"。笔者通过电话采访湖南郴州某小学教师得知：学生基本为留守儿童，因家庭经济原因无法保障课外阅读的基本条件，加之家庭不重视课外阅读，学生没有形成阅读习惯。该教师认为"老师能完成基本的课内教学任务，学生能完成基础性作业就已经很好了，没有开展整本书阅读教学的想法"，这种想法在教师群体中有一定的代表性。

2. 教学理念滞后，缺乏评价意识。

不同地区以及不同年龄阶段的语文教师对整本书阅读教学评价的认识表现出较大的差异。根据调查数据显示，乡村教师和年龄偏大的教师接受新理念、学习新知识的能力有限，认识不到阅读评价对于激发学生阅读兴趣、提升学生阅读能力、培养学生综合素养的重要意义，从而在整本书阅读教学的实施过程中忽视阅读评价。此外，因为新课程背景下的整本书阅读评价体系的复杂性，部分教师认为在教学实践中很难操作，也会忽略阅读评价的运用。

二、评价目标模糊

调查呈现：

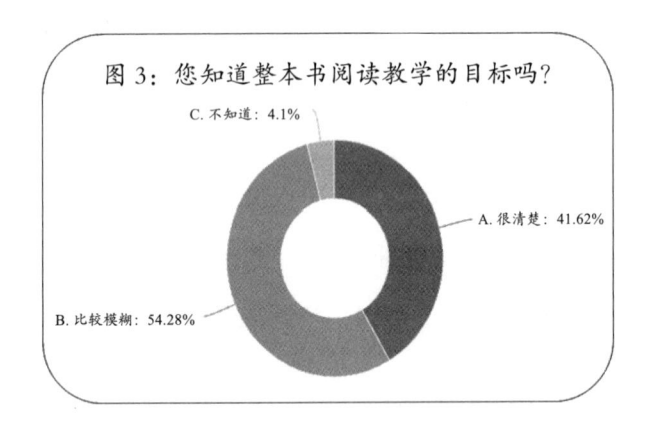

图3：您知道整本书阅读教学的目标吗？
- C. 不知道：4.1%
- A. 很清楚：41.62%
- B. 比较模糊：54.28%

图4：您在整本书阅读教学前，是否会根据学生的阅读起点来设置不同的教学目标？

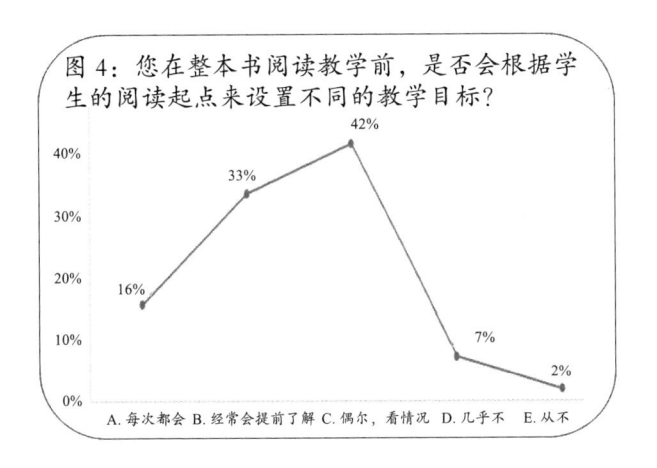

40% — 42%
33%
16%
7% 2%

A.每次都会 B.经常会提前了解 C.偶尔，看情况 D.几乎不 E.从不

图5：您是否会为学生的整本书阅读情况设置不同层次的评价标准？

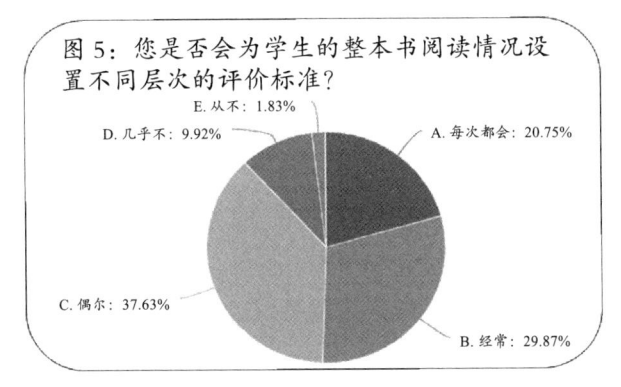

E.从不：1.83%
D.几乎不：9.92%
A.每次都会：20.75%
C.偶尔：37.63%
B.经常：29.87%

数据分析：图3显示，54.28%的受访教师对于阅读教学目标比较模糊，4.1%的教师则完全不知道；图4、5显示，多数教师不会每次都根据学生的阅读起点来设置教学目标，也不会每次都为学生的整本书阅读情况设置不同层级的评价标准。

问题探究：

1. 课程目标模糊。

《义务教育语文课程标准（2022年版）》指出：整本书阅读学习任务群旨在引导学生在语文实践活动中，根据阅读目的和兴趣选择合适的图书，制订阅读计划，综合运用多种方法阅读整本书；借助多种方式分享阅读心得，交流研讨阅读中的问题，积累整本书阅读经验，养成良好阅读习惯，提高整体认知能力，丰富精神世界。明确了整本书阅读教学的目标：一是培养阅读兴趣、养成阅读习惯、习得阅读方法、发展阅读能力；二是积累阅读经验、提升认知能力、促进精神成长。而教师在指导整本书阅读时，受单篇阅读教学影响，很容易仅关注到语文知识的积累和听说读写的单项训练。因此，阅读评价也以关注"阅读内容"和"阅读习惯"居多，忽视了对"阅读策略"等其他方面的评价（见图9）。

2.学段目标模糊。

图4、5的问题指向教师的阅读教学和评价是否关注到学生的年段学习目标和不同的学段特点。分析数据显示：近一半的教师有年段意识，了解不同学段的不同要求，但对于不同的学段要求以实现核心素养为导向，呈阶梯式螺旋上升，促进整体发展的特点并不清晰。11.75%的教师几乎不设置或从不设置不同层次的评价标准，忽略学生阅读能力的差异性，因此在教学时很难制订清晰、有层次、有效的评价目标，这样势必会影响学生的阅读积极性，使其不能养成持续阅读的好习惯，以致难以提升学生的阅读素养。

三、评价主体单一

调查呈现：

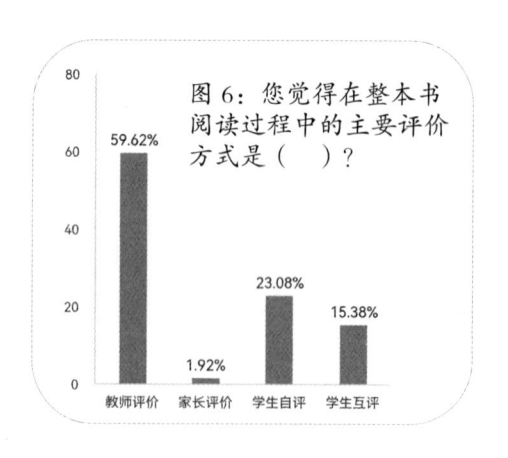

图6：您觉得在整本书阅读过程中的主要评价方式是（ ）？

教师评价 59.62%
家长评价 1.92%
学生自评 23.08%
学生互评 15.38%

数据分析：有 59.62% 的受访教师认为教师是整本书阅读的评价主体，其次有 23.08% 的受访教师认为评价主体是学生自己。

问题探究：

《义务教育语文课程标准（2022年版）》指出：过程性评价应发挥多元评价主体的积极作用。鼓励学校管理人员、班主任、家长参与过程性评价，通过多主体、多角度的评价反馈，帮助学生在阅读的全过程中学会自我反思和自我管理。调查显示，当下整本书阅读评价的主体仍以语文教师为主，家长、学生很少参与阅读评价。事实上，评价主体的多元化能全方位地为学生提供客观反馈和正向激励，促进儿童阅读的积极发展。比如，低学段"亲子阅读"占比大，家长参与评价更能及时反馈问题，增进亲子感情；再如，学生自主评价，能促使学生更好地开展自主阅读，引导学生从阅读态度、阅读方法、阅读习惯等方面进行自我反思、自我改进和自我提升。

四、评价方式简单

调查呈现：

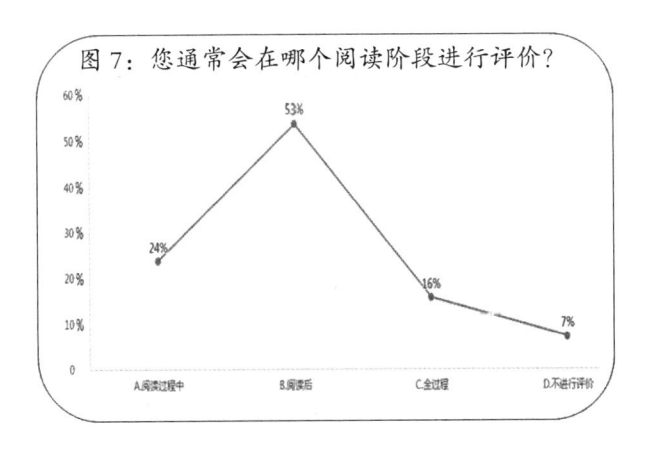

图7：您通常会在哪个阅读阶段进行评价？

A.阅读过程中 24%　B.阅读后 53%　C.全过程 16%　D.不进行评价 7%

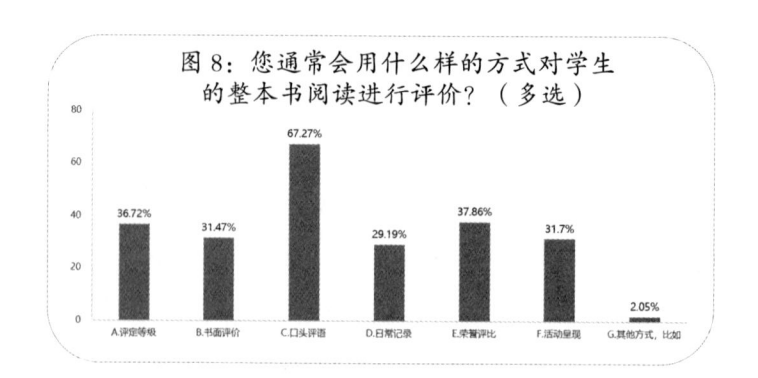

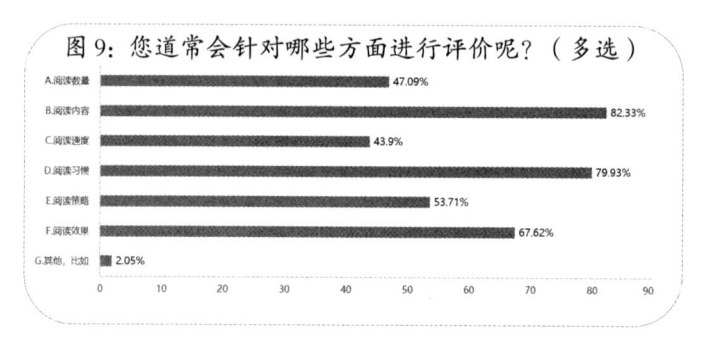

图8：您通常会用什么样的方式对学生的整本书阅读进行评价？（多选）

A.评定等级 36.72%
B.书面评价 31.47%
C.口头评语 67.27%
D.日常记录 29.19%
E.荣誉评比 37.86%
F.活动呈现 31.7%
G.其他方式，比如 2.05%

图9：您通常会针对哪些方面进行评价呢？（多选）

A.阅读数量 47.09%
B.阅读内容 82.33%
C.阅读速度 43.9%
D.阅读习惯 79.93%
E.阅读策略 53.71%
F.阅读效果 67.62%
G.其他，比如 2.05%

数据分析：据图7显示，53%的受访教师选择在阅读后进行评价，24%的教师是在阅读过程中进行评价，16%的教师在全过程中进行评价，7%的教师不进行评价。其中，67.27%的受访教师选择了"口头评语"的方式，其次有37.86%的受访教师选择"荣誉评比"。大多数教师会针对学生的"阅读内容"和"阅读习惯"进行评价，但对"阅读数量""阅读策略"和"阅读速度"关注较少。

问题探究：

1.评价忽略全程。

《义务教育语文课程标准（2022年版）》在中指出：要注意考察阅读整本书的全过程，以学生的阅读态度、阅读方法和读书笔记等为依据进行评价。整本书阅读评价应包括过程性评价和终结性评价，前者贯穿阅读的全过程，后者应结合阅读成果和过程性评价做出综合判断。对于终结性评价，大家认知度比较高，一般通过纸笔检测、成果汇报等形式来考察学生整本书阅读质量。

但除了终结性评价，还应将过程性评价贯穿于学生整本书阅读的全过程中，缺乏过程中的评价，则不能及时进行有针对性地指导，无法促进学生反思学习过程、改进学习方法，阅读能力得不到提升，整本书阅读也就不能真正有效落地。

2. 评价方式简单。

整本书阅读评价的方式多样，主要有评定等级、书面评价、口头评语、日常记录、荣誉评比和活动呈现等。结合图8的数据可以看出，教师使用"口头评语"的评价方式占比最高，"日常记录"所占比例相对较低，通过相关访谈得知，还有教师很少或不运用任何评价方式的现象存在。评价方式的"简单化"，不能真实客观且全面地反映学生整本书阅读的情况，也不利于激发学生持续阅读的兴趣。

3. 评价维度单一。

通过图9，我们发现教师对于"阅读内容""阅读习惯""阅读效果"的评价居前，但对"阅读策略""阅读数量"的评价较少涉及，原因是对整本书阅读的价值和意义认识不足，评价维度不全面。比如，教材中的"预测""提问""提高阅读速度""有目的地阅读"这四种阅读策略除了在教材单篇阅读中学习以外，还需要在整本书阅读中实践运用，学生的阅读策略才能转化为阅读能力，因此"阅读策略的运用"也是整本书阅读评价的一个重要维度。此外，在整本书阅读中要体现相应的评价维度，这需要教师提前选择适用的评价工具，围绕与评价维度相匹配的要点科学设计量表，从而形成客观、全面的评价结果。

第三节

构建"五化一体"整本书阅读评价体系

"五化一体"的整本书阅读评价即以发展小学生阅读素养为核心，构建评价目标精准化、评价主体多元化、评价角度多维化、评价方式多样化、评价情境真实化的整本书阅读评价体系。

一、评价目标精准化

整本书阅读的评价旨在积累整本书阅读经验，养成良好阅读习惯，提高整体认知能力，丰富精神世界。笔者对每个学期《快乐读书吧》的阅读内容及评价目标进行了梳理（见下表）。

《快乐读书吧》阅读内容及评价目标表

册次	主题	内容/书名	评价目标
一年级上册	读书真快乐	介绍"阅读方式、阅读成效、阅读地点、阅读愿望"	引导读书兴趣，了解基本的课外阅读要素。
一年级下册	读读童谣儿歌	《摇摇船》《小刺猬理发》	开启主题阅读，积累富有韵律的语言。
二年级上册	读读童话故事	《小鲤鱼跳龙门》《"歪脑袋"木头桩》《孤独的小螃蟹》等	读童话故事，学习从封面获取信息，知道爱护书籍。
二年级下册	读读儿童故事	《神笔马良》《七色花》等	读儿童故事，学习从目录检索信息。

续表

册次	主题	内容/书名	评价目标
三年级上册	经典童话	《安徒生童话》《稻草人》《格林童话》	读中外经典童话，通过想象领略童话的语言魅力。
三年级下册	寓言故事	《中国古代寓言》《伊索寓言》《克雷洛夫寓言》	读中外经典寓言，了解故事内容，联系生活理解故事道理。
四年级上册	神话古诗	《山海经》《希腊神话》等	读中外神话故事，感受神话中神奇的想象和鲜明的人物形象。
四年级下册	科普	《十万个为什么》《穿过地平线》《细菌世界历险记》等	读科普作品，探索大自然的奥秘，感受科技的精彩。
五年级上册	民间故事	《田螺姑娘》《梁山伯与祝英台》《八仙过海》等	读中外民间故事，了解故事的主要内容，感受故事中朴素的价值观。
五年级下册	古典名著	《西游记》《三国演义》《水浒传》《红楼梦》	读古典名著，走进故事里的人物，感受故事的主要内容。
六年级上册	成长小说	《童年》《小英雄雨来》《爱的教育》等	读长篇小说，学会厘清人物关系，通过生动的故事情节感受人物形象。
六年级下册	世界名著	《鲁滨逊漂流记》《骑鹅旅行记》《汤姆·索亚历险记》《爱丽丝漫游奇境》	读世界名著，通过了解故事的写作背景，更好地理解作品的内容和价值。

在此基础上，还可以结合教学内容及学段特点，进一步将整本书阅读评价目标具体化。如六年级下册的《快乐读书吧》，教材中"小贴士"的提醒是"先大致了解名著的写作背景，能帮助我们理解作品的内容和价值"。仅从教材上的这一要点来制订整本书的教学目标显然信息量不足，因此还需要观照单元整体内容：比如本单元的语文要素是"借助作品梗概，了解名著的主要内容"，"就印象深刻的人物和情节交流感受"；习作要求是"学

习写作品梗概"；口语交际是"学习有理有据地交流读书心得"；"交流平台"中提供了"立体、多面地评价人物"的方法……联系教材本单元的其他环节，以及学生已有阅读经验，可将目标具体化：

1.产生阅读世界名著的兴趣，通过写作品梗概、画人物图谱、梳理结构等方式了解名著的主要内容；2.分享印象深刻的情节，多角度评价人物，交流阅读收获；3.了解作品的写作背景，体会作者通过文字传达的情感和思想内涵；4.能做读书笔记，写明读书感受，与同学交流阅读收获。

此外，阅读评价目标的设定不可简单笼统化，而要依据学生核心知识的习得、阅读兴趣的培养、阅读实践过程中的参与情况、阅读成果的表现等要素制订出评价量表。同时，还要关注评价要点与教学目标的一致性，以方便评价主体做出价值判断。评价量表的设计清晰而易于操作，也便于学生对照评价目标进行自评，实现自我诊断与调整（见下表）。

六年级下册《快乐读书吧》阅读评价目标细分表

评价维度	评价目标
知识习得	1.能借助作品梗概，了解名著的主要内容。 2.归纳总结选择和阅读世界名著的方法，增强译本意识。
阅读兴趣与互动	1.乐于参与讨论，敢于发表自己的意见，耐心倾听他人发言，并将其与自己的思考进行对比。 2.能引用原文说明观点，使观点更有说服力；能辨别他人的观点是否有道理，理由是否充分。 3.能根据自己的阅读体会，结合他人的阅读经验，分享阅读经验。
阅读能力	1.能围绕人物评价发表自己的看法，引用原文说明观点，做人物简评。 2.产生阅读名著的兴趣，自主规划，做读书笔记，借助学习工具，了解故事内容。 3.能选择合适的译本，写作品梗概。 4.通过了解故事的写作背景，更好地理解作品的内容和价值。

整本书阅读持续时间长，不同类型的书籍有不同的特点，我们要坚持教学目标的素养导向，突出整本书的作品价值，关注学生的阅读表现，将

具体、可操作的评价嵌入教学全过程，从而推进整本书阅读目标的实现，促进学生在阅读中的提升和发展（见下表）。

《爱的教育》整本书阅读素养评价表

评价任务	基本标准	评价方式
读前导读，走进"爱"	1.通过阅读不同版本的书籍信息并进行对比，能选择适宜版本并形成选择优质书籍的基本标准。 2.能根据序言、目录等了解主要内容。 3.制订阅读计划表，并在规定时间内完成阅读任务。	1.准确的语言点评。 2.阅读计划评价表。
读中推进，探寻"爱"	1.能综合运用浏览、略读、精读等多种方法进行阅读。 2.能借助思维导图厘清人物关系，通过描写语言、动作、神态和环境的语句走进人物内心世界，感受人物形象。 3.能梳理情节，抓住关键人物和事件，解开恩利科成长的密码。	1.准确的语言点评。 2.导图完成评价表。
读后分享，表达"爱"	1.联系主题，能结合有关故事谈谈对"爱是什么"的理解。 2.联系作品，拓展阅读《续爱的教育》《童年》《小英雄雨来》等，在对比中体验主角的成长历程，感受多样的人物形象。 3.联系生活，能在班级读书会结合自身成长经历，交流读书体会和经验，感受成长小说的魅力。	1.准确的语言点评。 2.拓展阅读评价表。 3.阅读反思单。

（案例提供：刘胜兰）

二、评价主体多元化

阅读评价主体的多元化，有利于更客观、全面地诊断阅读过程，促使阅读者进行自我调整，寻求优化改进。

比如长沙市芙蓉区燕山第二小学，根据年段目标将"每日阅读量""阅读好习惯""阅读有策略"制作成整本书阅读"小贴士"，供学生在阅读过程中进行自我监测和自我评价，教师根据不同学生的不同评价，实行重点指导。

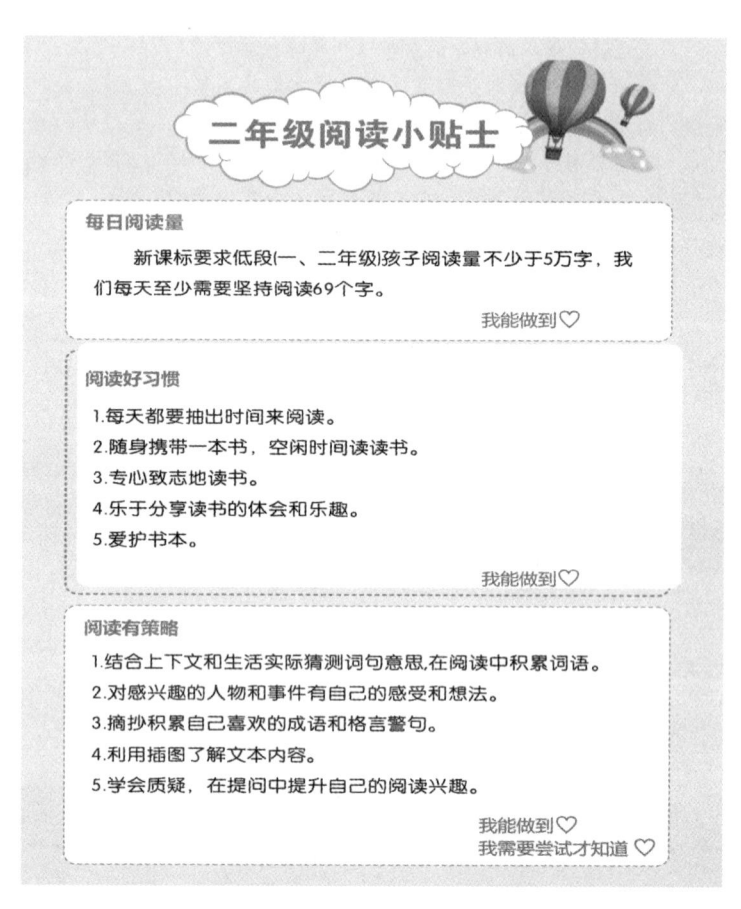

二年级阅读小贴士

每日阅读量
新课标要求低段(一、二年级)孩子阅读量不少于5万字，我们每天至少需要坚持阅读69个字。
我能做到♡

阅读好习惯
1. 每天都要抽出时间来阅读。
2. 随身携带一本书，空闲时间读读书。
3. 专心致志地读书。
4. 乐于分享读书的体会和乐趣。
5. 爱护书本。
我能做到♡

阅读有策略
1. 结合上下文和生活实际猜测词句意思，在阅读中积累词语。
2. 对感兴趣的人物和事件有自己的感受和想法。
3. 摘抄积累自己喜欢的成语和格言警句。
4. 利用插图了解文本内容。
5. 学会质疑，在提问中提升自己的阅读兴趣。
我能做到♡
我需要尝试才知道♡

长沙市芙蓉区实验小学在班级、学校、家庭等不同阅读场所开展各类整本书阅读活动，将不同场域、特色氛围作为评价资源，让学生获得认同感，推进学生阅读素养的提升。一是根据学生日常阅读状态开展班级各种单项评比，如在阅读《中国民间故事》时，评选"民间故事传讲人""民间故事小画师""民间故事研究员""民间故事小演员";二是在学校开展综合类竞赛评比,如读书演讲比赛、绘本创编大赛、"悦读代言人"及"书香少年"评比等;三是在家庭开展趣味性评比,围绕读书打卡天数开展"积分兑换"活动等;四是鼓励学生参与更广泛的社会活动,如积极向期刊、网站投稿,参加征文评选,参加图书馆、社区书屋的实践活动等等。丰富的评价主体给孩子们带来更多的阅读成就感,激发了他们的阅读兴趣和动力。

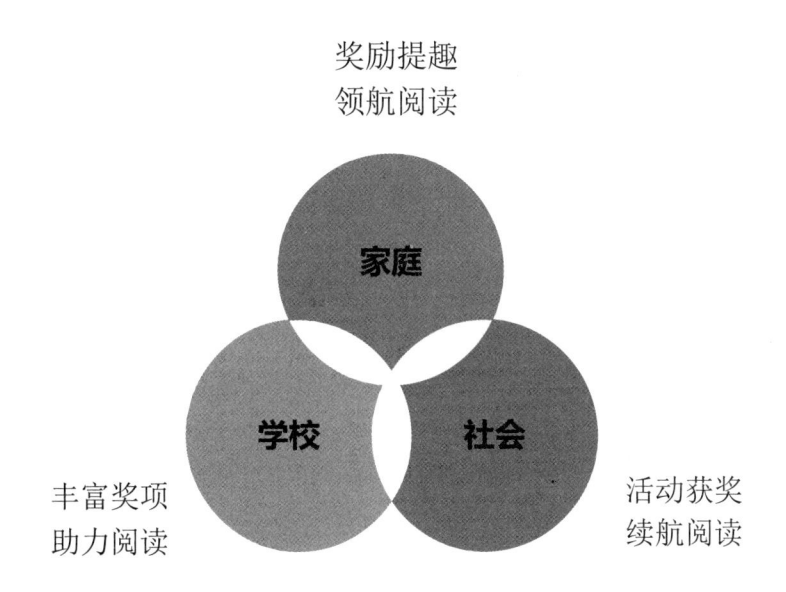

奖励提趣
领航阅读

家庭

学校　社会

丰富奖项
助力阅读

活动获奖
续航阅读

需要注意的是不同时间、不同空间、不同内容、不同学段、不同形式的整本书阅读中,可以侧重不同的评价主体。比如,一年级学生的整本书阅读,多以"和家长一起读""和老师一起读"的形式开展,以家长和教师的评价为主,学生自评、互评为辅;中高段学生的整本书阅读可以多采用"读书小队""读书伙伴"的方式开展学生自评、互评;参加图书馆、社区的阅读交流活动,可以由工作人员或者其他参与者进行评价。

三、评价角度多维化

1. 读书量的评价

《义务教育语文课程标准(2022年版)》对小学生的阅读量有明确规定，整本书阅读评价的主要标准首先是阅读量的达标。

结合教育部的推荐阅读书目及统编教材的内容编排，可以为学生精选必读书，推荐选读书，提供阅读内容导览。比如以统编教材《快乐读书吧》的推荐书籍作为师生共读的主体书目，每个年级精选20—30本必读书，40—50本选读书，这样既精选了阅读内容，又保障了阅读数量，从而落实了课标要求。

在阅读量的评价方式上，可以制订具体的评价标准。以长沙市芙蓉区东郡小学为例，该校按年级制订了阅读量的评价标准，如下表所示。

各年级阅读量的要求与评价

年级	一星	二星	三星	评价
一年级	2万字	4万字	6万字	
二年级	3万字	6万字	9万字	
三年级	15万字	30万字	45万字	
四年级	25万字	50万字	75万字	
五年级	40万字	80万字	120万字	
六年级	60万字	120万字	180万字	

学生按照具体的评价要求，提交相应的阅读成果，如阅读完一本必读书，完成阅读感受对话框，自己或同学和家长画上一颗星。每月总结阅读数量，综合校图书馆的借阅数据，教师为达标者颁发"阅读之星"奖，为超标者

颁发"书香少年"奖。以此激励更多的学生借阅图书，读更多的好书。

此外，还可以借助选读书目拓展学生的阅读量，通过评价量表激励学生读不同类型的整本书。例如，长沙市芙蓉区东郡小学运用《郡娃阅读成长记录册》，让学生自评，再结合家长在每周三的"无作业日"的亲子交流，签字亮"星"。此外，还可以让学生根据自己的阅读书目推荐书籍，进行全班或者跨班级交流，激发学生的阅读热情。

我的阅读记录——选读书

亲爱的孩子们，请翻到第___页，在这些推荐的书籍面选择自己喜欢的书美美地读一读吧！也可以是阅读花园之外的好书哟。看完一本就把一个苹果涂成红色，期待你的阅读树上结满红苹果！

序号	阅读时间	书名	作者	字数
1				
2				
3				
4				
5				
6				
7				
8				
9				

2. 阅读习惯的评价

"没有什么比习惯的力量更强大",学生养成了阅读习惯,阅读就成为稳定的程序,成为固有的生活状态。好的阅读习惯并不是一蹴而就的,想培养良好的阅读习惯,要重视日常行为的落实。从阅读时长、看书姿势、借阅习惯等多个方面进行阅读习惯的评价,可以引导学生成为爱读书、会读书的积极的阅读者。

在阅读习惯的评价方式上,低学段可以学生喜闻乐见、有童趣的评价形式为主,这样更能激发学生的阅读兴趣;中、高学段;随着学生年龄的增长,可逐步采用更理性、量化的评价方式,便于学生自我反思与调整。

一年级学生阅读习惯的需求与评价

我的阅读好习惯
1. 安静
2. 坐到自己的座位上
3. 不打扰别人自主读
4. 坐姿端正
5. 边读边想

中段学生阅读习惯的要求与评价

	评价内容		评价等级		
爱读书	兴趣	1. 能坚持阅读（每天30分钟）			
		2. 能专注阅读			
	习惯	3. 轻拿轻放不乱画			
		4. 及时登记不忘记			
		5. 不动笔墨不读书			
	能力与方式	6. 速度合适方式多			
		7. 勤于动脑乐探究			
		8. 日积月累勤练笔			
		9. 敢于实践乐分享			
			评价者：		
综合评定（由教师评定）		审核通过，评定为（ 阅读之星　书香少年 ）（打√）			

3. 阅读策略的评价

在整本书阅读过程中，学生根据学习目标，针对具体阅读内容选择阅读策略，并通过合适的路径达成阅读目标，在这一过程中教师要引导学生有意识地回顾、反思自己的阅读行为，在关注阅读结果的同时，还关注自身阅读的策略和方法，并与同伴相互分享阅读经验，这样阅读过程就成为持续的评价过程。

不同学段学生关注的阅读策略不同，交流评价的形式也不同。例如，第一学段整本书阅读重在兴趣的激发，学生运用较多的策略是"图像化""预测"，学生可以把"体会、感受、想象、讲述"作为主要的交流活动形式；第二、三学段学生的阅读逐步走向理性的"梳理和反思"，阅读策略采用较多的是"内容重构""预测推论""自我联结"等，因此活动的交流形式多为让学生与同学分享心得，交流整本书阅读过程中的经历、感受和方法，从而让学生的阅读走向自我反思和提升。

阅读策略评价需要教师在学生阅读完整本书的基础上，以书本内容为纲，以阅读能力提升为目标，有目的地设计阅读单，指导学生主动使用阅读策略进行阅读，并通过纸笔记录、课堂交流、同学分享等方式观测效果。如长沙市芙蓉区燕山第二小学制作的整本书阅读推进手册中的各种阅读单，就是为精读《快乐读书吧》中的必读书而准备的。

《希腊神话故事》阅读单（2）

【阅读内容】第一章到第六章（P19—P30）

任务一：我会梳理

这次我们阅读的三个章节分别是关于（填写主要人物）"＿＿＿＿""＿＿＿＿""＿＿＿＿"的故事。这三个章节的故事都比较曲折有趣，请你选择其中最喜欢的一个故事借助情节发展图来梳理一下故事的关键情节吧！

借助这个情节发展图，连起来试着跟你的朋友、父母说说这个故事，别忘了让他们对照书本，评一评你讲得是否准确、完整、生动。最后请他们给你评星吧！

＿＿＿＿给我评＿＿＿＿星

任务二：我来评价

你怎样评价"代达罗斯"这个人？我们不妨从不同的方面来评价，比如：

值得肯定的地方：
需要批判的地方：
对他的其他想法：

还可以教材中的阅读策略单元为依托，考察学生是否能在整本书阅读中灵活运用阅读策略，从而制订评价量表。

各年级阅读策略目标及评价

年级	阅读策略目标	阅读策略评价		
		一星	二星	三星
一年级	边读边想象	基本做到	灵活运用	熟练运用
二年级	联想；图像化	基本做到	灵活运用	熟练运用
三年级	一边读一边预测	基本做到	灵活运用	熟练运用
四年级	边读边批注；尝试从不同的角度提出问题	基本做到	灵活运用	熟练运用
五年级	提高阅读的速度	基本做到	灵活运用	熟练运用
六年级	有目的地阅读	基本做到	灵活运用	熟练运用

还有与"提问策略"相关的评价表

我会提问

阅读《洪水》的问题清单
- 故事里写洪水仅寥寥数语，为什么不以"摩奴"为题，而要以"洪水"为题呢？
- 从水罐到水塘再到恒河，最后小鱼请求摩奴把它放入大海，真的仅仅是因为小鱼变大的缘故吗？
- 这个故事让我想到了我国的神话故事《大禹治水》，其他国家有没有关于洪水的神话故事呢？

> 可以针对一部分内容提问，也可以针对全文提问；可以针对题目提问，也可以联系生活提出文章之外的问题。

阅读_____的问题清单

四、评价方式多样化

整本书阅读应该采用多种与阅读内容相适应的评价方法，包括观察评价、谈话评价、活动评价、量表评价、表现评价、测试评价、等级评价、记录册评价等方法，下文将展开介绍几种常用的评价方法。

1. 观察评价

整本书阅读"观察评价法"的组织主要包括以下步骤：首先是形成由教师、家长、学生代表等组成的观察研讨小组。然后明确观察目标，确定观察重点，并围绕要观察的内容开发好观察工具，结合预定的评价角度，按计划做好观察记录和评价，开展相应的观察研讨。最后由观察双方共同得出观察结论，尤其要注重为学生的阅读提出建设性的意见，提供后继的活动和完善的机会。例如，三年级阅读《中国古代寓言故事》，整本书阅读的重点目标是联系生活理解寓意，观察评价角度的设计就要落在学生对寓言故事寓意的理解和在生活中对寓言故事的灵活运用上。可以设计这样的阅读评价任务：结合同学们的学习生活需要，选择寓言故事，制作寓言故事画报，张贴在教室里。针对评价任务，设计如下观察评价量表。

《中国古代寓言故事》阅读观察量表

评价内容	选择寓言故事，制作寓言故事画报，张贴在教室里。			
评价要点	一星	二星	三星	评价星级
所选寓言故事通俗易懂	基本做到	完全做到	出色完成	
所选寓言故事符合班级同学的学习生活实际需要	基本做到	完全做到	出色完成	
寓言故事中的寓言富有启发性、教育性	基本做到	完全做到	出色完成	
图文结合，设计合理	基本做到	完全做到	出色完成	

2.记录册评价

"记录册评价法"也叫"成长记录袋评价法",是按照事先制订的评分规则和内容,在整本书阅读过程中有目的、有计划地记录学生的表现和收集学生作品,从而做出评价的方法。记录册中可以包括阅读书目、阅读笔记、阅读思维导图、读后感、阅读成果等事实性材料。记录册评价可以对阅读者进行"形成性评价",也可以用来总结性呈现阅读者阅读成果。

除了及时地进行阅读过程及阅读成果的记录、汇集,还要注意开发评分规则,进行评价结果的反馈,充分发挥评价的促进功能。例如,《鲁滨逊漂流记》整本书阅读的核心目标是"交流鲁滨逊的形象,从鲁滨逊身上汲取精神成长的力量",基于这一阅读目标,进行"为鲁滨逊制作个人简历""为鲁滨逊文字画像""盘点鲁滨逊在荒岛上的生存技能""完善'鲁滨逊病历表'""绘制鲁滨逊活动路线的小岛地图""鲁滨逊荒岛大事记""化身鲁滨逊,写一组生活日记"等阅读任务的设计,让学生依据阅读任务完成阅读记录,提交阅读成果。以其中"化身鲁滨逊,写一组生活日记"为例,我们可以根据学生的表现,评价学生对作品情节、人物的了解程度。

《鲁滨逊漂流记》阅读记录达成评价表

阅读任务	评价参考	星级评价
化身鲁滨逊,写一组生活日记。	用日记的形式改写小说中的关键情节,用第一人称表现鲁滨逊的心理变化。	一星
	用日记的形式改写小说中的关键情节,表达情感,几篇日记具有相关性(共同指向一个特点或分别呈现几个特点)。	二星
	用日记的形式改写小说中的关键情节,表达情感,呈现人物形象的发展历程。	三星

教师在阅读评价量表的过程中,不仅要对照标准发现问题,还要鼓励学生修改完善学习成果后进行第二次提交,促进学生总结和反思学习经验,充分激发学生提高整本书阅读能力和成果表达的意愿。

3.活动评价

活动评价是综合性评价，一方面展现了学生的综合阅读素养，另一方面通过阅读活动的实施，教师和学生能对整本书阅读情况进行反思，并及时做出调整。比如长沙市芙蓉区东郡小学参考统编教材中整本书阅读的编排体系，构建了与不同年级阶段相对应的渐进性螺旋式上升的课外阅读活动图谱，将阅读活动常规化。

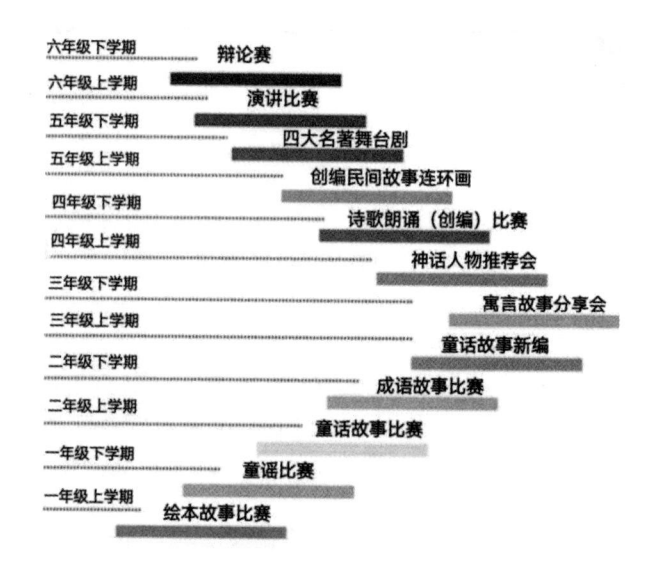

年级学期	活动
六年级下学期	辩论赛
六年级上学期	演讲比赛
五年级下学期	四大名著舞台剧
五年级上学期	创编民间故事连环画
四年级下学期	诗歌朗诵（创编）比赛
四年级上学期	神话人物推荐会
三年级下学期	寓言故事分享会
三年级上学期	童话故事新编
二年级下学期	成语故事比赛
二年级上学期	童话故事比赛
一年级下学期	童谣比赛
一年级上学期	绘本故事比赛

以上阅读活动紧扣统编教材，年段特点鲜明，融合跨学科学习、综合实践学习，使学生的核心素养在活动中得到提升。学校在每个学期根据活动计划制订具体的评价方案，并由组委会根据参与情况对每个学生进行等级评定，颁发证书与奖品。每次阅读活动的成果都会收集到学生的记录袋（册）里，既作为阶段性评价，也作为终结性评价的依据。这样的评价既检测了阅读成效，又大大激发了学生的阅读兴趣，推动学生的持续阅读。

其他老师也可设计不同的阅读展示活动，如"读读童谣和儿歌"等，同时针对读得准确、读得好听、读得好玩三个维度设置如下阅读活动评价：

评价维度	评价标准	一星	二星	三星
读得准确	读音正确，声音响亮。	基本做到	完全做到	出色表现
读得好听	读出节奏，读出韵味，表现各人物形象时声音贴切。	基本做到	完全做到	出色表现
读得好玩	根据儿歌内容进行一定创编，服饰、动作、表情、道具、表演形式等贴切、有创意，表现效果好。	基本做到	完全做到	出色表现
星级等第综合评价				

4. 测试评价

根据《义务教育语文课程标准（2022年版）》对各学段的阅读要求，可科学设计具有情境性、开放性、探究性、综合性的试题对学生进行终结性评价。有条件的学校可以开发对应的网络资源，汇编线上题库，以口头表达、线上闯关、纸笔答题等不同方式，分级检测学生的阅读水平。阅读测试基本内容主要涉及三个方面：

其一，对整本书基本内容的了解。主要考察学生整本书阅读的完成情况。例如：

汤姆背不出《圣经》，但他却想办法从校长那里得到了一本《圣经》，他的办法是_____。

这道题以《汤姆·索亚历险记》中的一处典型情节切入，考察学生是否了解整本书的重要内容。

其二，对整本书内容的理解与分析。主要以整本书中的选段或者精彩内容为基础，考察学生对整本书中人物、情节等内容的分析与理解。

其三，对整本书的人物、情节、主题等的评价感悟。此类测试题具有开放性、可诠释的特点，意在考察学生对人物、情节等方面的个性化感悟，对作品意义的建构等。例如长沙市芙蓉区东郡小学制作的阅读测试表：

比较阅读四大民间故事，并完成表格，想想其共同点是什么。

故事名	主人公	最大阻碍	结果	共同点
《白蛇传》				
《牛郎织女》				
《孟姜女哭长城》				
《梁山伯与祝英台》				

五、评价情境真实化

语文学习要"创设真实而富有意义的学习情境，凸显语文学习的实践性"。整本书阅读的评价，可结合阅读内容，充分利用家庭、学校、社会的相关资源，引导学生在真实情境中完成整本书阅读的实践任务，从而让学生经历"实践，反思，提升"的学习过程。

整本书阅读评价要与学生的阅读内容相关联，让他们在熟悉的情境中，积极主动的阅读体验中完成评价。比如：一年级下册《快乐读书吧》中"读读童谣和儿歌"的阅读评价中，教师设置了"请你担任童谣大使，推广童谣"的学习情境，开展童谣海选、揭秘童谣、童谣推广等系列阅读活动，并针对三个不同情境，设计不同的评价标准。再如：六年级下册《快乐读书吧》推荐书《鲁滨逊漂流记》的阅读评价中，教师通过学校公众号创设了"云享阅读，共品书香"的邀约情境，邀请学生将阅读感受写下来，投稿到"好书推荐"栏目中，鼓励学生将这本经典名著推荐给更多爱阅读的人。

整本书阅读的评价还可以选取学生关注的话题，唤醒他们真实的阅读体验，发表个性化的阅读思考与感受。比如：四年级上册《快乐读书吧》推荐书《中国神话故事》的阅读评价中，教师邀请学生成为"感动神界十大传奇人物"推荐官，将神话人物的特点和故事进行介绍。有趣的话题，能有效激活学生的阅读认知，学生会顺着话题自然地联系整本书内容，分享精彩情节，评价人物形象，感受到阅读带来的快乐。

　　综上所述，整本书阅读的评价须系统思考、整体设计，要明确评价特点，把握评价原则，构建以素养为导向的立体、多元、发展的评价体系。在具体的整本书阅读情境中，既关注学生目前的知识、能力、兴趣、习惯、思维等表现，又着眼于学生未来的阅读发展趋势，并且以这些信息为基础，引导学生进一步明确目标，保持积极的阅读动机，动态调整阅读策略，不断提高阅读水平，全面提升阅读素养。

后　记

　　写一本关于儿童阅读的书，是我一直以来的一个愿望。

　　我是课外阅读的受益者。小时候，在乡下，大我五岁的姐姐很喜欢读书，常常将书中读到的故事讲给我听。记得很多个静谧的乡村夜晚，近处有声声虫鸣，远处会传来一两声犬吠，我和姐姐躺在家里的老式木床上，我的眼睛睁得老大，听姐姐讲故事。月光透过窗户洒进来，清柔而温馨。在那个闭塞落后、远离现代文明的乡村，姐姐用一种古老而充满温情的方式，帮我打开了一扇博古通今、通向世界的窗户。因为这样的文学启蒙，我的童年浸润在书香之中，我也特别向往外面的世界。后来，我在刘铁芳教授《什么是好的教育》一书中读到一段话："在懵懂无知的婴幼儿时代，是什么照亮了个体的心智，让个体一点点走出蒙昧无知？那点燃个体蒙昧的，正是个体内心之中对真、善、美等美好事物的渴望。被美好事物所浸润的心灵，被人类优美的文化所打动的人，更容易找到人生的正确方向。"这段话激起我强烈的共鸣，如果一个人热爱读书，童年时代有书相伴，他未来的人生一定会更顺畅、更美好。因为，阅读是最好的教育。

　　我也是阅读教育的实践者。在我22年的语文教学生涯里，一直致力于带着孩子们读书，那时候没有"整本书阅读"这一说法，也没有《快乐读书吧》进课堂，我就利用课余的时间组织开展"新书推荐会""班级读书会"等活动，和孩子们一起交流共读的书，还在每节语文课开始之前留出3分钟时间请孩子们上台分享读过的好书。在带领孩子们读书的过程中，我虽有满腔的热情，但也经常苦于缺乏科学的方法和有效的策略。鲁迅先生曾把我国历来的阅读教学比作"一条暗胡同，一任你自己去摸索，走得通与否，大家听天由命"。感觉和大部分老师一样，自己一直都是在"一条暗胡同"里摸索着。

随着统编教材的使用和新课标的实施，"整本书阅读"迎来了最好的时代，同时，广大的语文教师也迫切需要走出阅读教育的"暗胡同"，从随意性的阅读活动转向系统科学的阅读课程构建。我想做一名阅读教育的研究者，研究整本书阅读的理论体系，研究整本书阅读教学的方法策略及实施路径。2019年起，我先后申报了两项省级课题，并成立省级名师工作室，带领课题组成员和名师团队一起开展为期六年的实践研究，取得了一些成果，并希望将研究的成果服务于更多的一线教师，遂开始编写此书，实现自己多年以来的愿望。

本书得以成功出版，感谢湖南省"十三五"教育科学规划"统编教材背景下小学语文课外阅读课程化实践研究"课题组及湖南省基础教育教学改革项目"任务群视域下小学整本书阅读课程实施策略"（项目编号：Y20230706）课题组全体成员的共同研究，特别感谢团队的核心成员彭慧琴、刘胜兰、李莎、刘心、刘娅姐、李一芝、黄玲玲、胡冉，无论是在整本书阅读教学的实践中，还是在本书的撰写中，她们都无私地贡献了出色的才华和智慧，她们是真正的阅读者，也是阅读推广之路上坚定的同行者。

本书得以成书出版，还要特别感谢湖南人民出版社王旷主任、李怡青编辑及全体工作人员的辛勤付出，他们专业的策划与编校让我心生敬佩；感谢上海师范大学吴忠豪教授的专业指导，老先生在百忙之中审读书稿并欣然为之作序，深表谢意；感谢北京师范大学吴欣歆教授等阅读研究领域的各位专家，他们的研究让我深受启发；感谢多年来一直关心、鼓励我的各位师长、朋友，让我不忘初心、坚守责任；感谢家人对我全力的支持，让我得以安心完成本书的编写工作。作为湖南省新时代基础教育名师名校长培养对象项目成果，本书的出版还得到了湖南省教育厅、湖南省教育科学研究院的大力支持。限于视野、学识和能力，研究中难免还有不足之处，敬请各位读者提出建议和意见，以便我们在后续的研究中进一步完善和改进。

刘亚雄于湖南长沙

2024 年 8 月

本作品中文简体版权由湖南人民出版社所有。
未经许可，不得翻印。

图书在版编目（CIP）数据

走进阅读的深处：小学整本书阅读课程实施策略 / 刘亚雄著.
长沙：湖南人民出版社，2025.2. —— ISBN 978-7-5561-3696-4

Ⅰ.G623.232

中国国家版本馆CIP数据核字第2024LH8534号

ZOUJIN YUEDU DE SHENCHU： XIAOXUE ZHENGBENSHU YUEDU KECHENG SHISHI CELÜE

走进阅读的深处：小学整本书阅读课程实施策略

著　　者	刘亚雄
出版统筹	陈　实
监　　制	傅钦伟
责任编辑	李怡青
责任校对	张命乔
封面设计	许婷怡

出版发行	湖南人民出版社［http://www.hnppp.com］
地　　址	长沙市营盘东路3号
邮　　编	410005
电　　话	0731-82683357

印　　刷	长沙市雅捷印务有限公司
版　　次	2025年2月第1版
印　　次	2025年2月第1次印刷
开　　本	710 mm × 1000 mm　1/16
印　　张	24
字　　数	200千字
书　　号	ISBN 978-7-5561-3696-4
定　　价	59.80元

营销电话：0731-82221529　（如发现印装质量问题请与出版社调换）